教育的承诺

朱永新教育访谈录

山西出版传媒集团　山西教育出版社

图书在版编目（C I P）数据

教育的承诺：朱永新教育访谈录/朱永新著．—太原：山西教育出版社，2011.6（2016.7 重印）
ISBN 978-7-5440-4820-0

Ⅰ．①教…　Ⅱ．①朱…　Ⅲ．①教育-演讲-中国-文集
Ⅳ．①G52-53

中国版本图书馆 CIP 数据核字（2011）第 067637 号

教育的承诺：朱永新教育访谈录
JIAOYU DE CHENGNUO：ZHUYONGXIN JIAOYU FANGTANLU

责任编辑　王爱仙
特约编辑　徐亚东
复　　审　李　飞
终　　审　刘立平
装帧设计　王耀斌
印装监制　贾永胜

出版发行　山西出版传媒集团·山西教育出版社
（太原市水西门街馒头巷 7 号　电话：4035711　邮编：030002）
印　　装　山西人民印刷有限责任公司
开　　本　720×1020　1/16
印　　张　16.25
字　　数　254 千字
版　　次　2011 年 6 月第 1 版　2016 年 7 月山西第 3 次印刷
印　　数　5 001-9 500 册
书　　号　ISBN　978-7-5440-4820-0
定　　价　31.00 元

如发现印装质量问题，影响阅读，请与印刷厂联系调换。电话：0358-7641044。

CONTENTS 目录

承诺是一种责任（代序言）…………………………………… 1

戴着镣铐，也要舞蹈

一个官员兼学者的教育理想 ………………………………………… 5

美的东西与真、善总是连得很紧的，健康的情趣对一个人德行的养成具有难以替代的作用。一个人，当他烦恼的时候，当他碰到挫折的时候，健康的情趣能够使之得到化解，甚至可以通过创造的方式使之得到升华。

教育是一种理想……………………………………………………… 12

我们的传统课堂犹如军营，强调的是铁的纪律，学生正襟危坐，如履薄冰，战战兢兢，少了一些轻松，少了一些幽默，少了一些欢声笑语，少了一些神采飞扬。更有甚者，要求学生齐声回答，不允许交头接耳，不允许与老师争辩等，这无疑给学生的身心自由发展套上了枷锁。

一个理想主义者的言说方式 …… 16

理想主义本质上是人类本性和理性的斗争，人类在发展中不断需要一群理想主义者站出来，和本性的东西抗衡，人类就是在这样的抗衡中调整自己的步伐，从而得以前进和发展的。

用爱品味生命的美丽 …… 20

在人生的旅途上，特别是在攀登事业之峰的时候，要能甘于寂寞，能直面孤独，用全部的爱默默奉献，做一点实实在在的事。只有这样，你的人生才是有意义的，你的内心才是真正幸福的，因为你能真正品味到生命的美丽！

戴着镣铐，也要舞蹈 …… 26

有人说，我们在应试教育的大背景下，是戴着镣铐跳舞，其实，戴着镣铐也可以跳出精彩的镣铐舞。但是，我们很多人却是躺倒不干了。所以，即使在相同的背景下，也可以演绎出不同的人生与不同的教育生活。

教育，需要来一场深刻变革

让教育决策更加科学 …… 67

作为一个教育决策者，首先应该考虑的是公平和效率的问题。从整个国家的范畴来说，应该是公平和效率兼顾，但是从总体上来考虑又必须公平优先，因为政府应该尽可能给每一个公民提供接受相对均衡的优质教育的机会。

让人文自觉突破政策短视……72

人文精神，无非是对“人”和对“文”的关心，一方面关心人类自身的命运，另一方面关心文明和文化的传承，虽然说是两个轮子，但不如说人文才是人类发展的终极目标。

民办教育改革的出路……77

我们应该建立一种以公办学校为主体、民办学校为补充的办学体制。政府应该尽量为人们提供比较公平的、均衡的教育，民间办学可以满足部分需要优质和特别教育的人的需求。

决策要倾听民间的声音……80

教育是一个复杂的系统工程。教育决策的科学化，前提是教育的民主化。而最关键的是教育决策要更多地倾听民间的声音，倾听不同的意见，倾听专家的看法，并且把倾听制度化、程序化。

教育改革的方向……83

人类越是进步，就应越珍惜生命、越珍爱环境。可现在却恰恰相反。为什么？就是因为我们更多地把教育作为一种工具，作为经济竞争、生存竞争的工具，而不是把教育作为一种真正“人”的事业。

重建教育财政是唯一出路……87

现在我国的民办学校和公办学校之间是没有可比性的，除了基础设施、管理以及小班化以外，我们的民办教育质量在中国是没有竞争力的。原因就在于公办教育没有给民办教育留下发展的空间。

经济发展背后的教育 …… 90

学校是培养人的地方，读书需要清净、幽雅的氛围。明智的办学人都会不遗余力地营造良好的、景物宜人的环境，或造亭台，或置山水。

转制学校路在何方 …… 96

就近入学是国家为确保义务教育均衡发展而确立的一项基本原则，国有民办学校虽然在初期对于扩大优质教育资源起了一定的作用，但是它同时在一定程度上刺激和强化了家长的择校心态，使择校费年年攀升，加重了老百姓的教育负担。

高等教育亟待新一轮改革 …… 101

改革可以大刀阔斧，也可以循序渐进，关键是要找准方向。我们高等教育的路究竟怎么走，改革的方向是什么，需要认真研究。

教育公平未完成 …… 109

社会应该从学历主义走向学力主义，让那些没有很高学历的人，同样可以做公务员，甚至做部长，可以受人尊敬。在尊重能力的前提下，便会有学历以外的更多的衡量指标，人们就不会都去挤高考这座“独木桥”了。

教育改革要用些猛药 …… 111

教育改革无非就是资源的重新配置。改革首先做到教育机会的公平，让所有的人都能够得到相同的教育机会。这实际上是教育起点的公平，使得任何人在任何时候的受教育权益都能得到保护。

重建教育改革的信心 …… 115

我认为，在中国改革和教育改革进入深水区的关键时刻，政府和教育部门应该紧紧抓住这些问题，寻找改革的突破口，切实办好让人民满意的教育。

教育改革三大看点 …… 119

改革不是教育部一个部门的事，很多东西肯定要从教育部门中切割出来。我觉得我们提到的这些问题他都涉及了，理念是有了，方向是有了，关键是落实操作的问题。

是理想者，更是行动者

新教育实验的意义、谱系与展望 …… 129

新教育实验共同体有着丰富的内涵，它涉及教育活动主体的结构、层次和形态的问题。成长着并且快乐着，这是新教育实验所追求的教育境界。追寻理想，超越自我，这是新教育共同体的人生价值追求。

是理想者，更是行动者 …… 138

如果理念没有一种行动为中介，是很难被中小学教师所接收的，因为中小学教师没有那么多的时间去消化、理解理念，只有在行动中才能体现这些理念，而且即使教师理解了理念，还要有大量的、鲜活的榜样，这样理念的穿透力才会很强，做起来才有成效。

“新教育不是我一个人做的” …… 146

新教育不是我一个人做的，新教育也不是我一个人的，新教育是大家的，是每个需要新教育的孩子们的。至于我，最多只是一个在时代急促的呼吸声中，大着胆子，跑出来喊了一嗓子的家伙。因为有孩子，因为有你们，我微弱的声音才能在中国教育的沉疴里激荡。

新教育：孩子幸福快乐学习的“试验田” …… 151

新教育应该说是一种传承，是过去好的思想、好的理念、好的方法在当代新的实践、新的传承。新教育是尊重人性，让人类生活得更有尊严，不断走向崇高的，为了一切孩子发展的，为了让学生和老师享受教育幸福的教育。

前行、攀升与飞翔 …… 155

教育生活中的危机与遭遇，教师的困惑、思索、探索与解决这些危机与遭遇，就是我们生命叙事中的波澜，是我们生命意义的源泉。所以，重要的不是生命有没有遭遇困境和问题，而是生命如何将这种遭遇书写为有创造意义的叙事。

唯一不能放弃的就是新教育 …… 164

一个人活着，必须有方向。很多人觉得生活没有滋味、没有动力，就是因为缺乏方向，不知道生命往哪里去。所以我觉得“理想”这个词看起来很空，其实非常关键。

改变，从阅读开始

与人类最崇高的精神交流 …… 173

一个人的躯体发育主要靠两大因素：遗传和后天的营养。但是，一个人的精神发育除了个别的病理可以遗传以外，一般是不能遗传的，更多的要靠后天的营养——阅读去开发。

一个人的精神发育史就是阅读史 ······ 177

一个不善于阅读的民族绝对不会成为一个有精神力量的民族，也绝对不会成为一个有竞争力的民族。阅读应该成为我们的生活中最重要的事情，中国教育的改造应从阅读开始。

改变，从阅读开始 ······ 182

阅读优秀的作品，必然会给孩子以强烈的心灵撞击。如果一个孩子热爱读书，那么他会从书籍中得到心灵的慰藉，从书中寻找生活的榜样，在书籍中净化自己的心灵；书中的人物往往就成为他生活的旗帜；书中的道理往往就成为他人生的坐标。

阅读让书香漫城 ······ 188

任何人，不读书学习，就会落伍，就会被时代淘汰。任何国家、任何社会，没有读书尚学之风，就会失去理想和信念，失去发展动力和竞争依托。最优秀的城市就应该拥有最善于阅读的市民。

经典是文化的密码 ······ 197

一个社会要有共同的价值，就应该有共同的阅读和共同的语言。如果能够将城市名人（比如海子、鲁迅）等与阅读主题结合起来，则许多城市的成年人，会逐渐在这种阅读交流中形成属于自己城市的共同语言及密码。

让阅读成为生活方式 ······ 200

设立阅读节是非常必要的，因为阅读节是一个很重要的载体，能够帮助唤醒民众的阅读意识。而将 9 月 28 日孔子诞辰日设定为阅读日，还可以唤起国民对中华文化之根的关注。一举两得。

最好的图书给最美丽的童年 …… 204

一个民族要形成共同的精神家园，就需要有一个基础阅读书目，需要一个共同的阅读，以形成共同的“核心价值观”。这个书目既要有世界视野，更要有中国特色。

浇花要浇根，教人要教心

转型期道德教育的新理念 …… 213

我认为返璞归真的道德教育，不失为道德教育的一种有效的途径，即扩大自然的活动空间。教育要在活动、游戏、交往等方面进行一场革命。

共筑“人格长城” …… 216

学生阶段是人生读书的黄金时段，学校要采取一定的措施，鼓励学生多读书、读好书，要让学生把人类文明中最经典、最精华的内容大致浏览一遍。这已经不仅仅是一种单纯的读书行为，它对学生良好德行的养成、美好人格的塑造具有深远意义。

教育科研是学校发展的第一生产力 …… 222

科研与教学并不矛盾。当然，我这里所说的“科研”是真科研而不是“伪科研”。就像我们说真正的素质教育必然会有好的应试结果一样，真正的教育科研必然会促进我们的教学。

一所学校能给家长多少承诺 …… 227

要知道，一个孩子进了学校并不一定就在受教育，只有当他自觉地拿起了书本去阅读，才是真正接受教育的开始。

浇花要浇根，教人要教心 …… 230

实际上，世界上最伟大的经典童话书，都富含教育哲理和经验，但一些老师连书名都不知道。让阅读成为师生最日常的生活方式，进而推进书香社会的形成。

中国教育，从娃娃抓起不如从父母抓起 …… 233

什么是教育素养？教育素养就是尊重人的天性，尊重人的自我选择，尊重人追求幸福和快乐的权利……我们正尝试建立新父母学校，努力探索让父母与孩子一起成长的道路。

父母应该成为孩子的朋友 …… 237

每个人都有自己不想被别人知道的世界，都有自己需要保护的秘密。这个空间不应该轻易被别人占领。许多孩子其实没有什么秘密，他只是需要保护自己的这方神秘世界而已。最好的办法是成为孩子的朋友，作为朋友，他会向你敞开他的世界。

把智者的声音远播，将弱者的声音放大 …… 240

微博出现的意义在于改变了我们的舆论传播方式和社会监督模式。微博的力量，在于它能够在第一时间把智者的声音远播，将弱者的声音放大；在于它能够及时动员最广大的人群。其传播与监控的力量，超过了所有传统媒体。

后 记 …… 244

承诺是一种责任（代序言）

许多学校的招生广告中都有这样一句话：“给我一个孩子，还你一个英才。”

不少学校的墙上都写着这样的宣言：“一切为了学生，为了一切学生，为了学生的一切！”

每每看到这样的广告，我都不禁哑然失笑：他们真的能够做到吗？

其实，在我们的教育中，承诺，责任，似乎已经难以找寻。嘴上说的，墙上挂的，文件上写的，与实际上做的，成为风马牛不相及的两套体系，甚至是完全对立的理念。这是我们教育的痛，也是我们心中的痛。

前不久，我的学生陶新华博士和北京大学的徐凯文博士来看我。他们两位都是大学生心理咨询行业颇有成就的专家，我抓住机会向他们了解现在许多大学生经常感到困惑的问题。他们告诉我，现在学生的心理问题很多，其中最突出的就是普遍觉得没有方向感。

“为什么考大学？”——是父母和老师让考的。

“毕业以后干什么？”——找一个收入高的工作。

这是最普遍的回答。

徐凯文博士告诉我，他们希望能够开展一个活动，向大学生播撒理想、阳光、乐观、幸福的梦想种子，希望我参加一个叫做“果壳时间·北京大学”的演讲会，通过“我有一个梦想——向内心找寻幸福的土壤”的活动，为北京大学的学生讲讲自己的人生梦想。

陶新华博士讲到了南京某著名大学一位外籍老师的故事。一位德国汉学家的夫人，在中国的一所大学教书，系领导一再要求她在SCI（注：全称为 Science Citation Index，美国《科学引文索引》）上面发表文章，而她却毫不理会，仍然把大量时间花在批改学生作业和与学生的交流上。她说：还有什么比帮助学生成长更加重要的事情呢？她对中国大学对SCI如痴如醉的现象感到不可思议。徐凯文博士说，许多大学老师讽刺现在的SCI可以译作“愚蠢的中国人的想法”（Stupid Chinese Idea），SCI上发表的论文完全不是准备给中国人看的，到底有多少用处呢？为什么不把最重要的精力放在学生身上？

大学生和大学老师的问题，反映了我们的中小学与大学教育存在的问题——没有正确的方向，没有真正的承诺。

在“一切为了学生，为了一切学生，为了学生的一切”的虚假承诺面前，所有的教育其实都不是指向学生的，而是为了一个分数、一次考试，为了学校的“整体荣誉”，为了教师自己的晋升。

那么，学校意味着什么？我们应该承诺什么？

我认为，与其承诺还父母一个英才，不如老老实实说，还他们一个健康善良的孩子。学校毕竟是一个培养人的地方。我们的教育，既要培养创新型的优秀人才，培养科学家，也要培养实用型的技术能手，但是最关键的还是要培养合格的公民。让孩子们有一颗善良的心，有一个向上的梦想，有一种学习的能力，是教育最重要的事情。这是学校教育的基本目标，也应该是学校对于社会的基本承诺。

承诺是一种责任。承诺了，就要努力做到。做不到的，就不应该承诺。

承诺与责任，不仅存在于学校和家庭、社会之间，也是当今中国社会最缺少的品质。缺乏诚信，到处造假，已经成为我们生活中经常看到的现象。所以，承诺与责任，本身也应该是学校教育的最重要的内容之一。

如果我们的中小学承诺，让孩子们成为有理想、有激情的人，让他们树立自己的人生目标；如果我们的大学承诺，老师们会全身心地投入到关爱学生的事业中去，或许我们的教育就会呈现出另外一种风景。

朱永新
2011 年 4 月 22 日
于北京至上海途中

戴着镣铐，也要舞蹈

教育需要思想的光芒
倾听不同的声音，研究发展的方向
使决策的过程充满科学的精神
政策就会闪烁着智慧的光亮

教育需要思想的光芒
呼吸自由的空气，倡导争鸣的风尚
让实践拥抱理论，让理论走出书房
真正的教育家一定会在新世纪闪亮登场

——《教育需要思想的光芒》（片段）

一个官员兼学者的教育理想

2001年1月
媒　体：《江苏教育研究》
采访者：宣丽华

美的东西与真、善总是连得很紧的，健康的情趣对一个人德行的养成具有难以替代的作用。一个人，当他烦恼的时候，当他碰到挫折的时候，健康的情趣能够使之得到化解，甚至可以通过创造的方式使之得到升华。

记　者：您新出版的《我的教育理想》一书，表现了您对教育理想境界充满热情的不懈追求和冷峻缜密的前瞻性思考。您既是教授、博士生导师，又是苏州市主管教育的副市长，一般来说，学者与行政领导的双重角色意识在传统的价值观中似乎不太能够兼容，您在工作中是否有过类似的困惑？

朱永新：我曾经做过学生，做过教师，写过不少教科研文章，现在又分管教育、文化等社会事业。无论是坐在课堂上还是站在讲台边，无论是从事教育研究还是进行教育管理，我最感到自豪的是，这辈子都与我最热爱的教育有缘。作为教育研究者，我就应该比别人多一份理性与自觉，所以，我出版了一些教育理论著作，包括《我的教育理想》。作为教育管理者，我能够坦荡地运用人民赋予的权力，为我深爱的城市和深爱的教育做一些实实在在的事情，让自己的教育理想借助于部分行政力量，得以逐渐变为现实。这种责任感与成就感的融合，使我的工作充满了挑战，也充满了乐趣。

记　者：作为学者型官员，您在苏州是怎样将教育理想付诸教育实践的？

朱永新：在苏州市委、市政府的领导下，我们进行了一系列的教育改革，主要推出了六个行动计划，这里可以作些简单的介绍。

第一，教育信息化行动计划。这一行动计划从1999年开始启动，主要落实在三个方面：所有40岁以下的年轻教师都要学会计算机操作，能够设计、制作教学课件；所有的学校（包括农村中小学）都要联上中国多媒体公用信息网，实现“校校通”；所有小学（包括农村小学）五年级以上的学生都要学会上网。这些已基本做到，初步构建了苏州教育信息化网络体系，提前完成了教育部提出的2005年教育信息化方面的奋斗目标，为实现素质教育的跨越式发展提供了强有力的支撑。

第二，改造相对薄弱学校行动计划。很多地区在学生就学（尤其是小升初）方面热衷于搞电脑派位。其实，一些有权有钱的人照样可以通过各种渠道，将孩子送到好的公办或民办学校。更可怕的是，电脑派位的做法有可能让一些孩子从小就把希望寄托在自己不能主宰的事情上，逐渐产生宿命论的思想。而在苏州，一律实行就近入学，允许自由择校，对电脑派位坚决说“不”。这就要求我们的教育行政部门要把工作的重点放在提升薄弱学校的办学水准上，既要“锦上添花”，更要“雪中送炭”。多年来，我们在这些方面花了很大的力气，投入了大量资金。在农村，主要通过撤并村小提高办学品位；在城市，主要结合旧房改造调整结构布局，努力让每个学生都能享受到优质的教育资源。近年来，共撤并学校1 000多所，平均每个乡镇用于改善办学条件的资金已达到2 000万元左右。

第三，扶贫帮困助学行动计划。苏州市政府承诺：所有在苏州读书的学生，决不会因为父母下岗或生活困难等经济方面的原因而影响他们的学业，包括农村的孩子，也包括外地在苏州读书的大学生。我们建立了各种各样的教育基金，鼓励社会和学生为贫困地区和身边的贫困学生捐资助学，像我们都有自己“结对子”的帮困对象。据不完全统计，2000年共有7 757名贫困学生得到救助，212名学生因各种突发事件而得到社会的关爱。

第四，培养名师、名校长行动计划。我们在全市范围内遴选了50名45岁以下的优秀教师和校长，把他们集中起来进行培训。我们请来了许多全国著名的教育家来苏州讲学，如顾明远、袁振国、魏书生、李吉林、叶澜、钟启泉、顾泠沅等等，恐怕中国还没有哪个城市的教师能有如此的幸运。我们还准备出一本书——《与大师对话——著名学者苏州教育讲演录》，共分两大部分，前一部分是大师在苏州的讲演录，后一部分是我们学员的心得体会。我们还给学员开出了教育名著的阅读书目，我亲自去杭州给他们买来。在三年培训期间，他们每个人还有半年的学术休假，可以脱产思考和整理自己的教育笔记和学习心得。市政府每年拿出50万元经费出版“苏州教育丛书”，给他们和其他教师提供一个表达的园地。这个班的学员成长很快。我们把培训班搞成了开放式，一些特级教师和骨干教师可以随时进来，但毕业时一定要有一本拿得出、叫得响的专著，什么时候交来，什么时候发毕业证书。我觉得，作为一位名师、名校长，不和大师对话不行，不读名著不行，不搞科研也不行，所以我们在这些方面为大家提供了非常优越的条件，同时也提出了非常严格的要求。

第五，推进外语教学行动计划。苏州是长江三角洲重要的中心城市，也是我国重要的风景旅游胜地，对外开放程度比较高。过去英语课从初中才开始设，而且注重的是单词记忆和语法训练，是“哑巴英语”。现在，我们要求有条件的学校要从小学一年级就开英语课，到2010年，苏州的高中毕业生基本上能用比较流利的英语进行交谈，如到国外，其学习、生活基本上没有大的语言障碍。这一计划正在逐步得到有效的实施。

第六，全面推进素质教育行动计划。多年来，我们坚持以转变观念为前提、以改善办学条件为基础、以教育科研为先导、以师资队伍建设为保证、以课堂教学为重点的素质教育发展思路，目前主要是抓特色、抓特长、抓品位，这是全面推进素质教育的一个行之有效的策略。我到学校考察，一般不问升学率情况，而必定问：“学校的特色是什么？校长的教育理念是什么？”吴江市是国家级整体推进素质教育实验区，张家港、常熟、太仓、昆山、吴县等市和平江区是省级素质教育实验区。吴江屯村中心小学是一个农村小学，但每个学生都写有一手漂亮的书法；城东中心小学人人都会一样民族乐器；平直中心小学所有的学生从一年级开始写日记，坚持六年，就是2 000多篇，这是一笔多么宝贵的积累！孩子的意志品质、观察思考能力得到了锻炼，肯定会与其他的学生有所区别。当然，孩子千差万别，不一定要一刀切，但一些特长的形成可以让他们终身受益。我们的教育应该追求特色。

记　者：说实话，读了您的《我的教育理想》，我很感动，也有些怅然：您绘就了一幅令人神往的教育蓝图，可那些理想的学校、教师、学生、家长，说到底都是“心中的理想”。我做过教师，也是家长，对中国教育的那种在规范人、发展人的同时又扼制人、异化人的弊端有着切肤之痛。

朱永新：教育应该让每个人都能充满希望，并领略到趣味，享受到成功的喜悦。如果我们从中得到的不是这些，而是相异甚至相反的东西，那就说明我们的教育走上了弯路。

记　者：您觉得千头万绪之中，我们最应该培养学生的哪些方面？

朱永新：良好的德行。首先要让学生学会做人。

记　者：请您说说我们应该从哪些方面培养学生的德行。

朱永新：德行的形成一般有以下几个途径：

第一，自然的活动过程。许多人认为可以像获得知识那样去获得德行，我觉得不是这样。很多东西不是靠课堂上的传授，而是在自然的活动中形成的。比如一个大家庭的兄弟姐妹中，你扫地，我洗碗，他烧饭，自然地形成了分工，逐步就懂得了自己的权利和义务。学校的群体中，孩子们经常在一起做游戏，游戏中有创意，有角色，有权威，有服从，自然而然就形成了规则和遵守规则的习惯。而现在，家庭里都是独生子女，几代大人捧着一个“小太阳”；学校中学习时间又排得满满的，上午四节下午三节，既没有交往的时间，也缺少活动的空间，德行的自然习得这条路径已基本被堵死了。

第二，读书。无论是过去还是将来，读书都是净化人类心灵的重要途径。要让自己的心灵与崇高的、睿智的心灵进行对话，这样才能使自己在自然活动中形成的原始德行或者说基本德行得到升华。我们在青年时代读了很多书，《论语》使我们知道什么叫“己所不欲，勿施于人”，什么叫“学而不思则罔，思而不学则殆”，《悲惨世界》让我们懂得了什么是真善美，《钢铁是怎样炼成的》给我们以英雄主义的熏陶等等。而现在，说得严重一点，是一个无书可读、无暇读书、不爱读书的时代，诱惑很多，人变得很浮躁，很功利化，这也是教育的一种悲哀。

第三，健康的情趣。这一点我们以前重视得不够，一些人简单地把它理解为一种技艺，不就是会弹钢琴、会画画、会书法、会唱歌吗？其实不是这么回事。美的东西与真、善总是连得很紧的，健康的情趣对一个人德行的养成具有难以替代的作用。一个人，当他烦恼的时候，当他碰到挫折的时候，健康的情趣能够使之得到化解，甚至可以通过创造的方式使之得到升华。中国古代的士大夫文人都很重视琴棋书画的熏陶，女性则注重家政和女红。表面上看，这些都是纯技能性的，实际上，这些都与德行有着相当密切的联系。一个学生如果有健康的精神追求和生活情趣，他就没有兴趣也没有精力去做毫无价值的事。我们苏州之所以抓学校的特色教育，并非只是做表面文章赶时髦，而是要让学生一辈子从中受益。健康的情趣也带来多元的发展，你成绩好点，可我篮球比你打得好，字写得比你漂亮，我一样充满自信。这就给我们的教育理念和教育实践带来了很大的影响。

可现在这条路也几乎走不通了，学生之间比的只有成绩，千军万马过独木桥，高考失败，似乎一切都没了希望，这也是很不正常的。

第四，教育中的合力。孩子德行的养成需要社会、家庭、学校共同的努力，现在这种合力的正向引导还是不够的。比如家庭，家长关心的主要是孩子的成绩，在品德教育方面，有的家长甚至教育孩子不要讲真话，要防着别人，不能吃亏等等；比如社会，健康的青少年活动场所非常少，而且收费较高，一些少年宫、博物馆、游泳池等场馆以赢利为目的，学生只好到游戏机房，沉溺于无聊的聊天与游戏之中；又比如学校，学校最为关心的依然是学习成绩，学生被圈在狭小的校园中、逼仄的课堂上，变成了一个个接受知识的“容器”。从某种意义上讲，整个社会、家庭、学校不是形成帮助学生健康成长的合力，而是形成摧毁孩子的异化教育的合力。

我们强调德育，但如果不去研究道德形成的规律，德育就是一句空话。德行与知性是不一样的，教学是一种知性活动，更多的是培养科学精神，而道德教育更多的是一种实践的智慧，这是两种模式。现在有人试图把德育课程化，我以为是行不通的。

记　者：所以，教育需要理想也需要理性，需要蓝图也需要行动。您在苏州推行的六个行动计划大概便是基于这样的初衷吧？

朱永新：不是我在推行，而是苏州市委、市政府、苏州教委在推行。个人的力量是微薄的，我只是在其中做了些推动的工作。

记　者：据我所知，您主编了一套“新世纪教育文库”，精选古今中外名著和文化精品400部，已经有多种出版。这是一件许多人想做却做不成的事。于光远先生说：“编好这个文库，其意义绝不亚于建造一条高速公路。”李政道先生也表示：“乐意担任‘新世纪教育文库’的学术顾问，愿意把它推荐给大家。”您是否想进一步为全国青少年学生的精神滋润与德行培养做一些推动工作？

朱永新：做这件事，主要是出自一个教育工作者和研究者的责任感和使命意识。当然，官员的身份对于文库的出版发行也有一定的作用。我一直有个心愿，就是要把人类文化最精华的部分展现、推荐给我们的老师和学生，让他们能够在有限的时间里，最大限度地与书本拥抱，与大师对话，与崇高的心灵交流。曾经有不少著名学者为学生开列过必读书目，教育部也搞过，但一般都偏重于文学，而不是在整体素质教育上对学生施加影响，对教师更是从未顾及。我们希望编撰一套适合各个层次的学生与老师阅读、可使其终身得益的文库。为了确保每本书都是经典，我与国内外近百名知名学者联系过，或写信，或打电话，或登门拜访，还邀请了李政道、许嘉璐、于光远、张中行、陆文夫、钱仲联等专家指导。在国内外众多著名院士与学者的精心推荐下，在对近万名大、中、小学生广泛调查的基础上，我们推出了这套文库。第一批 52 种已经与读者见面，受到了广泛的好评。我们打算出 400 本，大、中、小学生和教师各 100 本，其中每个系列再精选 20 本作为基础必读书目。

今天的社会，很多人变得越来越实际，越来越平庸，越来越浮躁，其中一个重要的原因就是缺少人类优秀文化的导引，缺少对英雄的崇拜。我们这代人自己的成长经历，就是在一代代英雄的影响下走过来的。我最爱读的书就是名人传记。为什么今天我还有那么大的兴趣或者冲动去做学问、干事业？因为总有一种内在的驱动和激情，总觉得自己做得还不够，还应该做得更多、更好。所以我也力图在孩子们的成长路途上，为他们树起一个个崇高精神的标杆，让他们永远充满理想，充满热情，充满自信心，充满创造力。

记　者：您对英雄主义、理想主义似乎有一种割舍不去的情结，而现在的青少年正处于一个文化多元、信息冲击的时代，有他们自己的话语体系和游戏规则，我们这一代的所思所为是否能得到他们的普遍认同？

朱永新：我想，不管在什么时代，人文精神总是不可或缺的，崇高的理想以及为了实现这种理想而付出的真诚努力总是不可或缺的。我们不是救世主，也决不想搞话语霸权，我们只是想以一个过来人的经验和体会，帮助孩子们走稳、走好。比如在“新世纪教育文库”中，我们精心编选了小学生《中华经典诵读本》，书中有《论语》、《老子》、《庄子》、唐诗宋词、笔记散文等 10 多万字，如果小学生能够熟读甚至背诵，将一辈子受益。再比如中学生《英语名篇诵读本》，精选国外著名的讲演、书信、名人名言等，对中学生学习英语、感受世界优秀文化也是很有帮助的。过去我们学英语，就是学语法、学结构，我们可以翻译，甚至可以用英语写文章，但头脑中怎么也蹦不出英文的莎士比亚名句，英文中著名的格言、谚语不能像唐诗宋词那样信手拈来，因为缺少积累。所以，作为“新世纪教育文库”的总策划，我自然希望所有的教师和学生都能读读这套书，至少要读完每个系列的 20 本基础必读书，甚至可以与学生的毕业、素质测评等硬性指标挂钩。当然，我决不会滥用自己作为一个副市长的行政影响力去强制性地规定什么，事实上这个影响力也是非常有限的。但我真诚希望并热忱欢迎全国的大、中、小学校作为志愿者，一起加入我们的读书行动计划中，共同营造一个书香校园，一个书香社会。

教育是一种理想

2002年8月
媒　体：《现代教育报》
采访者：朱寅年

我们的传统课堂犹如军营，强调的是铁的纪律，学生正襟危坐，如履薄冰，战战兢兢，少了一些轻松，少了一些幽默，少了一些欢声笑语，少了一些神采飞扬。更有甚者，要求学生齐声回答，不允许交头接耳，不允许与老师争辩等，这无疑给学生的身心自由发展套上了枷锁。

记　者：朱老师，您的好多著作中都有“理想”这个词，如《我心目中的理想教师》、《我心目中的理想校长》、《我心目中的理想德育》、《我心目中的理想智育》……我也知道您正在积极地实践着您的理想。理想和现实是有矛盾的，请问，在理想和现实之间，您觉得最大的问题是什么？

朱永新：我曾写了10篇以“我心目中的理想……”为题目的文章，编成了新书《新教育之梦》。大家都认为理想和现实是有矛盾的，是存在鸿沟的，但我认为二者并不矛盾，这是两个范畴的东西，从追求的角度上看并不矛盾。理想为什么难以实现？是因为我们对理想不执著，没有把它作为一个信念和事业。有人认为我太理想化了，而在我们的实验学校进行的实验就将在不久的将来实现我们的理想，所以没有这样的追求是不行的。有人把应试教育与素质教育作为现实与理想的矛盾来看待，我不这样看。比如我们的实验学校，按照我们的五个理想实验方案中的读书计划工程的要求，学生都要踏踏实实地读100本书，要认认真真地写日记。在这样的基础上做下去，我们的教育理想肯定能实现。因此，我认为教育本身就是一个理想的事业。在新书《新教育之梦》中我写的前言题目就是“梦想成真”，只要努力，理想是会实现的，所以我们的教师不仅要把理想播在孩子们的心中，也要播在教师自己的心中。

理想与现实的差距使老师们苦恼，有时我也很苦恼，因为我需要那些有理想的人来支持。但你只要心中有理想，不管环境多么恶劣，你总是能做一点事情的。

记　者：在您的著作和报告中，涉及教师素质提高的问题比较多，可以这样说，提高教师素质是当前教育的首要任务，中国有世界上最为庞大的教师队伍，提高他们的素质是一项十分艰巨的任务。您觉得要提高教师素质，首先应该解决什么问题?

朱永新：我的观点是，第一要启动教师读书工程。我们拟定了教师必读书目，推荐全世界包括中国的一些经典著作，争取用五年时间做成“新世纪教育文库”，给中国的教师精选100本好书。今年年底我们就可以拿出第一套中国教师的必读书。我们觉得不读书，不和大师进行对话，提高教师素质就是空话。第二，要改革教师培训机制。我主张要建立多元化的教育培训机构，鼓励民间力量进行教育培训。应该在全国的一些优秀学校建立教师培训基地，地点就选在最好的中小学现场，这比教他上多少课都管用。第三，我觉得还是应该给教师相对宽松的、能发挥他的个性的教育环境。我们现在对教师管得太死，这就很难发挥他们的创造性、主动性和积极性。

我们计划建设一个“中国教师继续教育音像资料库”，将全国的优秀专家、优秀教师作的精彩报告，建成一个大型的资料库，为培训教师做一些基础建设。然而基础建设没有做好，而制度却先提出来了，这就使得基础建设明显跟不上制度建设，实际上应该先从基础建设做起。我们还打算建立“中国教师继续教育网”，实际上现在的教育在线网站从某种意义上已经承担起了教师继续教育网的功能，网站上的很多文章或文学作品都会对教师产生触动作用，这也是一种培训。建设一个好的教师网络是一种投资少、效益高、生命力强的教育形式，所以我非常希望把教育在线办成中国教师继续教育的主干网络。网站刚刚开办两个多月，就收到了几万张帖子，最近《人民政协报》用了大半版报道这个年轻的网站，题目就是“这个网站为什么让教师如此流连?”我们还组织力量把世界上最好的教育学、心理学教材翻译过来(国外的这些教材同我国的同类教材相比要活泼得多，生动得多)，和江苏教育出版社联合出版了一套“教育科学精品教材”。

记　者：朱老师，在教育在线网站上看到您的《中国的教育缺什么?》一文在广大教师中反响强烈，在文中您提到中国的教育欠缺真实，缺乏诚信，比如假公开课、假课题、假论文……这些假的东西严重阻碍了教育的发展。您觉得应该如何来解决这一难题呢？

朱永新：其实诚信问题首先要从教育做起。社会上造假的现象很多，但起码教育要做到“真”，这对我们来说的确是一个重要的问题。教育本身经常会让孩子们说假话，因为孩子们在说真话时往往得不到鼓励。孩子们心里想说的、他们自己认识的东西都要服从于标准答案，服从于教科书和老师所说的，孩子要讨老师和家长的喜欢就要说一些“假话”。现在，许多孩子的人格是分裂的，即对外一套，对内一套；对老师一套，对家长又是另一套。这成了中国教育的一个比较普遍的问题，所以我认为诚信问题的关键是在教育上力求创造“真”。很多人都提出中国的教育缺少“真”，我们打算出一本书《中国的教育缺什么?》，把一些网上的好帖子进行修改编到书里，作为将要推出的“教育在线文库”的20本书之一。

老师们作假往往是迫不得已的，原因是现在对教师进行评估的制度有问题。现在有很多评估机构，但谁对他们的评估效率和评估的真实性进行评估呢？对这些评估活动也应该进行评估。如果没有这样做，那么这种评估将阻碍教育的发展。对一些如课题、论文等的评估只是一个方面，更重要的是对教育精神发展的评估。对什么样的教师是好教师、什么样的课是好课要评估，但是更关键的是要评估校长和教师的教育观念，观念更新了就什么都好解决了。所以政府提出要把学校办成有特色、有品位的学校，鼓励教师和孩子们的创造性，鼓励他们的个性发展。

记　者：当前课堂教学还存在着许多问题，譬如满堂灌、教师以自我为中心、师生关系在课堂上不平等，等等。我想请朱老师具体谈谈，在您的心目中理想的课堂教学是什么样的？

朱永新：课堂对于学生，不亚于田野对于农民、车间对于工人、战场对于士兵。而且，课堂对于学生来说，不只是智育的意义，更具有生活的意义。那么什么是理想的课堂？什么样的课堂才是充满活力、情趣与智慧的？我认为有以下特征：一是参与度，即学生的全员参与、全程参与和有效参与。如果课堂上只是教师“满堂灌”，学生没有参与，就根本不可能激发他们的学习兴趣。我主张一般的课堂，学生发言与活动的时间至少不能少于1/2。二是亲和度，即师生之间愉快的情感沟通与智慧交流。吉尔·哈德斐尔德（Jill Hadfield）在《课堂活力》一书中说过：班级里可能是充满了欢乐、友谊、合作和渴望的，也可能是沉默、不快、矛盾和敌意的。前者无疑是亲和度高的表现，也是课堂教学成功的基础。三是自由度。我们的传统课堂犹如军营，强调的是铁的纪律，学生正襟危坐，如履薄冰，战战兢兢，少了一些轻松，少了一些幽默，少了一些欢声笑语，少了一些神采飞扬。更有甚者，要求学生齐声回答，不允许交头接耳，不允许与老师争辩等，这无疑给学生的身心自由发展套上了枷锁。四是整合度，即整体地把握学科知识体系。整合度不高的课堂教学，往往使完整的知识支离破碎，如语文老师把字、词从具体的语言环境中分割出来，历史老师将事件从时代背景中分割出来，学生得到的只是被肢解的知识，而不是真正的经过整合的知识。五是练习度，即学生在课堂上动脑、动手、动口的程度。一堂好课，不在于它有条不紊，不在于它流畅顺达，而在于它是否真正地让孩子参与了练习和实践。六是延展度，即在知识整合的基础上向广度和深度延展，从课堂教学向社会生活延伸。

一个理想主义者的言说方式

2004年6月29日
媒　体:《中国教育报》
采访者: 王　珺

理想主义本质上是人类本性和理性的斗争，人类在发展中不断需要一群理想主义者站出来，和本性的东西抗衡，人类就是在这样的抗衡中调整自己的步伐，从而得以前进和发展的。

星期天为理想打工

记　者: 近两年您在教育界特别活跃，经常到各地学校调研、演讲，还主持着教育在线网站，并且不时有文章著述见诸报端，大家都想知道，您用什么时间当市长呢?

朱永新: 我曾说过:“每周的周一到周五，我为苏州市打工。周六、周日，我得为自己的理想打工。”我的绝大部分精力毫无疑问在政府，我分管的工作不能说是完成得最出色的，但可以说是最出色的之一。无论是教育、文化、体育还是新闻出版，应该说做得都是很棒的，积累了很多经验，出台了很多在国内有影响的条例、法规。我做了七年的市长，自己觉得问心无愧，对我们的城市我是尽心尽力的，并不像有些人讲的，这个人不务正业，市长不好好做去做学问。

记　者: 有这样的说法吗?

朱永新: 当然有。我这些年文章写了不少，但他们不知道我每天早晨五点钟起来，到九点上班我有三四个小时的时间，别人可能睡懒觉、搓麻将、喝酒，可我在看书，在思考问题。我想这是别人不知道的。

记　者: 听许多校长谈起您，就像谈他们的老朋友。在您身上确实少见“官”气，倒是彰显出一种非常个性化的气质。您怎么评价这种个性?

朱永新：我承认自己比较张扬，但也得承认，任何个性都有两面性。外显的个性使很多人容易跟我一见如故，大多数人喜欢这种率性、率真的风格，跟我相处不需要考虑什么话该说，什么话不该说，比较容易坦诚相见。我在和很多校长接触时，常会单刀直入，直陈这个学校的缺点，当时他们可能比较难堪，但过后会理解。当然，也有人觉得我喜欢出风头，说我搞“新教育实验”就是标新立异，以此标榜自己。我倒不是很在乎，也很少考虑别人怎么说。我知道这种个性和中国传统的谦谦君子的风格相去甚远。

记　者：但您的身份比较特殊，如果仅仅作为一个学者，您尽可以保持这种鲜明的个性，然而现在您还是位政府官员，您有没有刻意地去改变什么？

朱永新：我从未想过改变，因为人改变自己的性格是一件很痛苦的事情。所谓个性就是人的感情的自然流露、思想的自由表达，是一个人快乐的源泉。有人开玩笑说：“您能够在中国的官场上存活下来是个奇迹。”我想，一个重要原因，是我生存的这个环境比较宽松，我们苏州的历任市委书记、市长和我的同事们，对我都很理解和宽容，大家知道我是从大学里来的，相对来说，大学里的人总是比较率真、耿直、敢讲话的。所以从这个意义上说，有好的生存环境非常重要，我有幸在这样的环境中生存。

搞“上天入地”的教育科研

记　者：一说教育理论、教育研究，好多人就会觉得头痛，觉得高不可攀。我注意到，在许多新教育实验学校和教育在线网站都有一批热衷撰写教育随笔的校长和老师，而从新教育核心理念的表达和您的文风来看，短小、活泼、言之有物的话语风格已成为新教育实验的切入点。

朱永新：是这样。我们原来的教育科研往往是专家关在书斋里搞的，因此与教育实际是脱节的。我们的教育需要什么样的教育科研？我概括为四个字：上天入地。“上天”，就是能影响决策；“入地”，就是能影响一线教师和学生的行为，真真正正地贴近教育实际，从教育实际出发，为教育实际服务。

记　者：您是什么时候有了这样的思想的？尤其是对教育科研和教育实践的关系的认识。

朱永新：在大学里我主要做教育史、心理学史的理论研究，接触的还是理论形态的教育，是没有和社会联系在一起的教育，我相信现在大学中的绝大部分老师做的还是这样的教育研究。我大约在2000年初读过一本叫《管理大师德鲁克》

的书，书中熊比特在弥留之际对德鲁克说，我到现在才真正明白：研究多少理论、写多少书都是无足轻重的，除非你的理论能改变生活。这段话对我心灵的震撼是前所未有的。我开始想我写那么多书为什么，思考究竟什么才是最有价值的学问。我自觉地想这些问题并试图改变自己的研究方式，这时我开始往学校去了，去中小学。我也不再写那些谁都看不懂的“大”文章，而是开始写活泼的小文章了。你看我现在很多文章都是千字文。没想到的是原来写的许多专著没人看，现在的小文章倒有很多的读者，不少人甚至都能够背诵。

记　者：您觉得您文章中的什么东西打动了他们？

朱永新：我想可能是最朴实、平白的表述方法，是说出了他们想说却没有说出来的话。我似乎在自觉不自觉地成为一个走近中小学老师的学者。

记　者：您所说的“上天入地”，您觉得自己做得怎么样？

朱永新：关于“上天”，作为全国政协委员，我可以通过提案的方式建言献策；而作为苏州市的副市长，我有机会将自己的教育理想在苏州实践。说到“入地”，我把新教育实验当做我耕作的园地。

“新教育”越发展，我就越惶恐

记　者：从2002年9月新教育首个实验基地在江苏昆山玉峰实验学校挂牌至今，参与实验的学校已达200多所，遍及全国20多个省市，可以说发展势头非常迅猛。但同时也有来自多方面的异议。您是如何对待不同的声音的？

朱永新：据我了解，大家的意见主要是，新教育实验不新，新教育实验没有什么理论体系。

关于“新”的问题，我们知道，在欧洲历史上有新教育运动，后来影响到美洲。新教育本来就是教育历史上的财富，我们以此命名，是自觉地把我们做的东西和传统的具有人文精神的教育理念挂起钩来，力求成为新教育运动整个发展过程中的一个环节。我们对“新”的理解是，过去时代的“新”，对我们这个时代是久违的，就有新意；很多东西以前提得比较模糊，现在渐渐清晰了，那就是新的；很多东西可能过去有人说过，但没有人好好去实践，比如说读书，我们作了新的诠释，那就是新的。新教育的“新”不是推倒别人，而是继承。

关于理论体系问题，我不否认我们还没有或者说还没有完全形成非常严密的理论体系，因此与其说它是新教育的理论，还不如说它是新教育的行动。我们用的是行动研究的方法，名义上是实验，实际上是试图变革教育的尝试。我们的教育缺少的不是理论体系，或者说不是拼凑起来的理论体系，最缺少的就是行动，缺少能真正改变教师的行动方式，让我们的老师和孩子更加快乐的原生态的行动方式。我想恰恰是这种行动研究使新教育实验在没有政府推动也没有媒体广泛宣传的情况下，却能流传这么广的原因吧。

记　者：您认为新教育实验最有价值的东西是什么？

朱永新：简单、实用、可行，只要行动就有收获，我觉得这就是新教育实验最有特点的地方。我们从基本观点出发，鼓励学校去创造，去尝试，然后把大家的成果加以总结和提炼，不断提升，相信理论会在实践过程中产生。我想新教育走的是一条全新的研究路径，而不是传统的教育研究的方法。

记　者：有人对实验学校的老师、学生以及教育在线网站出书过多、过快等现象提出尖锐的批评：新教育实验或许会成为新的名利场。您觉得这是耸人听闻吗？

朱永新：首先，我认为无论是实验学校还是网站，都不存在出书过多、过快的问题。从网站的情况来看，我们一共才出了20多本书，而且大部分是老师长期的个人积累，相对于我们网上200多万条帖子来说，是不多的。其次，说到名利心，其实，扪心自问，我们都是凡夫俗子，有一点名利心也是很自然的，有时候，适当的名利心，未尝不是人们进取的动力。所以，对这个问题，我的态度是不要太紧张，当然，也不能不警惕。我们的事业是开创性的，许多问题是一边探索一边前进，一边行动一边总结的。我们不能期望所有的结果都是完美的。

新教育发展到今天，越是发展，我越是心虚。我常常自问：我的实验能不能真正成为教师自觉的行动？我的行政力量最多只能影响苏州的学校，外省的学校到底是真做还是假做，是全心全意地做还是形式主义地做，我心里并没有太大的底。所以我非常坦诚地希望大家来批评新教育。

记　者：理想和梦，在坚硬的现实面前难免显得缥缈和脆弱，作为高举教育理想大旗的理想主义者，您怎么看理想和现实之间的冲突？

朱永新：我一向认为，理想主义者本质上是人类本性和理性的斗争，人类在发展中不断需要一群理想主义者站出来，和本性的东西抗衡，人类就是在这样的抗衡中调整自己的步伐，从而得以前进和发展的。我想我们的探索是以科学发展观为指导的，相信它会在相当长的时间里有生命力，因为我们倡导的教育理想和几千年来人类追求的人文主义之美是一脉相承的。

用爱品味生命的美丽

2002 年 11 月
媒　体：《明日教育论坛》
采访者：焦晓骏

在人生的旅途上，特别是在攀登事业之峰的时候，要能甘于寂寞，能直面孤独，用全部的爱默默奉献，做一点实实在在的事。只有这样，你的人生才是有意义的，你的内心才是真正幸福的，因为你能真正品味到生命的美丽！

记　者：朱老师您好，我与您许许多多的其他“未注册的学生”一样，既关注您事业的成就，又想了解您内心的酸甜苦辣。这次，我想与您来一次零距离的心灵接触。我们今天的话题十分直白：2002 年又将在喧嚣与忙碌中逝去，当您回顾这过去的十个月，最令您开心的事有哪些？

朱永新：毫无疑问，最令我开心的事当数教育在线网站的横空出世。“横空出世”这个听起来有点儿夸张的词包含了两方面的意思：第一，作为一个教育类网站，自 6 月 18 日创建之后短短的一百多天便取得了日均点击率逾千、注册会员数超过三千、论坛帖子达三万的佳绩，昨天（11 月 5 日）的点击数更是达到 2 150 次。这些数据远远超出了我的预期，足以证明教育在线旺盛的生命力。第二，以教育在线为交流平台，我们以关注教师生存状态、探寻基础教育发展方向为主题，编撰了一套“教育在线文库”，共 4 个系列 21 本书。这个成绩也是近乎不可思议的，我本人也为此感到骄傲。这一点不是每个网站都能做到的，所以我说“横空出世”。

记　者：我国的教育类网站多得不胜枚举，更有如中基网、K－12、人教网等不少知名网站。这种形势下做教育网站本不是容易的事。您是如何进行教育在线的网站定位以求得与众不同的特色的呢？

朱永新：中国的教育网以资源积累与交流为主，这也是教育网发展初期的必由之路。课程教学资料是资源贫乏的中小学教育急需的，中基网等搭建的网络平台为广大师生做了一件大好事。现在只要轻轻一点，大家就可以搜寻到大至教育法规小至单元训练的内容。但随着教师自我发展意识的增强，单向的阅读式的资源获取方式已经不能满足他们的需要，他们需要真正意义上的交流，需要心灵与心灵的沟通，需要思想与思想的融合，需要观念与观念的碰撞。他们可以在对话中提升教育理念，追求事业的目标。他们需要一个专业平台。在这样的背景下，教育在线应运而生了。

记　者：是的，如果说提供资源是“授人以鱼”的话，教育在线要做的则是力图“授人以渔”了。不过，大多数网站（包括非教育网站）不是也有论坛来提供交流平台吗？难道教育在线在其他方面（如技术）有什么优势吗？

朱永新：教育在线的优势是非技术层面的，我们将论坛作为主打栏目来做，论坛不再是网站的附属物。相反，我们网站的其他栏目，如“本站动态”、“网络文萃”等，都是为论坛服务的。加上教育在线是非赢利的，网站本身没有花花绿绿的广告，也没有信息搜集或是推介，给人一种圣洁感。说到这个问题，我要感谢中锐集团的钱建蓉先生与毛恩先生，他们为教育在线的开办提供了有力的基金支持。

当然，有这一点并不够，论坛的品位非常重要，品位高低取决于参与者的素质。正如开一个学术会议，决定这个学术会议品质的不是谁主办、花了多少钱，而是什么样的人参加这个会议。教育在线会聚了一些如李镇西这样的全国知名的教师，一些如高万祥、卢志文这样的颇有建树的教学管理人员，一些如陈晓华、王军这样的才华横溢的青年，一些如杨青、张曼凌、罗民这样的十分敬业的版主，再后来又吸引了一大批如刘尧、陈锡林这样的名士，这个阵容还是十分可观的，至少我看是这样。值得赞扬的人还有很多，我不一一列举了。此外，活跃在论坛上的编辑记者们也使网站更加充满生机，毕竟有了一点儿“话语权”的教师也渴望多方面的关注嘛！

记　者：据我了解，K－12 靠技术服务特别是“数码港”来维持网站的发展，人教网则侧重中小学教材的介绍和教育图书馆的推广发布。教育在线是靠什么来促进自身发展的呢？

朱永新：四个字，著书办报。论坛上的不少精彩论述在网上常常稍纵即逝，将网络与平面媒体结合起来不失为一石二鸟之招。一方面我们将有见地的帖子搜集起来供更多的人参考，另一方面也为网站的良性发展提供了一个良好的途径。

著书办报，这是今年的第二件令我开心的事。与《人民政协报》合作的《教育在线周刊》将于11月下旬开版试发，明年元月起这份反映一线教师心声的报纸正式出刊。它不仅仅是教师交流的乐园，更是被赋予神圣使命的媒体——反映教师生存状况，为中国教育献计献策。著书是指“教育在线文库”，刚才我已经提过了。

记　者：您能向《明日教育论坛》的读者介绍一下这个文库的四个系列图书的内容吗？

朱永新：可以。第一套是教育话题系列，以教育界资深人士关注基础教育、义务教育、民办教育等方面的专题论述为主体，将由苏州大学出版社出版；第二套是教育报告系列，以写实的手法全方位报告我国中学生的学习生活状况，将由希望出版社出版；第三套是教育随笔系列，其中既有李吉林、李镇西等的个人专集，也有教育在线网友的作品集，将由四川教育出版社出版；第四套是写给中学生的，主题包括考试、理想、情感、偶像、网络等中学生关心的内容，力图以生动形象的语言来帮助他们解除困惑，使他们健康成长，这套书由河北人民出版社出版。这些书计划明年3月底全部出齐。

记　者：相信这些书会像教育在线一样受到广泛的欢迎！朱老师，您还有别的开心事吗？

朱永新：第三件令我得意的事是我的《新教育之梦》由人民教育出版社出版了，还有我儿子朱墨的书《老虎拉车我敢坐》受到好评，并由台湾业强出版社再版。《新教育之梦》中收录了我谈基础教育的十个理想，其中有理想的校长、教师、学生等谈做人的，也有理想的德育、智育、体育等针对学科的。这是我多年来追寻教育之梦的思考的结晶，尽管反响不一，但我还是满意的。

记　者：您说的反响不一是指什么方面？

朱永新：主要是文风。

记　者：我明白了。记得上次您谈到某些专家的意见，他们说这本书的学术性不强。对此，您自己怎么看？

朱永新：我不想对此作过多的评说，因为我并不介意这些——有人关注总是好事。我也不想说学院式文风与散文式文风哪种更好。我这儿只想说明一点，我这本书是写给广大教师看的，他们能喜欢、能看懂、能理解，这便是我的全部愿望。至于这本书是学术专著还是文学作品，这并不重要。我过去也写过一些纯学术性的东西，那是在做课题，做研究。现在我写的东西，思考多于理论，更多的是在表达我的思想，我自己倒觉得进步了，离教育更近了。

国外有不少学术性的著作也更多采用生动活泼的文字，并不像我们习惯的那样板着面孔说话。我相信，高深的理论是完全可以用简朴的语言甚至是诗一样的语言来表达的。

记　者：我赞同您的观点。有的理论书我觉得读起来很吃力，有时还读不懂，于是放弃不读了。而一本《第五项修炼》，理论性那么强，我却能一口气读完一章。您的这本书是谈理想的，人们称您是个教育的理想主义者，您怎么看?

朱永新：做一个教育的理想主义者很好啊！但我觉得自己还不是彻底的理想主义者，我同样关注许多令人痛心的教育存在。今年我走了不少地方，看到了不少，也思考了许多，于是走一路写一路。我一方面通过各种途径向决策层反映教育的客观现状，另一方面将乐观的教育理想带给广大的教师。我认为教育本身就是一个理想的事业。《新教育之梦》的前言就是“梦想成真”。只要努力，理想是会实现的，所以我们的教师不仅要把理想播在孩子们的心中，也要播在教师自己的心中。

今年我首次正式开辟了一块实验基地——昆山市玉峰实验学校，不少实验工作正在实施之中，能做点实在的事我很高兴。我深深知道，一个人所受的中小学教育是人生的奠基石，可我没有做中小学教育教学工作，更没有亲身当过校长，我有许多教育的梦想，但无法付诸实践。

记　者：为什么？您不是分管教育的副市长吗?

朱永新：现行的考试升学体制不是一朝一夕能改得了的，从这个意义上来看，很少有校长敢不喊几声素质教育的，但也很少有校长敢不直面应试教育的。中小学教育改革有时只是停留在表层，我希望我能做一回校长，我想用我的实践来告诉人们：真正的素质教育是有生命力的，学生会得到生理、心理、知识、才能的全面丰收。我要一块理想的实验田，现在我找到了以昆山市玉峰实验学校为代表的一批实验基地。

记　者：能透露一下实验的内容吗?

朱永新：这些网上都有，我们的教育论坛上有一个“新教育实验”栏目，上面应有尽有。玉峰实验学校实验的核心是创建以读、写为特色的书香校园。我们提供了师生必读书目、学生诵读本，师生们每天写一定字数的随笔或日记，每学期听一定场数的报告，再加上英语与信息技术方面的熏陶，我相信这批参加实验的师生会在成功中获得更多的自信、取得更大的成绩。

记　者：希望会有更多的学校加盟，把学生从枯燥、乏味、机械的应试教育中解脱出来！

朱永新：说实话，实验的过程还需要探索与完善，所以我并不指望摊子过大、战线过长。我希望先做点尝试，不断总结，为以后的实验积累经验。

还有一件开心的事就是我在市政府分管的教育、文化、卫生、体育等工作今年十分顺利。就说体育工作吧，苏州市政府成功承办了江苏省第十五届运动会，且苏州代表队的金牌总数名列第二，与强手南京队的差距很小。运动会开幕式与闭幕式盛况空前，精彩纷呈，得到了社会各界的广泛赞誉。在教育方面，苏州市确立了与城市发展目标一致的计划，将教育国际化与信息化作为基础教育努力的方向。苏州研究生城与国际教育园区的建立则全面提升了苏州的教育品质，为建设高科技含量的新苏州提供了人才方面的保证。2500 多年历史的苏州会变得越来越有活力，无论是作为政府官员还是苏州市民，我都感到很开心。

记　者：那么，您遇到过不太顺心的事吗？

朱永新：不顺心的事终归是有一些，其中最使我揪心的莫过于父亲的健康。我父亲今年 66 岁，身子骨一直不错，可最近状况欠佳，住在老家的医院。做儿子的不能侍候在侧，甚至连回去看望的机会也没有，想起来就愧疚不已。此外，现在论坛人流量激增，网站速度有时会慢下来，这也是我的一块心病。不少教师上网条件并不好，若是网站服务不到位，就太对不起大家了。我们正在做计划，争取使这个问题在近期改善。

记　者：想不到您这么牵挂教育在线。说真的，我很难想象您如何在百忙之中抽出时间上网。

朱永新：我每天五点起床后，便上网“晨练”；中午休息时上来看看，算是“午休”，每天两个小时。在网上我不仅仅是了解别人的观点，我还通过网络检查学生的作业，回答一些教师的咨询。

记　者：您在政府里是位勤勉的官员，在学校是位饱学的教授，在社会上是教育改革的倡导者，在网络上又是一位忙碌的网友，此外您还要著书立说。这种工作量与生活节奏是常人很难承受的。

朱永新：每个人都有自己的生活方式，有自己的工作与休闲方式。我忙碌，我内心并不苦。我在文章《教育，我的至爱》中说过：“我是一个集学生（受教育者）、教师（从事教育者）、教育研究者和教育管理者于一身的人，这就注定了我这辈子与教育有缘。我最喜欢做研究者，我最投入的角色是教育管理者。无论是作为学生、教师、研究人员，还是作为分管市长，教育都是我的至爱。只要与教育有关的事，都值得我去付出，都会使我开心地去完成。”

有句流行歌词是“寂寞让我如此美丽”，我的理解是：在人生的旅途上，特别是在攀登事业之峰的时候，要能甘于寂寞，能直面孤独，用全部的爱默默奉献，做一点实实在在的事。只有这样，你的人生才是有意义的，你的内心才是真正幸福的，因为你能真正品味到生命的美丽！

戴着镣铐，也要舞蹈

2007年4月~7月
媒　体：《江苏科技报·今日教育》
采访者：姜广平

有人说，我们在应试教育的大背景下，是戴着镣铐跳舞。其实，戴着镣铐也可以跳出精彩的镣铐舞。但是，我们很多人却是躺倒不干了。所以，即使在相同的背景下，也完全可以演绎出不同的人生与不同的教育生活。

新教育，一种回归

记　者：朱老师，我们第一次面对面应该是在2000年8月。那时您在我校作讲座，我不失时机地站起来问了您一个问题。

朱永新：第一次见面应该说没有太深的印象了。后来高万祥曾向我介绍过你，说他们引进了一个作家，我从此开始关注你。

记　者：当时我对您所研究的领域还不是很清楚。第一次看见大师在我的对面坐着，心里一激动，就站起来提问，问起了老舍的儿子舒乙在北京搞的那个古典色彩很浓的学校，想听听您的意见。您当时没有太充分地展开，但现在看，您提倡新教育、搞新教育实验、搞书香校园计划、搞新教育文库，还是回到了向后看这一点上。教育有时候是必须向后看的。

朱永新：你说得没错，实际上，真正的教育是一种回归，是一种向后看。教育的本原与教育的本性是返璞归真，我们现在过分强调了追求新。其实，我们现在搞的新教育实验，也就是在强调回归，要回到那些久已被人遗忘的东西上面。我常说，一种真正的教育，即使历经几千年，也都是有永恒的主题的，譬如追求崇高与追求理想等。现在的时代，我们恰恰将原本所追求的东西丢弃了。我们现在做的，可能是要回到真正的起点，回到它的本真方向上去。

记　者：教育要向后看，当然，向后看有一个后到什么程度的问题，总不能回到孔夫子时代。现在是一个将什么都称做后什么的时代，我却要说向后看，而教育又要全球化。如何协调这之间的矛盾呢？

朱永新：教育的对象是人，不同时代的人有不同的表现，但人性有共通的特点。孔夫子的东西现在看起来仍然有他的味道。有用的都可以向后看。当然，文艺复兴以来，特别是工业革命以来，教育家们的探索可能对我们更有用，但我们仍然要看到，他们的东西都是在前人积累的基础上发展起来的。我们的教师、教育管理者，包括其他教育工作者、教育官员，都要能做到既向前看，同时也要向后看。教育需要我们具备这样的能力与本领。

记　者：如果从知识与教育的关系看，教育是知识筛选、传播、分配、积累和发展的重要途径，教育与时代的关系密不可分。所以，我就在想，新教育产生于新世纪之初，而这样的时代是经过了漫长的农业社会和比较短暂的工业社会之后的一个新的时代，这个时代我们可以称之为多元化的知识社会。从多元走向简单，这是不是新教育的一种努力？

朱永新：应该说多元化还有漫长的路要走。中国还有许多特色化的东西、农业化时代的东西存在着，工业化、后工业化乃至信息时代的东西，也都同时并存着。这样看来，我们的包袱其实是很重、很多的，因此教育要做的事要多一点，而教育多元化的叙事与特征也要多一点。

记　者：有时候，我觉得新教育其实更多地体现了一种方法论的意义，但其指导意义与推广价值在目前还未能全面显现。

朱永新：新教育是一种复归。教育本来就应该是这样做的，这样才能显现出教育的价值。现在因为考试的压力，大家的精力都集中到应试上，因而忽略了教育的本义。

记　者：所以，我觉得您是一位既非常传统又非常激进的教育改革家。传统，是指您的教育观强调了知识的获取原则与获取途径；激进，则指您更多地抛却形而下的知识而重于学生素质与能力的培养。

朱永新：也可以这么说。苏州这个城市是“双面绣”，古韵今风和谐共生。新教育也应该是这样，既要尊重传统，又要超越传统。

教育理想，首先感动过我

记　者： 现在回到您的书上面。读了《我的教育理想》之后，说实在的，当时我被这本书的题目所震撼。在一个道德、文化普遍失范的时代，还要将理想与激情进行下去，这样的人是了不起的。在写这本书的当时，您对这一教育理想的信心究竟有多大?

朱永新： 写这本书源于一个偶然的机会。当时，在去张家港高级中学前的一个月，我在太湖之滨作了一个报告。听众被震撼了，整整四个半小时没有一个人离去，连服务员也被迷住了。我自己也被自己的讲演陶醉了。这说明在我们的教育现实中是没有理想的，或者说理想被丢弃了。但是就像现代人寻找丢失的草帽一样，这一顶草帽在人们的心中还存在着，否则，就不会在与会的几百人心中激起那么大的共鸣。

记　者： 在张家港高级中学作的演讲我作了很认真的记录。后来，又在《新教育》上看到您的很多文章，我便想到您已经有意识地在讲述理想系列了。

朱永新： 我后来写了一组教育理想的文章。你可能看出来了，2000 年以来，教育理想成了中国教育界一个非常重要的词汇。在这之前，是没有什么人提起的。可能真是忘了。我这本书在中国教育界掀起了一个教育理想的旋风。教育理想，首先感动过我，我是有信心的。但客观上说，我当时也没有找到将理想变为现实的路径。我对扭转人们的心态也是没有太大的把握的。

记　者： 现在不同了，现在您的努力让我看到了一种现代孔夫子的精神，看到了一种知其不可而为之的执著。但是，你是不是要让你的教育理想起到救治时代弊病的作用呢? 我记得若干年前小平同志曾经讲过，我们的问题，主要是教育的问题。

朱永新： 任何教育理想都是对现实的矫正与超越。正因为对时代的很多弊病感同身受，甚至于有一种切肤之痛，所以我们才会提到追求更加理想的境界。理想是对现实的反思、超越，是对现实弊病的救治。对小平同志的观点，我是完全赞成的。教育的问题实在太多了，可以说已经是一个综合征，而不是一个单项的疾病了。有人说教育的问题主要是社会的问题。因为存在决定意识，经济基础决定上层建筑，教育作为一种意识形态，肯定会受社会的影响，这是问题的一个方面。

记　者：但教育也是有问题的。以一个有问题的教育去救治一个有问题的社会，是不是很合适呢？我们的教育现在从总体状况看，其实是非常脆弱的。

朱永新：以有问题的教育去救治有问题的社会当然是不行的。但是无论如何，教育总是在形成一个未来的社会，在影响一个未来的社会。在很大程度上，今天许多社会问题，是由正在过去的教育和已经过去的教育所造成的。从总体上看我们的教育的确非常脆弱，但其根源是它正在远离崇高，正在远离人文精神，正在远离教育的本真或本性。

我们要为教育还魂

记　者：您对教育理想的描述是否仅仅想掀起教师内心的高潮与崇高追求？

朱永新：当初应该是这样的目的。因为我认为，对一个教师来说，他应该首先学会兴奋，学会激动，学会有激情、有诗意，才可能成长。当然，我不希望他们将这样的兴奋与激动，仅仅停留在激情与诗意上，更应该将其化为行动，化为对教育的兴趣与热爱，这样才能够让他们在平凡的教育事业中学会尝试。

记　者：说得太好了，教育其实就是一种行动，就像爱就是一种行动一样。然而，对教育的实践者也就是教师而言，他们能不能有某种行动，能不能有一种爱，我觉得这取决于一个群体的生存状态。只有在一种理想生存状态中的教师，才能实施行动，实施爱。因而，我想问，您对教师的生存现状作过什么样的考察呢？

朱永新：总体上讲，教师的生存状态是不能让人乐观与满意的，最主要的是大部分教师在他们的教育生活中体验不到教育的快乐。他们在应试的沉重压力之下痛苦地挣扎着，他们习惯于不断地重复自我，手拿着教育的一张旧船票，每天重复着昨天的故事。有些教师已经麻木了，习惯了；有些教师似乎还没有完全麻木，但恰恰是这些没有完全麻木的人更加痛苦。很多人都没有办法找到脱离苦海的改革途径与方法。

记　者：非常感谢您能够看到教师这样的生存现状。我知道您内心的痛楚。这是一种人文的痛楚，是在改变教育、影响生活的努力中的痛楚。

朱永新：当然也不排除少数教师在诗意的生活中享受着教育的幸福与快

乐。这样的教师往往就是比较优秀的教师，或者说是正在走向优秀的教师。在我们教育在线网站上就活跃着这样一些有着积极人生态度的教师。

记　者：我问这句话的目的其实很简单，是想说教育理想能否盘活教师对教育的虔诚追求。当教师的生存现状无法自己主宰时，教育理想还能否成为教育工作者的人生坐标呢？

朱永新：首先我认为理想当然可以盘活教师对教育的虔诚追求。因为理想是我们每一个人心中所追寻的梦，有梦就有希望，只要他的梦想没有破灭，他就会有追求。我们的很多教师的生存状态的确无法完全自己主宰，但精神状态是完全可以由自己主宰的。在同样的生存环境下，每一个人都可以有不同的活法。有人说，我们在应试教育的大背景下，是戴着镣铐跳舞，其实戴着镣铐也可以跳出精彩的镣铐舞。但是很多人却躺倒不干了。即使在相同的背景下，也可以演绎出不同的人生与不同的教育生活。这个时候的教育理想应该成为教育工作者的人生坐标。

记　者：有人说过，文化其实是人的生存方式，是一种过日子的哲学。文化在表面上是先导，实际上是基础，是一切的基础。这样理解教育也不会有很大的距离，但我在想，我们如何形成自己的教育文化呢？或者说，我们如何让教育化为我们的生活呢？

朱永新：文化其实是一个社会的灵魂。一个社会、一个城市或一个组织，没有文化就没有灵魂。教育文化是整个教育的灵魂。我曾经说过，我们现在的教育是把魂丢掉了，我们要为教育还魂。我们的新教育实验就是一种用文化的自觉来给我们的教育还魂的事业。我欣喜地看到，那么多实验学校的师生已经体验到了这种文化的快乐，他们的教育生活有了更多的快乐，他们的教育人生开始有了方向。

记　者：中国的教育现在似乎处在一个尴尬的十字路口，传统的力量还没有退场，现代的潜流已汹涌而至。甚至可以说，在目前的教育景观中，文明与野蛮并存，我们如何才能在我们的现代生活中将这样的教育图景改变过来呢？

朱永新：现在可能是黎明前的黑暗。文明与野蛮、新教育与旧教育的较量正在进行着，旧的不甘心退场，习惯与惰性力量还非常之大。我们应该看到，客观上说实际上中国几千年都在搞应试，要想改变这种状况也非一日之功。我们只能一个学校一个学校地去做，一个教师一个教师地去改变。我相信会有改变好的一天的。

学术引领与哲学背景

记　者：谈到现代社会，我想起您的关于教育现代化的论述。我个人觉得，现代社会其实是一个文化符号重叠的社会，教育可能也是一个符号。如果真是这样的话，您觉得教育这一个符号应该具有哪些内涵？或者说，教育如果成为符号，是一种进步，还是一种缺失？

朱永新：你这个问题有点玄乎。教育不能用符号来比喻，它与文学不一样，文学是供人欣赏的，大而言之，它使人产生一种审美情绪，对人的情感产生一种濡染。人们对文学的参与方式与对教育的参与方式也是不一样的。对文学，人们可能用情感参与，也可能是用理智参与。这一切，都只停留在精神层面上。但教育更可能是一种行动，虽然这种行动需要精神的参与和理性的指导。对现实中的人来说，教育不是一种符号，它是一种过程，是一种实实在在的生活。只有那种想从教育中得到某种认识、获得某种理解的人，才可能将教育只当成一种符号。你可能是文学书读多了，便也将教育与文学等同了。

记　者：是吗？教育也好，文学也好，可能都已经成了我的生活。看来，人的生活方式决定了人的思维方式。说到这里，我又忍不住想说现代性的问题了。您曾经在一篇文章中谈过中国教育缺什么的问题。那一篇文章有很大的影响。但在我看来，中国教育可能还是缺少一种明确的目标，缺少一种哲学精神的背景支撑，缺特色与缺理想，倒反而显得有点形而下了。

朱永新：问题要这么看：目前整个教育都缺乏教育哲学背景。可这不仅是教育的问题，是整个中国人的思维方式与行为方式决定了这一点。中西方的主要区别在于，西方人多持一种价值理性，我们更多的是一种工具理性。西方人做之前总要考虑价值，这件事要不要做，做了会有什么后果；而我们则不一样，中国是一个感性的民族，做什么事都要立竿见影，说穿了就是急功近利，一般来说是不会考虑这样做的后果的。

记　者：正因为我们的教育缺少哲学的思考，所以特别需要学术的引领，需要像您这样的专家的引领。

朱永新：所谓的专家引领，在教育在线上，我的看法是，也就是一批志同道合的人相互争辩、相互讨论的过程。而在这个过程中，大家相互启发，相互发现，相互推动，共同推进了一个论坛的繁荣，也共同思考着一些教育的问题。恰巧这些人当中也有我。问题就应该这么看。现在这个时代是一个多元化的时代，是一个后喻化的时代，已经很难说谁引领谁。有些问题很多老师认识得比我们深刻得多。这是事实。

记　者：我只能认为这是您的看法。我们很多人其实是将您当做学术引领与精神领袖的。我们需要这样的精神领袖。我刚才的话，只是觉得我们不要随便在历史长河中拉出一个人来就不加选择地说一通，学一通。您这样的教育行走者、可贵的实践者，我觉得如果不是引领的话，至少应该说是我们这一群体的杰出代表。

朱永新：我知道，可能是我的行政地位与学术地位决定了我的声音更多一点，也更响一点。其实，对很多事情的剖析，倒是你们比我更深刻。譬如说我们这样的对话，我就非常希望能够引发出双方的思维碰撞。

记　者：对帕斯卡尔我没有什么成见，我只是觉得，从精神层面上讲，从人类状况上讲，从人与外部世界的冲突角度讲，从上帝是否存在及宗教精神上讲，有比帕斯卡尔更伟大，也更具有代表性的作家。也就是说，从教育的背景讲，帕斯卡尔显然是靠不住的。后现代的人，像福柯、哈贝马斯、胡塞尔他们，我觉得也靠不住。

朱永新：因为他们生活的时代背景与我们毕竟相差很多。让我们读懂他们，恐怕难了一些。毕竟是两种不同的语境，甚至是两种不同意识形态下的社会。

记　者：但是你说到的，现代的人要培养一种对话能力，我觉得这种对话能力也应该包括与这些人的对话能力。

朱永新：这种对话能力更应该包括与现在的人的对话能力。其实，每一个有价值的哲学家，他们的思想体系是很难超越的。每一个思想家都是一座山峰，都是一道风景，都很难超越。这些思想家或哲学家的遗产中，那些符合传统的成分可能会延绵不断地传承下来，而其他的一些东西，则可能与人们有些隔膜。这种情形，就是在现在的美国也是这样。

记　者：说到这里，我又想起了陶行知。我们中国的教育为什么总是要到国外寻找一个行动的皈依呢？美国人杜威对我们来说真的非常好吗？我们中国找不出这样的人吗？

朱永新：陶行知成为杜威的学生，也许是一种偶然。但是，陶行知成为陶行知，却是一种必然。我的观点是，在那种时代，不碰上一个杜威，便可能会碰上另一个李威什么的。美国的实用主义教育在当时其实是一种思潮，它是对传统教育的一种变革与反拨，它以儿童为中心，以学校为社会，以教育为生活，形成了整个美国的共同的价值观。当然从时代的落差来讲，我们的发展进程是慢了点。时代的落差造成了思想的落差。思想的理念总会有相互影响的过程。

记　者：新教育寻找到了一种自己的话语方式，但我想，中国教育需要以什么样的哲学作为背景支撑才最好呢?

朱永新：从马克思的全面发展理论、杜威的民主主义理论到苏霍姆林斯基的人的和谐发展的理论，可以支撑中国教育的哲学背景实际上已经太多了。当然，过去很多哲学，包括永恒主义、要素主义，也其实都在指导或支撑着中国的教育。

记　者：现在有一个很不正常的现象，大多数名师的成长过程往往不那么顺利。在这一点上，连李镇西老师都不能幸免。

朱永新：名师的成长需要环境，尤其是一种宽松、理解的环境。从某种意义上说，这种理想的环境是由一位校长来提供的。校长把教师推上舞台，让教师成为教学的主角，这样教师就能比较好地成长起来。现在在很多学校，主角都是校长。教师是很难超越校长的，甚至就是为校长服务的。因此，绝大部分名教师的出路无非是两种可能：一种是在一个宽松的环境中、在校长的帮助下，从学校走向一个更大的舞台。另一种，就像你说的，是靠自己的底气、靠自己的强硬、靠自己的坚韧打拼出来的，很多都是墙内开花墙外香的，或者说是在外面先建立影响，然后才逐步在本地区或在本校有影响的。

记　者：名师之名，往往成就于其自身的个性与才气，是名师们自身的努力成就了名师本身。如果没有这一点品质，即使出现了一些所谓的名师，往往也是昙花一现。我就想，难道教育真的有某种不能承受之重吗?

朱永新：这个问题与前一个有联系。真正的名师应该是在学生心中很伟大的老师。名师不是靠宣传与吹捧而出名的，这样的名师只能是昙花一现的。我们现在的名师，在现在的体制下往往要付出双倍的努力，他一方面要执著于自己的理想，另一方面要适应现实的环境，否则，他还没有出土，就会被冻僵了。因此，名师本身的个性与才气，在很大程度上还包括了他的社会适应能力、人际沟通能力甚至对付考试的技巧与技能。他一方面要用思想征服这个世界，一方面还要用成绩来证明自己。总体上讲，我们的环境，还有待于改善。我们应该为名师的成长提供一个宽松的氛围。

记　者：在《我的教育理想》这本书里，您还只是提倡学生读一些名著，后来发展成引导学生读书、创造书香校园、聆听窗外的声音的宏伟构想，同时，也提出了教师读书的重要性，并指出，培养一个读书的民族是从教师开始的。我觉得这些其实都是一些向后看的事。可您为什么将其冠以“新教育”之名？

朱永新：我说过，新与旧总是相对的。任何一个时代都有它的新教育，通过欧洲历史上的新教育运动，我们可以得出这样的结论：凡是社会的重大转型时期，都需要教育作出相应的回应。这个时候的教育家，总是用一种创新的精神去构建一种所谓的新教育。这种新教育是相对于正在遭到批评甚至于遭到诅咒的、不能够适应社会的变革与转型的教育而言的。教育，需要一种新的教育理念与教育精神、教育实践来取代。在某种意义上，新也是理想的别称，反映了这个时代的教育家的一种追求。

记　者：你为什么特别强调教师应该善于合作？

朱永新：合作与竞争是一对非常重要的关系，我们要学会在合作中竞争，在竞争中合作。合作有时候意味着忍让与宽容，甚至意味着退一步、退两步。合作最重要的是真诚，是诚信。没有诚信的合作是没有生命力的。

记　者：您也谈到教师要善于换位思考。从人性的角度出发，人都有两面性，怎么样才能让光明、伟大、纯洁的一面战胜阴暗、渺小、卑污的一面呢？

朱永新：每一个人都有他的两面性。从某种意义上来说，一个伟大的人，就是要经常用自己伟大的一面去战胜自己卑污、渺小的一面，就是要经常迫使自己不断抵制各种诱惑、不断战胜一个个阴暗的想法。这一过程往往具有一种理性与自觉，具有一种反思的力量。他知道各种事情的可能的后果，他也知道人的一生其实就是一个选择的过程，就是一个战胜自我的过程，就是一个超越自我的过程。所以，有的时候换位就是一种思考的方式、一种选择的方式，同时也是一种战胜自我、超越自我的方式。

记　者：与换位问题相关的就是尊重。在现实的教育环境中，许多校长从来不尊重教师，教师在这样的环境中，也不会尊重学生。对管理层而言，教师往往是弱势群体；而对教师而言，学生也多少有点弱势群体的味儿。

朱永新：尊重是人的一种非常重要的心理需要。在马斯洛的需要层次里，尊重是仅次于自我实现的一种需要。尊重的前提是平等。只有民主与平等，才是尊重得以产生的沃土。事实上，人与人之间，地位是不平等的，尽管人格是平等的。尊重的前提是人格的平等。因此，把人与人之间的关系建立在人格的基础上而不是建立在地位的基础上，人和人之间，包括教师与校长、教师与学生之间，才能真正建立起一种尊重。

记　者：只有尊重才能唤起尊重。只有对教师的充分尊重，才能使得校园出现一幅和谐的相互尊重的图景。

朱永新：只有尊重才能唤起尊重，这是毫无疑问的。这里说的尊重不仅仅是对教师的尊重，也有对校长的尊重，学生对教师的尊重。仅仅靠尊重，是不可能给学校带来契机的；但是没有尊重，是肯定不会产生契机的。一个和谐的校园是由很多的要素构成的，尊重只是其中的一种而已。

记　者：您说，教师是一个能够把人的创造力、想象力和全部能量、智慧发挥到极限的、永远没有止境的事业。可现实中我们大多数教师没有这样的认识高度，也没有这方面的自觉意识。最根本的原因是什么呢？

朱永新：我之所以这么论定教师，是因为我们的空间实在是太大了。每一个孩子都是一个世界，而我们教师在某种意义上，就是这个世界的国王。教师之所以没有这样的自觉意识，最根本的原因是他对自己的职业还没有深刻的理解，同时，他没有这方面的冲动，在很大程度上也说明他对自己缺乏信心。他看不见孩子的明天。学生的发展是没有止境的，孩子们的潜力也是无限的。我经常说，在任何一个教师的班级里，都可能有未来的科学家、领袖、艺术家。

记　者：一个人最理想的发展境界，是能够有最多的闲暇时间从事自己想做的事情。现在大多数教师认为教育并不是自己很想做的事，因而都做得非常勉强。忙碌的教学生涯，使教师们陷在一些事务性的圈子里，做着自己不想做的事，对教育失去了应有的热情，对教师职业的厌倦情绪很大。您觉得能将教育做好吗？我们又如何改变这种现状呢？

朱永新：我经常说，教师的职业是教师要用整个人生来做的。他的生活，在某种意义上，全部是教育的生活。他读书、看新闻、与朋友交往，甚至于插花，等等，做这些看起来似乎与教育没有关系的事情，都可能而且应该是教育的元素。譬如说，你是一个作家，但对你的学生来说，你首先是一个教师而不是一个作家。但是你的作家身份与生活及体验，你会带到教育中去。你会让学生发现一个多彩的你。现在教师对职业的厌倦在很大程度上是因为他生活的单一。教育的另外一个使命是人生体验的教育。教师不是简单地把知识传授给学生，他应该把自己的人生体验与经历全部教给他的学生。所以，一个多元的教师、一个兴趣广泛的教师、一个热爱生活的教师，才能真正唤起孩子们对生活的热爱，孩子们才会形成多元的价值观念，而不是把自己仅仅作为分数的奴隶，走应试的独木桥。

记　者：教师爱学生其实不仅仅体现一种尊重，还体现了一种教育民主。

朱永新：我同意。教师与孩子的关系是一种建立在人格平等基础上的平等对话与平等交往的关系。当然，教师作为长者，可能还存在长者对幼者的关爱之情。这是我们东方尤其是中国文化传统里值得弘扬的一种关系。只有这样一种关系、这样一种爱，才是理智的与完全平等的。如果缺乏长者对幼者的关爱与平等，也会导致另外一种极端，那就是缺乏宽容，有些教师体罚孩子、残害孩子，可能与此有一定的关系。

记　者：从追求卓越、富有创新精神的角度说，一个教师必须具备优质的情商，对吗？

朱永新：事实上，从某种意义上说，一个优秀的教师与一个平庸的教师，差别不在智商与智力。我也经常讲，人与人，在智商上的差别是有限的。特别聪明的人与智商特别高的人毕竟是少数。因此，对绝大部分人来说，智力背景并没有太大的差距。差别往往是非智力因素造成的。我们曾经提出了一个成功的公式，这个公式其实就是谈智力因素与非智力因素的函数关系的。智力因素是相对不变或基本不变的；谁的成功率大，取决于谁的非智力因素高。因此，教师同样需要一个非常优秀的非智力因素或者是你所讲的情商。

特级教师“特”在何处?

记　者：关于特级教师。这一群体既过于庞大，产生机制也很值得怀疑。这一队伍中的人，其动机性、目的性可能并不纯粹，每个人对教育的虔诚度也不尽相同。

朱永新：我不完全同意你的看法。你这样论证可能会伤害我们很多特级教师。总体上看，这批教师是教师队伍中的佼佼者。我们很难也没有必要考量一个人的动机和目的，包括对教育的虔诚度。我们只能通过外显的行为，外在的成果来评价一个教师。总体上说，特级教师教学的成绩是好的，教学的成果是多的。

当然，特级教师之间也是很不平衡的。有一些是有思想的，有一些可能就显得不够，只停留在技术的层面上；有一些是有追求的，不计较个人得失的，也有一些可能就不是这么高尚。我们应该宽容他们、理解他们。当然，现在特级教师的产生机制的确是有问题，我曾经讲过，特级教师并没有什么特别，高级教师也没有什么高明。这是普遍存在的问题，其实每一个校长，每一个学生，心里都有一杆秤，什么是好学校，谁是好老师。如果评特级教师，更多地听听学生的意见，听听家长们的意见，可能就会更加客观点。说得极端一些，特级教师也完全可以不要评，因为，任何一个教师，他的精神境界是不可能通过一次评估来影响他的一生的。给一个教师一顶帽子，让他永远戴一辈子，很可能使一个教师失去了成长的动力。

记　者：但从教师形成个人特色、个人风格这个角度来讲，是非常不易的。您觉得要怎么样做才能使一个教师甚至一个特级教师真正达到大师水准呢？

朱永新：最基本的途径应该是读书。因为我觉得读书不仅仅是教育中的一件大事。我做市长，你做记者，任何一个领域要做得非常优秀，都必须要读书。书是人类几千年智慧与文明的结晶与积淀。你如果不读书，不与大师对话，很多事情你必须从头开始，你就得面临着你的前辈甚至前辈的前辈的那种起点。

记　者：除了读书呢？

朱永新：那就是思考。我们提倡写教育日记，也是一种反思的过程。日记只是一种外在的形式，其内核正是反思。反思的前提是行动，只有在行动中，他才能进行反思。他会思考自己为什么会做成，为什么做不成，从而在第二天或此后的工作中体现出自己的思考来。袁伟民曾经跟我讲过，他当时训练女排时，对郎平的要求就是每天要写训练日记。

记　者：您这样一说，我倒是想起我自己来了。我没有写教育日记，但我写的是教后感或课后感，每一节课后都写。当时，兴化中学的特级教师柳印生对我说过，只要将自己的课堂实录下来，然后对每一个教学环节进行推敲，长期做下去，你就能够成功了。

朱永新：的确是这么回事。反思肯定是自我成长的最好的途径。

记　者：这里面也涉及个人修养的问题，教育日记同样是一种道德长跑。这里我又想到特级教师们能走多远的问题了。其实，解决了这个问题，特级教师们是能走得很远、走得很高的。可惜我们的一些特级教师出发点值得怀疑，最后因为一己之私利而无法“长高”。

朱永新：这就回到一句老话，要做好学问，首先要做人。要做一个好老师，也首先要做人。

记　者：我觉得似乎有些语文特级教师更缺乏人格良知与道德良知。

朱永新：我经常说，学历的高度不等于道德的高度。但这其中的情形又比较复杂。譬如，一个文盲老太，她拥有的可能是一种人际道德的高尚，她很可能做到舍我助人，但她很难站在全人类的角度去思考问题，因为这是她看不见的世界。

记　者：是啊。问题的另一面则是，一些特级教师成长起来了，但恰恰正是这些人，反过来却要压制、打击甚至排挤新的成长起来的力量。这在教育场景中似乎并不鲜见啊！

朱永新：道德的情景与读书是相互联系的。当然，你所说的一些现象，更多的是因为我们的教师，包括特级教师，大多是在一种缺少人文关怀与道德修养的环境中成长起来的。因为我们的教育，没有鼓励大家对善的追求。人不完全是教育的产物，但是一个社会的基本的价值取向和基本的道德风尚，会规范着社会当中的一些群体。你所说的情形，其实并不只是个别的情况，在相当大的层面上都有着这样的倾向。这些人其实就是将个人的发展或个人的快乐，建筑在践踏别人或者别人的痛苦之上的。这不是我们应该鼓励与提倡的。对一种真正的实践道德的提倡、建立，在我们的教育中，要进一步强化。

记　者：道德是需要锤炼的。

朱永新：不仅在中国，古今中外都应如此。在价值观上，其实每一个人都应有一个清醒的认识。

记　者：特级教师的评选机制有什么问题？

朱永新：其实，同样是特级教师，其分量是不一样的。我不主张给中学教师一个终身的称号。国外的大学，只有终身教授是终身的，其他都不是终身的。而获得终身教授的称号，是需要相当长时期的事实与实绩来证明的。

记　者：这就像我们文学界的诺贝尔文学奖，它是对一个作家毕生文学成就的认定。特级教师可能是特殊时期的产物。

朱永新： 在某种程度上，评到后来可能越评质量越差了。最拔尖的都被选出来后，就只能是矮子里面选将军了。为什么一定要将这种制度保持下去呢？我觉得是应该废止这种制度。不过，我主张每一年选一些优秀教师，作为年度优秀进行奖励，对他这一年的工作进行肯定。

记　者： 对对对，就像有关媒体搞出的年度人物。

朱永新： 就像我刚刚在《南风窗》得到的“为了公共利益”年度人物这一个称号。它就是年度性的。明年如果我做得不好，那肯定就不会再被评上。

记　者： 我相信您明年会做得更好。当然，我们这些普通教师既对您有着某种期待，也会形成某种压力。这种压力也是一种推动力。您不能让我们……

朱永新： 是啊，我不能让你们失望。哈哈……

记　者： 这其实是一种压力。

朱永新： 的确是这样的，我已经不属于我个人了。我属于整个新教育，属于整个教育在线。说到底，我在这些年来，也在成长。

记　者： 我们还是回到刚才科研与名师的话题。您觉得应该如何给基础教育领域里的科研定位？

朱永新： 我更倾向于我们的教师写写教育随笔那一类东西。教师的这种写作是一种更加鲜活的、灵动的、实践的科研，是记录自己的教育故事，记录自己的喜怒哀乐甚至是自己的烦恼的、反思性的、写实性的科研。我不主张在基础教育领域里用论文来评价他们。在新教育实验里，师生共写随笔，就是想用一种新的科研样式来取代传统的科研论文。事实上对很多教师来说，论文，尤其是空洞的论文、理论堆积的论文，除了抄袭拼凑，没有其他的办法。

除此之外，作为一个特级教师，应该非常关注社会，关注人类命运，注重培养学生的社会责任感。只有教师具有社会责任感，他才能塑造学生的社会责任感。

倾听民间的教育声音

记　者： 教育在线现在已经是一个名满天下的教育网站了。作为一位副市长，您觉得以一个普通网友的身份进入论坛，有着什么样的意义？

朱永新：我从来没有想到是以市长身份来上网的。网络最大的特征是平等。

记　者：这是一个民主的空间。

朱永新：这是一个需要随时面对发生各种可能的事情的地方，需要我们有一颗平常心。宠辱不惊，荣辱不计，你才能在网上安营扎寨。譬如说前一阶段，有一位语文界的名人来教育在线跑了一趟就走人了，因为他受不了网友的批评。这说明他还没有修炼到这个境界。

记　者：能够在论坛上长期呆下来的人，是需要坚定的心性的。

朱永新：要能面对各种不同的意见，在诋毁面前不慌张，在颂扬面前不陶醉。

记　者：这样才能坚守住而不丢失什么。

朱永新：网络本来就是一个该骂就骂该笑就笑的地方。在这里确实没有必要太压抑自己。

记　者：只是不要显摆就行。

朱永新：在网上，不要颂扬得让人觉得肉麻，不要出于一种什么目的去颂扬。但网络也有网络的原则，骂人、侮辱他人的人格，还有在不了解情况的前提下伤及别人的尊严，这种情况是不能容忍的。教育在线是一个比较干净的地方，是与真实世界相似度很高的地方，别有一种人文情怀。

记　者：您主张实名上网，还是穿上马甲？

朱永新：我主张实名上网，偶尔穿一穿马甲也无不可。但实名上网对教师是有好处的，可以让人们了解你，便于人们与你联络。用实名上网也意味着一种勇气，更意味着一种责任。在网络世界里，人也同样必须为自己讲的话负责。过多地使用网名，很容易使人不负责，容易放纵自己。

记　者：这种放纵是一面双刃剑，伤害了别人，也杀伤了自己。

朱永新：心理学上做过一个实验，让你拿着电去触人，触人的电压越高，你获得的奖金越高。实验中，多数人在真实面目暴露的情况下，很快不再愿意去触了；而一旦戴上面具，为了拿更高的奖金，他会毫无顾忌去触别人。这就是说，一个人在个性特征非常鲜明的情况下，他会考虑自己的名声；而一个人在掩藏住自己的个人身份时，往往会做出极端与过激的事情。

记　者：在这种时候，人是没有个性的，是一个集体的化身，或者是一个集体意志的体现者。

朱永新：在心理学上，叫“去个性化”。

记　者：您为什么想到创办教育在线网站？

朱永新：应该说，我创办教育在线，一开始其实没有考虑到这么多。那时我的博士生李镇西他们只是鼓动我办一个网站，宣传自己的理念，加强与大家的交流。但论坛开办起来后，我开始考虑论坛的目标与网络情怀。那么多的教师上来后，我意识到，这其实已经是一个公众的平台，也就是一个小社会。既然是社会，它就需要一个行事规则与社会风气。因此，我倡导并努力营造教育在线，争取让我们的老师在这里找到家的感觉。

记　者：网络所带来的东西，其实是不以个人的意志为转移的。

朱永新：这就需要大家来共同营造。这种家的温馨对每一个人来说都是非常重要的。

记　者：在一种默契之中会形成一种亲情氛围。

朱永新：你这一点说得很准确。我们的网友在网站维修或遭到攻击的时候，会觉得就像站在自己的家门口拿着钥匙却进不了家门一样。

记　者：不可否认的是，教育在线取得了看得见的成绩——它提升了许多一线教师，造就出不少名师。您对教育在线，还有什么样的期待？

朱永新：我期望它更加专业化，有更大的空间与平台，这样为教师服务的条件也就更加优越。今后我们可能还会建资源库。中国需要什么样的教育资源，都可以在我们这里得到数据。另外，教师的流动，我们也准备开专区。我觉得，中国教师，只有流动起来，才能充分体现出教师的价值。

记　者：每天，我都要上教育在线。2003 年夏天因为工作调动，我无法上网，因而无法亲近教育在线，那种痛苦可能一般人无法体会。

朱永新：你这种痛苦我也经常碰到。凡是把教育在线当做自己的精神家园的人都有这样的体会。那种痛苦就像我们无法回家一样，就像我们没有带钥匙无法进家门的一样，或者有了钥匙也打不开家门一样。

记　者：教育在线的意义，大概不仅仅是团结了一批网络新生代或者新生代教师。据我所知，政府官员、教育行政领导在上面流连的不在少数。那么，我想，这里是不是仅仅在虚拟的世界里打造了一个表象上的教育平等？

朱永新：这其实也是一个现实的世界。我们只不过是借助于网络平台在沟通、在交流、在诉说，有时候甚至在呻吟、在抗议、在建议、在呐喊。许多网友在教育在线，都是用真实的名字上网。这样一种平等不是一种表象上的平等，而是一种现实的平等。在网络里，任何人都可以讲他想讲的话，表达他想表达的意愿，没有任何行政的命令。当他想更放肆的时候，他可以穿上一个马甲。所以，你也会看到，差不多每天都会有人在网上批评我。当然，绝大部分是善意的批评。我知道很多人都是苏州人。有些教师直率一点，就单刀直入地批评我，批评苏州的教育。也有人，穿上马甲，讲得更尖锐一点，我觉得这都非常好。有则改之，无则加勉。它让我更加清醒，更加感到如履薄冰。

记　者：这个网络平台，实际上仍然是一种民间的声音。您对这个网络平台有多大的期望值？您期望它能带来什么呢？人气的背后究竟有什么意义？

朱永新：这当然是民间的声音。这是由一个民间的机构办的民间的网站。开始我对它的期望是想让更多的人分享我的教育思想与教育理念。现在它远远超出了我的期望，已经成为学生享受教育快乐的一个重要平台，成为教师专业发展的一个重要舞台，也成为学校提升品质的一个重要场所。人气的背后，从本质上来说，就像很多人所说的，是教师成长的学院。我跟大家一样，都在网络上成长。我也每天在网络上吸收更多的新的信息，感受青春的活力与气息，吸取精神的养料，与大家一起成长。

记　者：我们的教育官员与普通教育工作者在人文精神的哺育方面都存在着先天不足。您觉得教育在线能够辐射到他们吗？

朱永新：这样的辐射力应该有。你已经观察到有越来越多的教育官员与行政官员在访问我们的网站，很多地方的教育局长、学校校长都在关注着教育在线，访问着教育在线的品质，提升着教育在线的品质。教育在线的一个非常大的特点在于它的亲和力、它的温馨、它的家园般的感觉。任何一个需要帮助的人，在这里都会有人向他伸出帮助的手。其实这就是一种人文精神。人文精神的一个最重要的前提就是把人当人，就是关心人，关心人类的命运。没有对人的观照，对文的观照也就失去了意义。对人的观照其实也是一种对文的观照，一种文明，一种文化。所以人文人文，先有人才有文。当然，有了文的人，可能就更有精神、更有风采，就会走得更远，做得更精彩，做得更好。

如何看待网络新生代

记　者：新生代是从文学上克隆过来的一个词语。我觉得从意识形态上讲，教育总不至于跟在文学之后吧？当然，文学是从生物学上克隆的。

朱永新：我觉得这确实是向文学学的。其实称为“年轻教师”也完全可以，但是我们知道，用一种新的词汇、新的表达方式更容易吸引大家的眼球，更容易引起大家的关注。这样一种表述可能会使人们更加关注这样的一个群体。

事实上，我们的教育已经不仅仅落后于文学，也远远落后于经济学、社会学和法学。假如我们没有创造新的语汇，没有引领学术的风骚，没成为时代的显学，这是教育的一个悲哀，所以虚心地向文学学习也没有什么不好。对新生代，作一个特别的观照，也是我们这个时代的需要，因为这一代教师的成长会影响我们学生的发展，对这个群体的特殊观照会有助于他们的成长。

记　者：对新生代教师最起码的素质要求是能熟练运用网络，并能在这种高新技术的环境下形成自己独特的教育话语且能影响学生。

朱永新：在当今这样一个高度信息化的社会里，能不能有效地运用网络，是这个时代青年教师能力的象征。运用网络可以在这个时代的信息高速公路上快速地到达你的目的地，你可以看到更美的景色，你可以得到更多的燃料，你可以站在一个更加多元的视角平台上看这个世界，进而反思我们的教育。所以，我觉得这是一个重要的能力，当然，这不是唯一的能力，也不一定是完全充要的条件。一个不太懂电脑的教师，我们不能完全排除他是一个优秀教师的可能性。但是，他如果懂电脑，能够有效地使用电脑，他可能会做得更好。

记　者：请您具体地论说一番作为新生代代表的诸网友。我们从总版主开始说起，他是您的博士生。

朱永新：认识李镇西，是因为先做了他的学生。我和他共同的朋友高万祥是介绍人。他告诉我，四川成都有一位中学老师，写了一本很有影响的著作《爱心与教育》，让许多老师流下了在这个时代不太容易流下的感动的泪水。于是，我拜托万祥把李镇西请到苏州，为我们的名师班学员作报告。那一天，我故意坐在最后一排，准备随时出去处理公务。没有想到，他的报告是那么精彩，虽然没有慷慨激昂的陈辞，但是那如数家珍的他与学生交往的点滴的介绍，深深地打动了在场的每一个人。细心的李镇西后来在文章里写道，他发现了我盈眶的热泪。也许是命中注定的缘分，他很快成为我的博士生。

开学的时候，大家发现他是一个比较特殊的人。说他特殊，一是因为他已经有相当的知名度，经常有学校邀请他作报告；二是因为他英语基础比较差，我专门请了一位学生帮助他，他竟然像高中生那样，每天早上坚持背单词。他的电话特别多，差不多成了早请示、晚汇报。同学们悄悄对我说："这个李镇西，像个小孩子！"他特别喜欢网络。经常在课堂上说起"网事"。我们当面"批评"他，不要像中学生那样沉湎网络！但是，他依然我行我素。

记　者：关于这件事，我记得您在叫一篇《自从上了网》的文章中写到过。

朱永新：我一直认为，网络是年轻人的世界。我本来是对网络"不屑一顾"的，不仅反对儿子上网，而且也曾批评李镇西"陷得太深"。当时在我看来，他们是远离了严肃的学问而大肆浪费时间，虚度光阴。然而，批评归批评，儿子仍然我行我素，镇西更是痴心不减。再后来，我发现我所认识的一些教坛才俊，竟然也都是"网虫"！他们在网上展露才华，在网上结交同仁，在网上指点江山，在网上激扬文字。互动的网络，给了他们一个表演的大舞台！我不由得也想探个究竟。终于有一天，我被"策反"了。

两个月后教育在线正式开张。开张之时，我在首页上写了这样几句话：教育在线终于开通了。网络是年轻人的世界，而已经不再年轻的我，为了感受年轻，更是为了使自己拥有一颗年轻的心，还是挡不住诱惑走进了网络。按捺不住的兴奋、对未来发展的希冀以及忐忑不安的彷徨交集于心中。我期盼教育在线能凝聚当代中国的教育才俊，为中华民族的伟大复兴，为中国教育的健康发展，献一份绵薄之力。

我理想的网络是平等的空间。没有话语的霸权，没有繁琐的俗套，只有真情的流露与思想的碰撞；我理想的网络是学术的净土，严肃但不失幽默，通俗但绝不恶俗，网络的生存和发展同样需要道德与法制的约束；我理想的网络是温馨的家园，每一位会员与访客、每一位版主与嘉宾，都是这个家庭里身心愉悦的成员，这儿没有家长，人人都是别人的服务生并且永远乐此不疲；我理想的网络是教育家的摇篮，在这儿，智慧在研讨中充盈，理想在争论中升华——关注教育，关爱你周围的每一位师生，捧一颗真心来交流，带满腔热情再努力；我理想的网络是互动的媒体，守一寓草舍，做天下文章。我们有《人民政协报》、《教师博览》、《新教育》、《教师之友》、《教育纵横》、《教育参考》等倾情加盟，又有各大出版社的鼎力支持。教育在线会成为迸发火花的教育梦工场！

记　者：这是您诸多理想之后的又一份理想宣言啊！

朱永新：此后，我的生活又多了一份精彩——网络。网络占去了我的休息时间，但我真的感觉到它已成为我生命中不可或缺的组成部分了。自从上了网，我感受着年轻的快乐。与年轻的教师们一起交流，与年轻的思想在一起碰撞，那种热情与勇气，那种专注与执著，似乎也让我回到了热血沸腾的年轻时代。

自从上了网，我听到了更多的真话。网络上观点鲜明的帖子及毫无顾忌的评论（尤其是对教育现状的批评），让我多了一份冷静，多了一点思索，多了一点压力，更多了一点改革的动力。

自从上了网，我发现了一大批教育英才。我结识了原本素不相识的一批优秀教师：苏州的张菊荣、储昌楼、孙惠芳、吴雪芳等，外地的王军、卢军、小曼、小易、陈晓华等，他们是网络精英，也是真正的教育英雄。

自从上了网，我开始更多地关注“外面的世界”。我能方便地阅读到大量鲜活的资料与评论，更多地观察到各地的教育动态。面对大伙儿坦诚的心，我觉得自己多了一份使命感。在网上，我会随时留下我为中国教育改革发出的呼声……总之，自从上了网，我生命中的每一天便多了一份牵挂，多了一份充实，多了一份冲动，多了一份童真，多了一份诗意！

记　者：这份网络情缘原来是来自李镇西老师啊！李老师功德无量！后来上网的苏静也是一个煽情高手。她那《永动的天堂》让很多人感动，同时也让很多人学会了感动。

朱永新：我把这首诗背会了，因为这确实是一首让人感动的纯美的诗章：我想送你一座天堂，/一座永动的天堂。/悲伤和彷徨在这里止步，/生命里充满温柔的歌唱。/你与我未曾谋面，/心与心早已燃亮，/这里没有拥挤的谎言，/每个笑容都真诚坦荡。/让猜忌成为永远的逃兵，/让理想变得不再感伤。/让阳光成为最新的请柬，/幸福从此熙熙攘攘。/教育在线——永动的天堂，/有什么比付出更加美丽，/有什么比真爱还要高尚。/教育在线——永动的天堂/唱出你灵魂最渴望的声音，舞出你生命最本真的希望/教育在线——永动的天堂，/让激情点燃爱的流光，/让理想为新教育的明天导航。/来吧，来吧，与梦牵手，/奔向永动的天堂。/天堂……

记　者：这可是她为教育在线谱写的一曲感人肺腑的“网歌”啊！您是怎么认识苏静的？

朱永新：在《中国教育报》上读到关于她的一整版报道时，我就被她的故事抓住并且深深震撼了。如果说教育有奇迹的话，这就是奇迹！而这一奇迹，是许多教了一辈子书的人都实现不了，甚至想象不到的。我立即委托研究生与她取得联系。当教育在线网站开通后，我就策划拖苏静“下水”，用她的故事去激励更多的年轻教师，让他们中更多的人去叩响成功的大门。那年国庆节，苏静作为特邀嘉宾，来苏州参加教育在线工作会议。这位小妹妹的到来，使会议顿时洋溢着青春的活力和浓浓的诗意。她的得体大方，她的礼貌热情，尤其是她的才思敏捷，给每位与会者留下了深刻的印象。回到青岛，她就成为教育在线的“铁杆”网友了。

记　者：我发现您对教育的一腔挚爱全都表现在对教育界人才的万分爱惜上。您觉得网络新生代能走多远？

朱永新：网络新生代这个概念还不是很确切。他们网上网下都在求真。他们更多的是在实践，只不过借网络来表现，来交流讨论，网络是刺激他们思想的一个平台，借助于这一平台，这一批人的交流远远地超出了他们的前辈。因此，这一批人思想的深刻性也会超过他们的前辈。通过这一批人，教育真正地进入了一个后喻文化的时代，所以我觉得他们会走得很远，会比我以及我的老师走得更远。

记　者：教育在线可以作为学者的梦想剧场，也可以作为学者与教育家们走近大众的舞台。这就让我想到一个关于明星制的话题。现在很多学校都在推出首席制，为什么没有一个更好的平台推出我们的教育家呢？让教育家走向前台，让教育家风光无限，我觉得这样才能真正推动中国教育健康地向前发展。

朱永新：这个问题已经有人在考虑了。教育部已经在策划、在考虑，要评选当代中国教育家。实际上，教育家不应该那么神秘，那么高不可攀，一个歌星唱一首歌就叫歌唱家，一个作者写一篇小说就叫作家，那么，将自己的身心完全交给教育，始终在教育领域里实践着自己的理念的人为什么不能叫做教育家？

记　者：面对现在纷乱的教育景观，我觉得教育应该呼唤“超人”。

朱永新：教育超人？什么意思？

记　者：也就是说，应该有一个人或一个理念相对一致的教育家群体来引领我们的教育，引领我们寻找到教育自己的位置。我觉得这很重要。我们现在的很多教育官员，其教育理念与对教育的理解都不是很深。他们的行政行为并没有能让中国的教育走出困境。我特别希望像您这样的人能够引领中国的教育与中国的教师，能够引发切实的中国教育的革命。

朱永新：用“超人”或“强人”，可能会让很多人受不了。

为什么阅读很重要？

记　者：2002年江苏省昆山玉峰实验学校第一个挂出了“新教育实验”的牌子。2003年的昆山会议上有八所学校挂牌了。现在这些学校的实验情况如何？

朱永新：应该是非常好的。

记　者：这些学校是不是各有特点呢？

朱永新：应该说，这些学校各有各的特点。比如，常州武进的湖塘桥中心小学建了一个“图书广场”，孩子们可以从这里任意拿一本书回家去看。大家都在努力追求一种特色的形成。但要做到这一点，也不是一天两天就能完成的，需要长期的努力。

记　者：特色走向文化，也是新教育所寻求的。

朱永新：当然，我希望不要为特色而特色。我们的新教育实验学校，不要去做那些赶浪潮的事儿。那种形式主义的东西，是没有什么意义的。我也不希望学校马上会有什么样的改变。这是需要长期的努力的。

记　者：我一直有一个感觉，像您这样在官员与学者之间行走的人，最想做的是与学校结合，最难做的也是与学校结合。您的学校情结是从什么时候结下的？譬如金家坝学校，也不是一所什么样的名校，但您在书中却津津乐道，对这所学校竟然那么熟悉。如果没有一种校园情结，是无法关注到这么深的。我看过您的一张照片，是您坐在教室里听课的。

朱永新：我是一个研究教育的人，坐在教室里听课，是一件正常的事。但是，真正清醒地意识到自己该这样去做，教育家应该走向生活，可能还是最近这几年的事。

记　者：您在全国政协关于设立阅读节的提案反响很大。我们这个社会，要想提高文明素质，必须从读书开始。我记得有人评价法兰西民族说，是雨果们培养了一个法兰西。这句话说得实在太好了。您的读书提案有没有培养一个读书的华夏民族的雄心，做中国教育界的雨果？

朱永新：我很想这样做，但我知道，我不可能成为教育界的雨果。然而，我希望有更多的志同道合的人走到一起，共同来做这项事业。

记　者：我知道您不是从文学角度谈不能成为雨果的。

朱永新：对。

记　者：但我觉得，教育完全可以做到和文学一样好。您也讲过，教育就是启蒙。

朱永新：对。文学的启蒙是通过作品，通过形象。一个教育家，如果有一种教育自觉，我相信他发挥的作用会更大。

记　者：那么，我想冒昧地问一句，您有没有考虑过您的写作会转向？从那种纯粹的学理性很强的论文论著的写作，转向一些文学性非常强的美文写作与散文写作？

朱永新：实际上，我已经开始转向了。你可以看到最近我写的一些文章或者报告，都非常感性。我还写了一些教育诗。当然，可能在你们搞文学的人看来，也许是不能当做诗的，是口号吧，哈哈。

记　者：我觉得那是一种分行散文，是一种理念，是一种教育激情的表达方式。有诗的形式，可能也有人喜欢看。从纯文学角度看，那当然不是诗。但从一个教育者的角度说，用您的话讲，它也感动过我。

听说新教育实验在研制必读书目。读书，作为一种自觉的行为，其实应该首先是一种意识。我觉得我们应该追本溯源地做一些工作。唤醒沉睡的读书意识才是最重要的，而不仅仅是为读者指定些书目。

朱永新：我们不叫指定，我们叫推荐。

记　者：但是它还是有一种指令性的影响。

朱永新：当然是需要这样一种东西的。你想想，你让任何一个教师，特别是年轻教师，说一说要读什么书，他们肯定是心里没谱儿的。他就会花很多时间去寻找。我们推荐这些书目，是省略了他们寻找的过程。而且，推荐书目是很多人，包括我在内，多年读书的体会的结晶，它闪烁着一种经验的光芒，凝聚了很多人的智慧。我已经花了六年时间做这方面的工作。

记　者：你们可都是些学者与专家啊。你们集六年的智慧与思考做这样一份推荐书目，作为一个普通教师的阅读起点，可能要求过高了吧？

朱永新：不不不，这一点你理解错了。我们是作六年的调查，调查了上万名学生与教师，才推出了这么个书目，而不仅仅是依据学者与专家的阅读理解。我反复地强调，我们所推荐的书，一定要让老师看。如果老师们不看，等于没有推荐。

记　者：有些教师无法达到我们所期望的高度。

朱永新：当然，个别的书可能是老师们所不喜欢看的。但我们又觉得，那些书还是需要教师这样的读者的。

记　者：也就是说，有些书一定要读。有些一定要读的书也一定需要指导。

朱永新：对。但是，如果我们不推荐，或者不在基本阅读篇目中推荐，他就不会去读。譬如说，作为一个教师，苏霍姆林斯基那本《给教师的建议》，你总要读一读吧？陶行知先生的书，你总该要读一读吧？

记　者：是的。

朱永新：我觉得这些东西是一个教师没法超越的东西。

记　者：现在推荐书目研制的进展如何？

朱永新：我们还要仔细打磨打磨。我觉得这样的书目非常重要。特别是教师阅读的书目，这是第一次为教师开书目，意义不是一般的。

记　者：阅读是一种自主性的阅读。但问题是，教师没有自主性，你该怎么办？

朱永新：这很简单，读书实际上本来就是一种对话性的状态。一个人读到一本好书后，他就乐意与人分享。我们这次推荐书目，其实就是一次与广大教师分享我们心目中的好书的过程，分享我们那种因阅读而产生快乐的过程。这一点丝毫不妨碍自主阅读。事实上，你也不可能受这样的书目束缚。

记　者：可惜很多教师现在不可能下工夫去读书了。

朱永新：我们不是光推荐就完了。我们搞读书活动，搞读书沙龙，通过各种活动鼓励教师阅读。

记　者：21 世纪是一个跨文化的时代，不光要诵读中华经典，也应该阅读西方经典。

朱永新：我们安排了这样的内容。

记　者：审视新教育文库，您是否担心遴选的眼光会出现一些偏差？

朱永新：有偏差没有问题。我们打算每年修订一次，每年公布一次。

记　者：每年都有一次？

朱永新：是啊！因为每年都可能有好书出来。大家对这些书目也还会有不同的评论。我们在这些评论的基础上，进行修订，公布下一年的书目。

我很早就说过，选书目是吃力不讨好的事，是挨骂的事情。再好的书目也是会有人骂的。书目越往后做心里越没有底。第一次将书目拿出来时，我心里非常兴奋，这是五年前的事了。但五年了，我一直没有公布。因为我越来越没有信心。

记　者：为什么要有一个教师的书目？

朱永新：老师不看书，又怎么能指导学生读书呢？我们今后甚至要搞出学科书目来，譬如语文教师要看哪些书。我们今后会做得更细。

记　者：这样好。

朱永新：推荐书目确实是一件非常重要的事。师生们需要这样的书目。就像我们到一个学校食堂，我们要不要一个菜单与营养食谱？一般情况下，可能不会要。看见什么菜买什么菜，喜欢哪样买哪样好了。但对运动员的训练来说，你就必须给出食谱。

记　者：对，营养指数啊、热量指标啊什么的，都有一个标准。

朱永新：运动员要有食谱，营养才能平衡，力量才能爆发。我们要像训练运动员一样训练我们的教师。

记　者：这句话说得精彩。

朱永新：你必须给他最精致的一种阅读方案。

如何协调为学与为官？

记　者：下一个可能是您不愿意回答的问题，但我还是希望您回答一下。是什么机缘使您当上副市长的？

朱永新：我没有什么不愿意回答的问题，也没有什么不可以回答的问题。我也不知道是什么机缘使我当上副市长的。

记　者：您是从哪一个职位走上现任职务的？

朱永新：我是从苏州大学教务处长的位置走进政府担任现职的。

记　者：一进政府就当了副市长?

朱永新：是的。一到政府就当了副市长。

记　者：到现在当了几年了?

朱永新：七年。

记　者：噢，七年了。

朱永新：可能是因为我在苏大做教务处长时踊跃参加了苏州市的各项社会活动，在很多会议上，在很多场合，我的一些见解，我的一些发言，让苏州市委市政府的领导比较欣赏。这可能是一个重要的机缘。

记　者：年轻可能是最重要的原因。听说您是国内当时最年轻的大学教务长?

朱永新：从市政府的角度来讲，他们倒是不管你是不是最年轻的教务处长。大学与城市其实是两个世界。这两个世界一般来说是很少往来和沟通的。我可能算是将这两个世界沟通得比较好的学者。

记　者：噢，为学与为官，有什么不同?

朱永新：我很早就入选苏州市十大杰出青年，是第一届评选出来的十杰。同时，我也是苏州市青联的副主席。我在苏州市第一个建立了青少年咨询所，参加了很多社会活动。

记　者：您让人感到，您其实是在用您的学识服务于这个城市。

朱永新：至少大家认为我是一个有责任感、有使命感、有理想、有追求的年轻人。当然，民主党派的身份也是一个最重要的原因。任何一个政府都需要一个党外的干部。我正好有着这样的身份。但是，我仍然无从知道任命我作为副市长的真正原因。以上说的，也只是我的猜想而已。

记　者：您有没有想象过您可能会有一天达到现在这样的境界?

朱永新：偶尔想过。学者的使命是批判，而政府官员的使命则是建设。这是两个完全不同的角色。但是在批判的时候不去考虑建设，那么批判就是苍白的，没有根基的。所以，有时候我会想，如果我当市长会怎么样？我当市长，就要努力尽可能让学者少批评。这是我追求的一个重要的目标。过去是批评，自己也批评，而如果自己做了，别人还是批评，有时候甚至批评得更厉害，那就说明你自己也不过如此。所以，我觉得最重要的是将事情尽可能做得好一点，少挨一点骂，少挨一点批评。

记　者：从政七年来，您有没有想过要着意打造苏州这样一座城市的城市精神？或者您所预期的城市精神是什么？您的行政努力有没有达到这一步？

朱永新：事实上，我们不能把行政管理的力量过分夸大。我始终这么说。因为有很多人在发现苏州教育存在很多问题的时候也在批评我，他们说，你怎么搞的？这个城市你为什么管不好？教育上的这样那样的问题为什么还存在？学生负担为什么还这么重？你不是提倡要减负吗？你不是提倡要社会规范吗？

每当到了这个时候，我就讲，当一个领导的思想与意志不能自觉地转化成实践者的行动时，他所主张的东西就不可能真正地改变这个世界。所以，尽管我有我的城市梦，希望苏州成为一个文化品位非常高的城市，成为一个非常有特色的城市，但是，这不是以我的意志为转移的。

譬如说，有一次在市政府的务虚会上，我曾经提出，希望苏州沿着古护城河恢复城墙，苏州城里不要通汽车，城外的汽车就不要开进来了。到苏州来，就全部乘船进来，苏州城里就不会再有汽车的喧闹，就会恢复古代苏州的景观。真要是这样的话，我们可以想象一下，这样的城市，所有的人都是从护城河以外绕道穿越这个城市，要进来必须通过乘船进来，这个城市可能是全世界唯一的了，就连威尼斯恐怕也难与她比了。你说是不是？

记　者：是这样的。这样的城市，的确是世界上独一无二的城市。

朱永新：再譬如说，我曾经设想，苏州这样一座城市，因为街道很窄，那么就应该全部建成全单向行驶。现在我们很多道路都是双向的。纽约中心城市很多街道都是单向的，这条路是那个方向，那条路就是这个方向，这样的城市只有小循环，所有的汽车都不会在马路上相遇。这样一来，城市交通就便于管理了。我提出了很多关于城市的管理和建设的设想，但大多都很难实现。一种可能是因为我看得太远，再一种可能是脱离了实际。但更重要的原因可能是，对这个城市来说，我还不是一个关键的决策者。如果你是一个关键的决策者，你的影响力与行动力会更强。

记　者：在护城河里建苏州，那是一个太美好的设想。我觉得您应该在这方面继续进言。这是一个美丽的苏州梦。苏州就应该是这样的。虽然，这可能会带来方方面面的不便，但在中国，更多的事，脚步应该不要跨得太快，要一步一步地来。

朱永新：其实，我想过，可以建地铁，地铁在下面走，把人往外面迁。是古城，就做一个真正意义上的古城，甚至于古城墙都可以与护城河一起做起来。为什么不能建呢？有时候大家都在批评仿古建筑，但我们知道，像城墙，一旦做起来，它就形成了这个时代的城墙。中国古代历朝历代都筑城墙，没有哪一代不修城墙的。

记　者：我们可以修我们这个时代的城墙嘛！

朱永新：我们修我们这个时代的城墙。而且，外面可以是城墙，里面可以是建筑，做到形和神的结合统一。

记　者：话再说回头，城墙只是一种形而下的东西，它不可能阻挡形而上的开放。

朱永新：对。

记　者：我看《南风窗》里关于您的那篇《苏州：先进于人文》，特别有感触。苏州就应该这样去建设，应该有一个高明的设计师，将她的古韵与今风更好地融合在一起。对苏州这座城市而言，您一开始并不是归人，而只是过客，可是您却非常迅速地领悟到了苏州的“双面绣”之道，刻意打造这座城市的人文精神，这是不是从教育之道里领悟出的？

朱永新：对我来说，我没有将教育与文化看成两回事。有的时候，文化是作为我的大教育的一个组成部分，有的时候，教育又是大文化的一个组成部分。它们都是我实现我的人文精神的一个重要途径。

记　者：由人文精神形成文化自觉，苏州人可能走了一条别的城市所无法走的路。您所期许的古韵与今风和鸣，无疑为苏州的城市发展确定了一条非常健康的前进之路。也就是说，苏州的内生精神与内生力量与其他城市相比，没有削弱反而强壮了，形成了内与外同时增长的发展力量。这真像苏州城市一体两翼的格局。反观教育，教育是不是可以借鉴这种发展以形成自己的增长维度呢？

朱永新：在某种意义上，教育可以借鉴这样的发展模式。事实上，我们现在很多东西都不是内生的精神。教育外在的东西太多，形式的东西太多，用舶来品的词汇来装的东西太多，包括现在很多教育改革用的都是西方的理念与经验，甚至用了西方的词汇与形式。

记　者：现在已经很少人真正地实施人文关怀了。教育也同样存在着人文精神培养的缺失。

朱永新：在某种意义上，是教育的人文精神缺失造成了现在社会的人文精神的稀薄。在现代社会，区域之间、国家之间、民族之间的竞争越来越激烈，大家都把教育当做竞争的工具，当做经济增长、军备竞赛的工具，而忽略了教育本身应有的底色。所以，这是一个因果关系的问题。

记　者： 您在苏州生活了近30年，您与这座城市究竟有多深的感情？

朱永新： 虽然在苏州生活了这么长的时间，真正认真打量、思考这个城市，真正地对这个城市有着强烈的认同感，是在我做了苏州市副市长以后。我在苏州大学做教授的时候，尽管在苏州市已经做了很多事情，但还是没有自觉地将这座城市融化到我的血液中来。做了市长以后，我才真正地意识到，我这辈子已经与苏州这座城市结缘了。苏州永远是我血脉的组成部分。今后无论我到哪里，苏州不仅是我的第二故乡，也一定是我的精神家园。

记　者： 可不可以说，您对苏州采取了一种俯视的态度，我是说您站到了一个更高的高度上，在温情地抚摸苏州了。或者，您干脆就是以苏州的儿子的姿态，仰视着苏州。

朱永新： 我可能既不是仰视也不是俯视。我是画中人。我在立体的苏州看苏州。

记　者： 但您必须采取一种姿态与角度呀！

朱永新： 很多情况下，或者在讨论苏州时，我可能会回到古代看苏州，有的时候我会到美国看苏州，有时候我则会到日本看苏州。我会从不同的角度来理解她。正因为有了不同的角度，我才会这么热爱她，才会对苏州有这样深厚的感情，才真正体会到了她的美丽。也许，很多土生土长的苏州人反而不会像我这样感受到苏州的美。

记　者： 无可否认的是，苏州因为有您而增添了一道风景。通过您，我们看到了苏州，也感觉到苏州更加美丽。您想过假如有一天您离开苏州了，会是一种什么样的情感萦绕在您的心头吗？

朱永新： 我看过古代很多在苏州做官的人，像白居易，留下了很多写苏州的诗文。苏州这座城市的亲和力，就在于任何一个在她怀抱里生活过的人，都会觉得她就是母亲。再坚强的人，都对苏州有一种恋母与恋乡的情结。苏州是我的精神家园。我想，不管什么时候，苏州都有我的一个家。但我是否就能作为一道门，还是要取决于我的努力和社会对我的认同。事实上，这么多年来，我行走在全国各地，我对我们的市委书记与市长讲，我是在替我们苏州做形象大使，我的讲座是在为我们苏州做广告。《南风窗》评选我是为公众利益行走的人，说我是中国最具人文气质的市长，对我而言，是有点不

能承受之重。

记　者：应该说还是恰如其分的。

朱永新：比我做得好的市长还是很多的。我很荣幸，我是沾了苏州的光。我也要努力为苏州增光添彩。

记　者：我对苏州有一种期待。我期待苏州有朝一日出现像春晖中学这样的名校，期待着有朝一日，出现像北大那样的既能接受穿长衫的，也能接受穿西服的一所大学，这所大学甚至能接受一个中学教师或者像刘天华这样的乡村乐师登上大学的讲台。如果能有这样两所学校，一大一中，那样的话，苏州的文化应该在中国掀开了新篇章。您觉得像这样的苏州时代会到来吗？

朱永新：我不敢说。这不取决于我，或不完全取决于我。一方面，我们没有这样的机制。目前这样的高考体制，这样的教育评估机制，不要说在苏州，我想，在全国任何一个地方都很难做到这一点。另一方面，即使有了好的体制，能不能有蔡元培、经亨颐这样的名校长，也是很难说的。更重要的是，我们有没有可能出现像朱自清这样的大学者跑到中学里来教书。那样的时代，不能说一去不复返了，但至少可以说在中国的当代是相当困难的！

记　者：您认为教育需要一种精神，甚至可以说是需要一种信仰吗？

朱永新：教育的信仰与宗教信仰是不一样的。宗教信仰是一种文化的传承。譬如西方人接受洗礼、做弥撒等，有着宗教的活动场所。在中国，要想形成一种宗教体系是不太现实的。曾经有人提过，依孔子设立孔教，新儒家就曾努力呼吁过，但肯定是不现实的。教育也不可能成为宗教。但在教育过程中如何培养人们的信念及信仰意识，这倒是一个重要的话题与重要的内容。教育如何帮助人们寻找信仰、建立信仰、推进信仰，这是教育的一个重要的功能。有人现在正以信仰为题在作教育的研究，我觉得这是很值得探索的。

事实上，每一个人形成信仰的路径是不一样的。一次重大的事件可能会导致一个人信仰的产生或毁灭，一次重大的活动也可能会对一个人的信仰产生这样那样的影响，长期的阅读、大量的阅读也有可能帮助一个人来形成信仰。

在中国，一方面，不能对于教育寄予太大的期待，不能把所有的希望都押在教育上，否则，教育真的便承受着不能承受之重了；另一方面，又不能低估教育的作用。我在很多地方讲过，事实上，社会的形态与社会的精神就是教育造就的。但教育所造就的往往又不是现实的社会，它很有可能是一种未来的社会，十年之后，或者二十年之后，甚至三十年之后的社会。

记　者：意识形态的问题，是一个非常深刻而又非常敏感的问题，我们的教育不可能也不需要走到这么深的层次。您觉得我们的教育离政治或者意识形态领域是远一点好，还是近一点好呢？

朱永新：这不是你想远就能远，也不是你想近就能近的。你不找它，它也可能来找你。我说过，教育在为别人打工的时候别忘了给自己打工。教育给自己打工的时候它就表现为一种人学。教育是帮助人更好地、更快乐地、更和谐地成长和生活的。你讲的各种信仰，也是为了让人生活得有意义。人不是为了信仰而信仰。如果为了一种虚幻的信仰，譬如说上帝，而活着，我觉得也没有意义。西方之所以有所谓的上帝，只不过是用一种原罪的理论，来劝导人们用后世的努力来救赎前世的罪过。这也是为了让人们有一双超越自己的眼睛来审视自己，让人们时刻注意不要忘乎所以。如此而已。如果我们换一种东西来达到这种境界，又何必一定要上帝呢？有没有上帝又有什么重要呢？

记　者：上帝反正也是靠不住的。

朱永新：哈哈哈……

记　者：这里是不是还有一个教育民主的问题？您觉得教育要真正走向民主，还有多少路可走？

朱永新：教育的民主与民主的教育是相互依存的。一方面，教育的民主依靠社会的民主，民主社会的建成造就真正的民主的教育；另一方面，教育的民主，或者说自觉的教育的民主，又反过来促进民主社会的诞生与建成。这就是鸡与蛋的问题喽。

记　者：是这样的。

朱永新：民主的一个前提实际上是一种平等，是一种真正的人和人的平等。如果教育中师生存在不平等的情形，那么教育的民主是无法建成的。只有真正的人与人的平等，忘却了教师与学生的角色的平等，才能真正形成教育的民主。

记　者：是啊，其实目前的班级建制，仍然是夸美纽斯以来的大工业时代的教育特征，说穿了是一种等级森严的标志。这一点，可能在中国教育界情形特别严重。

朱永新：这里的问题有内与外的问题、他与我的问题、师与生的问题、上与下的问题。这些问题都理顺了，可能教育民主的外围工作才算真正地完成了。

记　者：您的理念非常好，为什么不用市长的权力去推广呢？

朱永新：因为我觉得用行政的力量去推动，那种作用是有限的，它会碰到这样那样的阻力。一个好的教育理念，包括我现在所做的新教育实验，它会在教育的发展过程中，逐渐地显山露水，这是一个渐进的过程，会逐渐地成为很优秀的东西。

记　者：中国还处在一个行政意识非常强的社会形态中。如果借助行政力量的推动，效果不是更好吗？

朱永新：因为我力图创造一种这样的文化，就是自觉的文化。

记　者：淡化行政色彩。

朱永新：对，淡化行政色彩。包括教育内部也是如此，我们希望教师或者校长，尽可能淡化行政色彩。譬如说读书，现在参加我们实验的很多学校，我们听说，规定老师必须要读，不读就没有奖金，或者就没有什么什么。提一些基本要求，固然无可非议，一个教育行政管理职能部门，有义务也有可能向教师提要求。但是一味地用教育行政的命令或手段推动，则会引起相当多的反感。另外，行政推动还有一个最大的问题，就是容易千篇一律，整齐划一，会压抑很多学校的创造力和教师的创造性。很多事情，学校如果自发地、自主地做，会产生很多非常好的做法，效果会非常好。

其实，用形式主义对付官僚主义，是目前教育界比较明显的问题。

记　者：中国有两个成语，一个叫过犹不及，一个叫矫枉过正。我觉得有时候“矫枉”必须“过正”。应试教育，我们如果不加大强度，如何才能让它退场？

朱永新：应试教育退场的问题，从目前的角度来说，肯定需要深刻的变革。但是，中国的事情，就像鲁迅先生所讲的，你就是要再开一扇窗户，也都是要付出代价的啊！改革就是利益的调整。任何改革都是以牺牲一部分人的既得利益为代价的，所以任何改革都必须要慎重。

记　者：对，应试教育给许多人带来了无限风光，可能这些人反对得最激烈。

朱永新：那倒也未必。这些人已经得到了利益，可能倒是无所谓。现在恰恰是那些将要得到利益的人，可能是反抗得最激烈的。这问题倒不是太重要的。重要的是改革还得继续、改革往哪个方向的问题。

记　者：这么多年来，您一共走了多少所中小学校？这些中小学的状况如何？

朱永新：记不清了。少说也有两百所以上。

记　者：您对这些学校的状况是怎么看的？它们各有一些什么样的特点？

朱永新：坦率地讲，苏州教育的整体水平与境界在全国是领先的。苏州各地学校之间的差距，最好的学校与最差的学校之间的剪刀差也是最小的。苏州教育总体上品质与品位都是比较高的。这是我对苏州教育的整体评价。但是，在苏州还缺少在全国乃至于在全世界非常非常有影响的名校长。名校，如苏州中学，在国内与国外都有相当大的知名度，培养了三十多位院士，千年的办学渊源，百年的办学历史，是一个非常有名的学校。但是，我们还没有能够在全国排进前十名，也就是非常有影响的教育家式的名校长或名教师。

记　者：关于苏州在全国的排名或排行，是以什么为标准的？

朱永新：现在也没有很明确的排名与排行。但是，老百姓心里有一杆秤。

记　者：您认为苏州教育面临的最大问题是什么？

朱永新：譬如我们苏州高层次的人才相对来说比较紧张，特别是外向型经济的发展，我们在某种人才的供应方面相对比较困难。所以，我们在工业园区准备打造一座研究生城，和国内外著名高校，如中国科技大学、西安交大、南京大学以及美国的著名高校合作，办一些研究院或研究分院，直接培养有关人才。再譬如说，苏州的经济发展，灰领人才比较缺乏，也就是介于白领与蓝领之间的一些灰领，我们就办一个国际教育园，培养那些具有较强的职业教育基础技术的大专毕业生。我们已经做了很多努力，我想，再过若干年，我们这样的教育目标就能实现，我们的努力就会见效。

记　者：听说您去薄弱学校更多，您是不是想让教育体现出一种关怀意识？

朱永新：教育当然是一种关怀，但更重要的是，我做了七年分管教育的副市长，我觉得政府的最重要的职能就是帮助弱势群体，尽可能缩小学校之间的差别，这是政府应该做的。政府就应该做“雪中送炭”的事，而不只是做“锦上添花”。但我们现实中做得多的、感兴趣的，往往是“锦上添花”的事，而不是真正的“雪中送炭”。譬如，在很多城市，投资最多的、花钱最多的，往往总是一两所实验小学或者省重点中学，而其他一些普通中小学，人们关注得却很不够。这是不对的。

记　者：您对苏州未来的教育有着怎样的预期呢？

朱永新：应该说，在苏州教育里，多少已经有了我的影子。苏州的教育与全国很多地方的教育差不多，但有很多东西已经有了自己的特色，有很多探索在国内是走在前列的。比如我们并不一味地反对择校。我们通过办好每一所学校来限制择校。苏州走在一条均衡发展的道路上，城乡差别并不是很大。有很多事情我们在国内是做得比较早的。事实上，任何一个地方的教育行政长官都不是万能的。他的思想与理念并不一定能通过行政手段来推行，只有大家从心眼里认同他了，他才能真正地产生实际的影响。

要从体制上保证教育的纯洁

记　者：您如何看待校长职业化？

朱永新：校长职业化我觉得不是我们教育改革的核心。事实上不是所有的国家都在实行校长职业化。校长产生的机制倒是值得考虑的。现在的校长都是行政任命的，因而校长只对任命他的那个人负责，而不对他所管理的人负责。最迫在眉睫的问题是，校长如何经过民主程序产生。如果是民选校长，那么校长就肯定得对民负责。如果是任命的，他就只对上负责了。

另外一个方面，我认为，对校长的权力、责任、义务，应该有很明确的法律条文来规范。学校的管理应该有明确的规定，而这种明确的规定体系可能还没有形成，有很多情况没有明确的界定。我觉得，整个教育体制的问题不是校长职业化的问题，最突出、最根本的问题还是管得太多、统得过死。还有，关于教育多元化的办学机制没有形成。现在很多国有民办学校或者民办公助学校，都是以政府优质资源为背景来操作的，真正的民办教育很难发展。教育与企业一样，它需要有一种张力。现在学校之间没有张力。学校之间的所有的差距不是校长造成的，而是体制造成的。重点学校重点配备，教师资源重点配备，经费重点投入，优质生源重点考虑。它与其他学校的竞争都是不公平的竞争。所有的公办学校事实上已经构成了等级森严的序列，在这种序列里，其实是不存在竞争的。

只有个别学校那些有天赋、有理想的校长，通过自己的打拼能够改变学校的命运，但是大部分学校及校长是改变不了必然的命运的。

记　者：如何看待民办教育的发展？

朱永新：我对民办学校曾经作过描述：要么死亡，要么辉煌。民办学校是没有中间道路的。但公办学校是有中间道路可以选择的，学校办不好，是不影响校长的任职与晋升的。学校办不好，校长还照当校长。在苏州这样的地方，民办学校是很难生存的。因为苏州公办学校的质量与基础都非常好。为什么在浙江民办教育生长得比较好呢？那是因为浙江的公办教育的基础远远不及苏州，所以，民办学校生长的空间就比较大，自主性也较大，再加上有比较灵活的机制，因而有些民办学校就能脱颖而出。可是现在，一些公办学校发展壮大了，也去办民办学校，这样，真正的民办教育就很难发展了。所以，我觉得，不应该允许那种“假民办”的存在。

记　者：我们经常问的一个问题是政府如何扶持民办教育走上健康的发展之路，其实公办学校也同样需要扶持，需要引导。

朱永新：对政府来说，应该是所有的学校都引导扶持。我们曾经打过比方，开玩笑说政府办的学校是亲儿子，民办公助学校是干儿子，民办学校是野儿子。但从严格意义上讲，政府不应该有自己的学校。所有的学校都应该是有独立的法人自主性管理的，只不过他们获得经费的渠道不一样，管理模式不一样而已。作为行政部门，作为政府，所有的学校都是他的亲儿子。

记　者：手心手背都是肉。

朱永新：就应该是这样一种教育管理方式。但现在，我们的公办学校的资源都在教育主管部门手里。我非常希望实现一种新的教育管理模式：让教育局与它所管辖的学校脱钩，所有学校的经费都是由政府财政直接下拨到学校。甚至，我希望有一天，所有的教育经费发放给消费者个人，消费者拿着学券选择他所愿意进入的学校。

记　者：您这一点看得太远了。但这里还是存在教育与市场的关系问题。我过去曾经认为，民办教育的存在，客观上为主流教育提供了一个竞争的参照系。这样的教育格局是一种真正的发展格局。我总觉得，在教育的发展问题上，同样存在一个悖论式的情形，即教育既需要尊重自身的规律，又需要竞争性的市场。您对教育必须与市场结合如何看？或者说，教育可以在多大程度上与市场结合？

朱永新：教育与市场的关系是一个非常重要的话题。教育要接受市场的检验。教育通不过市场检验，它的生存就会出现危机。对民办教育尤其如此。其实，任何教育都要面对市场，这是毫无疑问的。不考虑市场的教育，是没有发展空间的教育。但我还是要说，最好的教育是不针对考试，同时又是通

过考试的教育；同样，最好的教育是不针对市场，但又是能满足市场的教育。我不知道你能不能体会我这句话的意思。譬如我们做新教育实验，我们根本就不是针对高考去做的。但是我做了后，肯定是能满足你的高考的需要的。

记　者：教育要面向市场，但不能迎合市场，是不是您刚才讲的所谓最好的教育呢？

朱永新：好的教育不是赶时髦的教育，是一种以不变应万变的教育。从某种意义上说，我是永恒主义教育哲学的持论者。真正的教育，是有其永恒的主题的。

记　者：但现在，就像您说什么学校是政府的什么儿子一样，考试成了教育的儿子，考试也成了一种学问。其实，考试应该与教育是两码事啊！

朱永新：是啊！

记　者：人们对教育的期待多，教育需要面对的困难也多，经济的、应试的、培养人才的，都存在一定的难题与困难。譬如说培养什么人的问题，是培养专门会应付考试的呢，还是培养社会需要的能人，或者培养您刚才提到的职业技术人员也就是灰领阶层的人？似乎是这个急功近乎的社会价值观决定了我们的教育走向。我们是不是要摆脱这种价值观的控制呢？

朱永新：教育不是一种孤立的存在。作为一种社会的意识形态、一种上层建筑的活动，教育毫无疑问要受存在的制约。存在决定意识嘛！有这样的教育存在，这样的一种背景，当然就会有这样一种教育。教育想拎着自己的头发离开地球是不可能的。但我也常常讲，我们做教育的人、制定教育政策的人，如果更清醒些，更具有人文情怀些，更具有教育的自觉，那么教育就会做得更好。现在，行政的惯性很大，教育中的盲从性也很大，教育缺乏必要的矜持。就是我们刚才讲的教育要为自己打工。

记　者：教育要保持应有的高贵，所以，教育的最根本的问题也许就是体制问题。如果体制上的问题解决了，一切问题都可能会迎刃而解。我们把话题再回到体制与人的关系，或者体制与教育机构的关系上。譬如现在，在与教育打着擦边球的时候，一些教师愉快地利用着教育的弊端如应试等等，进行着教育的有偿服务，如考试辅导、家教等。一些教育机构，也在大把大把地利用着教育发财。现在谈得多的是自考教材的天价利润。这些似乎都不应该是教育中出现的情景，但非常遗憾地在教育中出现了。

朱永新：这种情形的发生是有多重原因的，一是整个社会的风气与价值观的导向，二是我们对教师的制约能力相对薄弱。苏州也有这样的学校，家教风太厉害了。我曾对校长讲过多次，能不能刹住？校长回答说，刹不住。因为教师收入低啊！有偿性的家教服务已经成为他们收入的一个重要组成部分，只有这样，他们的收入才能与其他发达地区和国家的教师相比。但是，我们苏州工业园区有一个举措，从今年开始，教师最低年收入是5.5万。这以后，发现有偿家教的，发现一个，开除一个。

记　者：这也是一种高薪养廉。

朱永新：这是从体制上保证教育的纯洁性。如果我们不能从体制上保证这一点，那么这种现象也就会像教育乱收费一样，是制止不掉的。这些与我们教育经费的投入不足是有相当大的关系的。教师有了更高的报酬，我们也就可以对教师提出更高的要求，从而限制教师的某种权力行为。

记　者：又谈到职称的问题了。也还是一个打擦边球的问题。教师个人权力行为在这里也有泛滥的区域。现在有很多人都是在钻这项政策的空子。近日四川出台的高级职称要公示“个人业绩”的做法我觉得就挺好。其中，他们特别强调了社会效益以及论文或科研成果所起的作用。

朱永新：这是一个可以讨论的话题。第一，中国教师要不要评职称？第二，评过职称以后，如何取消终身职称？现在很多大学都这么做了。广东、北京的某些大学已经开始这么做了。不再评职称，而是直接聘任。不再考虑你以前的职称与任职经历。中小学其实也可以这么做，这样的话，校长的自主权可能就更大些，校长的压力也更大些。我们以前都担心校长的权力，其实我们可以加强监督。实际上权力大并不可怕，怕就怕权力失去制约与监督。权力的负面效应是完全可以限制的。

教育，需要来一场深刻变革

言说是生命的权利
岂能够放弃我们的表达、对话和交流
言说也是生命的责任
有唇枪舌剑，才享快意恩仇刀光剑影

那么
把言说还给孩子
把课堂还给学生
让他们在言说中学会抨击与歌唱，学会放飞心灵

——《沉默与言说》（片段）

让教育决策更加科学

2002 年 8 月
媒　体：《中锐》
采访者：毛　恩

作为一个教育决策者，首先应该考虑的是公平和效率的问题。从整个国家的范畴来说，应该是公平和效率兼顾，但是从总体上来考虑又必须公平优先，因为政府应该尽可能给每一个公民提供接受相对均衡的优质教育的机会。

记　者：我的手边有您的一本书，叫《我的教育理想》。书里有一句话，给我留下了深刻的印象。您说通过理性的思考让教育理想的火花更加灿烂。但是我想，真正的理性思考，并不是每个人都能做得到的，像教育的政策，其分析、研究和制定本身是需要理性思考的，很多人觉得这好像是一些高级领导来管的事。

朱永新：我觉得从高层的教育决策者，一直到最基层的教育管理人员，包括学校的校长，事实上都会决策，对教育行为都会产生非常直接的影响。

记　者：建立一个准确完整的教育体系，是一件很难的事，特别是对我们这样一个幅员辽阔、差异很大的国家来说。那么，到底怎样来制定教育政策才会更加科学呢？

朱永新：我觉得要制定教育政策，第一个问题就是解决分类指导的问题。现在一个教育政策指导全国所有的省份、所有的地区，那无疑是非常困难的。

记　者：那就是说，不能用一个统一的教育政策来指导有些地区的教育。

朱永新：现在我们的教育往往统得太多，包得太死，管得太紧，结果就导致各个地区的教育在同一个政策的指导下，很难真正地发展起来。其次，作为一个教育决策者，首先应该考虑的是公平和效率的问题。我们在作教育决策时，是应该公平优先，还是效率优先？是照顾公平，还是公平优先兼顾效率？从整个国家的范畴来说，应该是公平和效率兼顾，但是从总体上来考虑又必须公平优先，因为政府应该尽可能给每一个公民提供接受相对均衡的优质教育的机会。在这样的前提下，为了使教育更好、更快地发展，应制定一个兼顾效率的政策。政府应该如此，具体到教育行政部门，很可能它必须在某一个阶段，在基本公平得到满足的前提下，着重强调效率，这也是可以的。但是在基本公平不能满足的情况下，强调效率将是决策上的一种失误。

记　者：这样的失误在我们当前的教育中存在吗？

朱永新：应该说是存在的，比如说优质学校与薄弱学校的差距，这是个剪刀差太大的问题。现在我们各级政府、各级教育评估部门，把相当大的精力放在评优上，但是对学校应达到的最基本、最起码的基准问题，没有人去好好研究。我认为国家在制定教育政策的时候应该有一个底线，即对一个学校最低应该达到什么样的水准必须给予较为明确的划定。这样，我们就不会出现很多学校有危房、学校没有房子、学生没有桌椅、教师工资发不出来等这些情况。而现在我们很大的精力、很多的经费投在高等教育上，投在优质学校上，我们比较多地习惯于“锦上添花”，而忽略了“雪中送炭”。教育决策无论是宏观到一个国家，还是微观到一个地区，都必须要考虑公平和效率的问题。

记　者：所以教育公平和效率的问题，需要我们用科学的眼光、认真的态度来把握。

朱永新：这里面就有一个数据库问题，因为事实上任何决策都要作进一步的研究，这必须建立在拥有一定数据的基础上。

记　者：那么数据库应该涵盖哪些层面？

朱永新：包括学校的类型、考试的水准、学生学习的能力、学生心理发展的水准等。

记　者：除了您刚才说到的分类指导、兼顾公平和效率，以及建立数据库之外，还有什么需要注意的地方？

朱永新：建立教育特区的问题。我们在经济发展过程中，建立了很多经济特区，即给一个地方一些特殊的政策，允许它大胆地进行尝试，使其得到更好的发展。经济的发展如此，教育的发展实际上也可以走这条路。因为对于一个国家来说，很多政策一下子放开，可能会引起教育的失衡或者混乱，但是可以从局部开始。从局部来讲，比如说苏州这个地方，我们就在考虑把它作为一个教育的实验区，按照教育的特区去规划、去建设。我们提出抓个性、抓特长，全市所有的学校都在推广。

记　者：基础教育为什么要重视抓个性、抓特长？

朱永新：教育的发展基础是学校。第一，学校的发展是建立在一批非常有思想、有干劲、有理想的教师的基础之上的，只有这样，学校才能够培养出一批有个性、有特长的学生。就像在经济发展中我们鼓励一村一品那样，我们也鼓励学校办出特色。这么多年来，苏州建成了一批非常有特色的学校。第二，狠抓培养名教师、名校长的行动计划，因为教育的发展关键是有一批名教师、名校长。第三，我们做了一个叫“相对薄弱学校行动计划”。有些地方搞电脑派对，实事求是地讲，我反对搞电脑派对和电脑派位。

记　者：为什么？

朱永新：我认为在孩子第一天接触教育的时候，就让他背上一个沉重的思想包袱，就让他产生一种宿命感，这是不对的。他会觉得自己不能把握自己的命运，把命运交到了一个自己不可支配的力量上，这是不应该的。政府应该把每一所学校都办好，缩小它们的剪刀差。这是政府应该去做的，是解决问题的根本。所以，我们就在这方面下了很大工夫。

记　者：那苏州市实行的是电脑派位还是自由择校？

朱永新：苏州的学生是按照学生所在学区入学的，是就近入学，但同时也允许择校，允许家长与学生到民办学校、优质学校择校。剥夺人的选择权，对于被剥夺权利的人来说是很痛苦的，而且最终真正被剥夺权利的只是一些弱势群体。政府官员为孩子择校不成问题，有钱人择校也不成问题，交一些赞助费而已。真正限制的还是普通老百姓。我们可以想办法解决这个问题。第一，把优质学校的招生名额分到所有的学校，包括最薄弱的学校，这样每一个学校都有人能够进到像苏州中学这样最好的学校去。第二，把优质学校与薄弱学校进行合并，进行组合。学校如果百花齐放，教育会逐步地摆脱择校的压力。

记　者：在实施“科教兴国”战略的过程中，有没有碰到什么具体的问题和困难？

朱永新：在经济发展的过程中，人力资源始终是一个非常关键的因素，也是我们面临的一个很大问题。第二个大的问题是，我们还没有真正地从应试教育走向素质教育，还没有彻底走出这个固有的教育体制，因为考试制度、人才选拔制度决定了我们很难真正地走出应试教育的阴影。还有一个问题，就是办学体制的问题。我们在办教育的过程中，还是以公有教育为主，这样一个一元化的办学体制，无论是对教育的发展还是对教育的竞争，都是不利的。

记　者：而且，它可能已经不太适应现在数字化、国际化形势对于教育的要求。

朱永新：对。所以应该鼓励各种经济成分来共同办教育，鼓励外资、民资一起帮助我们发展教育。我提出一个想法，能不能卖掉一些大学，能不能拿出一些大学搞股份制合作，交给社会办，甚至让国外的一些公司来参股。这样可以把这笔钱省下来，投入到基础教育中去，让基础教育的实力更加雄厚。问题当然不止这些。比如说，农民工子女教育的问题。现在民间办有一些农民工子女学校，往往是租一个学堂或者厂房，办学条件也很低劣。政府怎样对他们进行规范管理，怎样去帮助他们，使他们的学校有良好的设施，甚至在经济上、政策上去支持他们，这些都是要重视和考虑的问题。

记　者：刚才您谈到了这么多的问题、这么多的困难、这么多教育改革深层次的东西亟待解决，那么对于全国而言，是不是有一定的共性？

朱永新：当然有共性。我刚才讲的素质教育问题，就是全国的一个共性问题；而高层次人才特别是研发人才的缺乏，是我们苏州的个性问题。所以说，我觉得既有共性的一面，也有个性的一面。

记　者：现在我们都知道，在数字化和国际化这样一个大趋势下，我们的教育与以往有很大的不同，最大的不同我想就是它的国际化的色彩会越来越浓厚。那么，我们的教育机制和政策应该如何去应对？

朱永新：我们提出在今后的几年，要有5%以上的学校能够真正进行双语教育。另一个大的问题，就是信息化的问题，即如何应对信息化。我觉得这也是我们面临的一个很大的挑战。我们要求35岁以下的年轻教师都要学会制作计算机的教学软件；我们要求所有的学校都必须建立自己的网上主页，都能够进行网络沟通，让教师、学生有非常强的信息意识。因为获得信息的能力固然很重要，但是更重要的是要培养信息意识。像前面讲双语教育一样，语言固然很重要，但更重要的是人的一种国际意识、国际情怀。信息也是这样，学生如果能够及时捕捉信息，知道信息的价值，知道到哪里寻找信息，这在某种意义上比他会使用计算机还要重要。

记　者：对于刚才您提到的这些目标，有没有具体的机制来保证它们的顺利实现呢？

朱永新：就机制来说，首先需要的是经费的保证。比如说，无论是推进双语教育还是推进信息化教育，政府的投入、经费都需要有保证。我们已经通过政府规章、文件等的形式对其加以保证。其次就是教育评估，因为我们提出了一个目标以后，就应该对每一个学校实施这个目标的情况进行评估。我们把它作为教育现代化继续巩固发展的一个新的标准。

记　者：刚才您谈到的这些，如果在全国推介有没有什么特别重大的意义？

朱永新：相对来说，苏州的经济发展、社会发展，在全国处于前列。在某种意义上说，苏州教育的今天就是中国教育的明天。当然我相信，中国教育的明天会比苏州教育的今天发展得更快。因为在我们探索的进程中，不仅仅有经验，也有教训，这些教训其他地方在今后的发展过程中是可以回避的，或者说是可以避免的。

让人文自觉突破政策短视

2003年8月
媒　体：《南风窗》
采访者：张哲诚

人文精神，无非是对“人”和对“文”的关心，一方面关心人类自身的命运，另一方面关心文明和文化的传承，虽然说是两个轮子，但不如说人文才是人类发展的终极目标。

记　者：从目前城市、区域之间的竞争来看，大家主要还是在拼交通、拼地价，或者拼可见的优惠政策和行政配套等。人文精神虽然最近引起了广泛讨论，但并没有被当成实质性竞争因素而受到足够重视，这是什么原因？

朱永新：目前这种竞争现状，是由整个时代背景决定的，即人类的物质文明在呈几何级数成长，特别是这20年科技腾飞的时期，但人文精神发展却受到了很大制约。为什么？因为人们都把科技当成是国力竞争的工具和标尺，推进科技不是为了让人生活得更美好，而是为了竞争。这说明工具理性“坚实”地成为社会主导和主流。

事实上，科技和人文应该是人类发展过程中并驾齐驱的两个轮子，而且科技轮也应该是为人文服务的。因为，人文精神，无非是对“人”和对“文”的关心，一方面关心人类自身的命运，另一方面关心文明和文化的传承，虽然说是两个轮子，但不如说人文才是人类发展的终极目标。

人文精神的呼唤虽然从文艺复兴时期就开始了，并且一直没有停止，包括西方的人本主义的主张，但却始终没有成为时代的最强音和主旋律。在科技意识的主导下，人类把森林砍伐殆尽，把河流污染殆尽，战争永不止息，为什么？不就是教育忽略了人文精神的培养吗？科技与经济的竞争忘记了目的，使得科技与人文这两个轮子，始终处于失衡的状态。

所幸的是，苏州的实践已经证明，很多科技大公司，恰恰是看中了苏州的人文精神才选择落户苏州的，这说明科技与人文本来并不对立，只是我们人为忽视了人文因素，使得科技发展反而受到制约或者陷入了非理性之中。

记　者：社会发展的这两个轮子，由于国际竞争的加剧，的确在全世界范围内都不平衡。但西方从文艺复兴以来社会批判的声音一直很强烈，在一定程度上制衡着科技轮的畸形发展。其结果是科技与人本主义都发展起来，可以说两个轮子都在猛跑。但在我国，一方面，人文的轮子势微力弱，另一方面，科技、经济还要加快发展，似乎陷入了一种悖论当中。

朱永新：这是因为西方有很多知识分子的独立团体，我们经常说，知识分子是社会的良心，构成社会的一种平衡力量，当一种声浪过强的时候，另外一种声音会出来讲话。当科学主义盛行的时候，对人文精神的倡导和呼唤就应该加强，借由一些话语的市场、机会的平台，对政府的政策产生一定的影响。相对来讲，这方面的民间制衡力量是不够的。

这里很大的一个问题在于，我们民间的力量如民间的科学研究机构、中介咨询机构、新闻机构等缺乏独立的个性与人格。在这种情况下，就只能有一个声音在讲话，我们听到的也往往都是同一个声音。比如国外一些民间的环境团体，无论是在美国还是欧洲力量都非常强大。它们通过各种途径给政府和决策者施加影响。之所以需要阐述不同见解的人，是因为世界上没有万能的政府，也没有不犯错误的政府，这一点是很清楚的。为了少犯错误，就要善于倾听不同的意见。而每个民间团体都代表不同的利益团体，代表不同的声音，它们的监督性越强，越是能够避免政府决策的失误。

记　者：当人文精神的呼唤在民间显得很微弱的情况下，政府的眼光和观念就显得尤为重要了。您曾提到，一个城市的文化和精神氛围的营造，也要建立在政府官员“文化自觉”的前提下，那么目前到底是什么因素阻碍着官员的“文化自觉”？

朱永新：政府官员缺乏人文和文化的自觉，主要有三方面的原因：

第一，我们都是在一种缺乏人文关照的环境下成长起来的，从受教育开始到走上社会，都是如此。我们长期接受的是一种以科技、智育为主导的教育，也是一俊遮百丑的教育，你只要学习好，其他什么都好了。成长于这种环境中的人，很难有一种人文的自觉，很难认识到人文在整个社会中所应该具有的价值、地位和作用。

第二，国家对于一个地方领导的评价机制，主要是看经济指标。你如果问一个地方官 GDP 是多少，财政收入是多少，引进外资是多少，进出口贸易额是多少，他都会脱口而出。但是你如果问教育投入是多少，当地在校生是多少，恐怕很少有领导能够讲得清楚。就像在学校里面你考什么，学生就学什么一样，对干部来说，你考察他什么，他就做什么。当你没有办法去衡量或者不去试图衡量人文的价值时，官员们自然就很难去重视它。由于干部任用和考核机制是自上而下的，所以还是一种对上负责的机制，缺乏对下负责。

第三，营造一个地区的文化与精神氛围，是一件长期而艰巨的工作。政府官员往往更多地把目光投向短期能够见效的工作，以体现自己任期内的"业绩"，而很难关注到那些长久才能见效、具有长远价值的工作。"短视行为"似乎是注定的。

说到底，还是大家更重视经济，相对漠视文化教育与人文精神的培养。中国教育经费不足的问题至今还没有解决。"两会"期间，我们听的都是有关经济的报告，却从来没有听过有关教育文化的报告。为什么"两会"一定要开成这种模式呢？从老百姓的生活水平、生活质量来看，可能教育、人文的东西对他们影响更大。

记　者：那么您认为对下负责的机制要如何建立，或者说有什么样的渠道能够体现出对下负责呢？

朱永新：当然是通过让行政官员给百姓述职这一渠道，即让百姓的评价和舆论成为监督干部升迁的更主要的考量指标。另外，政府官员的人文素养也很重要。政界有一个比较流行的观点，认为知识分子从政不行，所以长久以来，我们的干部成长的路径通常是：从村干部做起，然后到乡镇，再到县市，然后再往上，普遍如此。这一干部成长的路径当然也能够让一些优秀人才脱颖而出，但是要建立一个理性执政的政府、一个有较高精神文化品位的社会，还需要一批具有世界眼光，同时又具有很强社会经验的专业人士。

记　者：我们一直都说以经济建设为中心，重视经济不是理所当然的吗？

朱永新：我觉得这个口号应该改成"以人的发展为中心"。以经济发展为中心，等于是以手段来支配目的，以过程来支配结果，本末倒置了。其实发展经济也好，科技也好，问题在于，我们讲“发展是硬道理”的时候，其实是在讲经济的发展，而没有讲人的发展，我觉得这是很可悲的。最大的发展应该是人的发展，“人的发展才是硬道理”，经济的发展不是硬道理。说到底，我们做的所有工作，都是为了让人们活得更舒适、更有价值、更有尊严，这是所有工作的终极目的和落实点。这一点应该是毫无疑问的。

记　者：为了让人们生活得更好，对于您说的这一点，我想人们是没有疑义的，但是对于您说的让人活得更有尊严，人们在认识上可能就会产生分歧。目前我国的贫富差距还很大，但无论贫困地区解决温饱的问题，还是发达地区参与国际竞争的问题，都是要朝着经济更发达的方向迈进，似乎还没有从人的精神生命的角度去思考人的生存价值的社会倾向。

朱永新：所以就会出现很多侵害人的尊严的事情。在城市发展的过程中，以剥夺农民利益为代价的事情太多太多了。这都说明了我们的整个工作缺乏人文精神，缺乏人本主义理念。给予农民不公平待遇，其实就是把人分成了不同的等级。

我们应该深刻反省和思考十六大提出的“人的全面发展”的问题。这是第一次把它作为一个命题提出来，尽管阐释得还不够，但本身已经是一个很大的进步。这是在警戒我们要实实在在关注和强化人文精神，特别是在面对这样一个世界性问题的时候。

如今全世界对人文精神的观照都不够，比如在西方科学主义的盛行、认知学派和结构主义的发展中，都只是强调工具理性，而忽视价值理性，忽视人的发展。但是西方毕竟还有着人文主义的传统，而我国则更为特殊——历史上长期受封建专制的影响，一直缺乏对人的尊重；五四时期首次出现了个体生命价值的觉醒，但是社会很快陷入了军阀混战；新中国成立以后接连搞各种政治运动；改革开放之后，又进入了万众一心发展经济的浪潮当中——所以几乎从来没有人深入思考过人的问题，虽然也有过零星讨论，但对这个问题的思考始终没有深入下去。我相信人文精神会不断被强化，但这可能是一个漫长的过程，并且需要人们的充分的自觉性。

记　者：不是一直在讲两个文明的建设吗？您认为“精神文明”的提法对于人文意识的培养到底起了多大的作用？

朱永新：在具体的推进过程中，比如在创建文明单位、文明学校、文明社区等工作过程中，还是起了一定的作用。但是不可否认的是，在这个过程中，大家实际上更注重的是形式，为了评比轰轰烈烈地走过场，指标停在对卫生、环境条件的考察上。这在根本上忽略了人的精神层面的变革，离人文精神的理想境界差得很远。

民办教育改革的出路

2003年5月15日
媒　体：《光明日报》
采访者：朱振国

我们应该建立一种以公办学校为主体、民办学校为补充的办学体制。政府应该尽量为人们提供比较公平的、均衡的教育，民间办学可以满足部分需要优质和特别教育的人的需求。

记　者：朱副市长，您认为民办教育发展的最大障碍、影响民办教育发展的最大瓶颈是“假民办”，为什么这样说呢？

朱永新：所谓“假民办”就是指那些没有真正的独立法人、独立财务、政校不分、产权不明晰的学校。在中小学，主要是种种形式的“校中校”，由优质公办学校用民办公助、公办民助等名义举办另外一个“儿子”学校。在大学，则主要表现为各种形式的民办二级学院。这种“对外两张皮，对内一盘棋”的所谓民办学校，无论是教育主管部门创办的，还是依托公办名校衍生出来的，实际上除收费是民办的，其余都是公办的。翔宇教育集团总校长卢志文说了这样一番发人深省的话：2002年的中国民办教育最火的是“假民办”，最痛的也来自“假民办”。虽然中国民办学校发展迅速，已有了一定的规模和数量，但限于师资和生源，目前还只能在教育边缘找寻生存的空间，甚至争取平等待遇也还有很长的路要走，根本构不成对公办学校的威胁。而另一种力量着实给民办教育市场又添了一景：名牌大学的许多民办二级学院、公办重点中学校园里的民办初中，一夜之间竟如雨后春笋般冒了出来。

记　者：您是怎样看待这种“假民办”现象的？

朱永新：应当承认，“假民办”在中国教育发展的特定时期是起过一定的积极作用的，为中国高等教育的快速发展和中小学优质教育资源的快速成长都立过汗马功劳。但是，“假民办”其实一开始就是一个怪胎，它的存在，从法律上讲是没有地位的。原国家教委教基［1997］1 号文件就明确规定：“义务教育阶段公办中小学均不得办‘校中的民办校’或‘校内的民办班’，已办的应立即予以清理，今后一律停办这类中校（班），严禁搞‘一校两制’。”原国家教委教监［1997］2 号文件又重申这一规定。1998 年 7 月国务院办公厅发教育部的文件规定，公办校转制试验必须做到“独立法人，独立校园、校舍，独立核算，独立办学”。中共中央、国务院《关于深化教育改革全面推进素质教育的决定》又再次重申：“不要搞‘一校两制’。”那么，为什么我们教育行政部门还积极地支持各种“假民办”呢？原因有两条：一是教育经费短缺，只好以“假民办”养公办学校，为公办学校筹措经费；二是心理不平衡，羡慕民办校高收费。某重点中学校长说：“有人说初中是义务教育，不能高收费，那民办学校为什么就能收？既然允许民办收，那我们就改制民办！”

记　者：既然您提出了“假民办”这个问题，那么现有的民办教育应当如何下手改革？

朱永新：经过一段时间的发展和调整，民办教育已经逐步走上了正确的轨道，“假民办”的各种学校也羽毛渐丰，两种性质的学校定位也逐渐明确。也就是说，我们应该建立一种以公办学校为主体、民办学校为补充的办学体制。政府应该尽量为人们提供比较公平的、均衡的教育，民间办学可以满足部分需要优质和特别教育的人的需求。“官不与民争”，民办教育就应该由真正的民间资本投入，这样才能真正增加教育的总投入。

因此，我认为，解决民办教育发展的瓶颈——“假民办”问题的时机已经成熟。

在国外，高校的 80% 以上是民办学校，而我国 80% 以上却是公办学校。这既占用了大量的教育经费，又制约了基础教育的发展。以江苏为例，去年的教育经费总投入为 160 亿元，其中高等教育就占去了 50 多亿元。其次，公办高校创办了大量的二级学院，这些“假民办”利用公办学校的优势、优质资源与民办高校进行不公平竞争，使民办高校在生活和办学效益等方面更处于劣势。因此，公办高校的转制势在必行。我的建议是，国家办好 10 所一流国立高校，每省办好 1 ~ 2 所省属高校，有条件的地市办好 1 所市属大学；国立大学要面向全国公平招生，省属和市属大学可对本地区学生实行适度优惠入学政策。另外，在二级学院的转制途径上可采取两种模式：第一是“蛇吞象”模式，即二级学院通过股份制等方式吞并其“母体”（原所属高校）；第二是二级学院与“母体”彻底脱离，成为独立的民办高校。大学转制以后，可以解决目前许多大学的人浮于事等体制上的问题，真正的世界一流大学才有可能产生。

当前要做的是，必须尽快将所有的学校“验明正身”，要么是公办学校，要么是民办学校，所有“假民办”尽快与公办学校彻底脱钩。原来公办学校的资产可以用股份的形式经过评估后保留，但是学校的教师、校舍、设备、经费、管理等必须完全分开，鼓励各种民办教育机构接管“假民办”；必须尽快进行部分大学的转制。我国是穷国办大教育，教育经费缺口巨大，更为严重的是教育经费内部配置极不合理。高等教育的经费占据了本来就很拮据的教育经费的相当部分。如果对这些大学进行转制，就可以把部分钱拿出来，政府就可以在不增加教育投入的前提下，解决一些中小学现存的实际问题。

决策要倾听民间的声音

2004 年 2 月
媒　体：《师道》
采访者：萧　田

教育是一个复杂的系统工程。教育决策的科学化，前提是教育的民主化。而最关键的是教育决策要更多地倾听民间的声音，倾听不同的意见，倾听专家的看法，并且把倾听制度化、程序化。

记　者：在您任苏州市主管教育的副市长期间，您作出了许多明智的教育决策，如取消电脑派位，鼓励特色学校、特长学生，积极推行教育实验，等等。可以说这是一系列造福民众、造福教师、造福学子的大好事。这与现行的一些教育制度有较大的不同。我想请您回顾一下您教育决策的主导思想是什么，以及这些决策出台前后的经过。

朱永新：具体的工作在《我的教育理想》中已经谈了许多。这些决策的形成不完全是我的功劳，而是我与教育部门的同志一起讨论、与政府的主要领导一起研究作出的。当然，有一些主意是以我为主产生的。我们所有决策的出发点主要有这么几点：第一，对老百姓是否有利。凡是对老百姓有利的事情，我们就大胆地去做。例如，我们出台的扶贫帮困助学行动计划，鼓励银行为贫困学生贷款，政府和学校承担 2/3 的风险，就是考虑到许多贫困家庭的困难。第二，实行的时候有没有困难。有许多政策可能很好，但是实行起来很困难，没有好的办法实行，政策就会失去信誉。也就是说，政策决定的关键是必要性与可能性的问题。政策的出台，关键是把握老百姓的需要，把握时代的脉搏。

记　者：您认为如何才能作出科学合理的教育决策？

朱永新：科学合理的决策，关键是决策的程序和方法。一般来说，科学决策需要四个基本的条件：一是鲜明的目的性，即决策要解决什么问题。二是要提出多种决策的方案，尤其是要有反面的意见。许多决策必须把反面的方案作为基本的前提，否则不予讨论。三是要弄清楚达到满意结果的标准，让决策方案有一个充分讨论的过程。四要考虑决策的风险性与必要性，在没有把握的前提下，不要轻易作出决策。这是决策的一般规律，对于教育决策也是有用的参照。

记　者：请您为大家介绍一下新中国成立以来重大教育决策的成败得失。

朱永新：新中国成立以来我们的教育决策有成功的，也有失败的。凡是成功的，大部分都是按照决策的规律来进行的；凡是失败的，都是违反了这些规律的。我们的决策自上而下的多，领导决定的多。一些重大的教育决策，基本上都是由高层领导亲自提出来的。当然，领导的敏锐与深刻值得我们学习，但是当将其转化为决策的时候，必须按照决策的程序。我们的教育决策很少是自下而上的，因此老百姓的意见反映得不够充分；即使作出了决策，实行起来也不够有力，如义务教育的政策。教育政策的听证程序没有真正建立。

记　者：在现行的教育决策中，有一方明显缺席——那就是千百万民众，也就是家长和孩子。对这个问题您如何看？

朱永新：教育政策制定的重大问题是充分反映大多数人民的意见，这也是“三个代表”的核心。因此，教育的民主，教育决策的民主化、科学化，应该是我们教育改革的重要内容。教育决策的参与越广泛，执行起来就越方便。现在许多政策的可行性比较差，与我们决策的程序，以及决策没有充分反映老百姓真正的想法，是有一定的关系的。

记　者：您曾留学日本，又曾到美国做访问学者，您能谈谈这些国家的教育决策给您的启迪吗？

朱永新：我们不能照搬国外的做法，但是，国外教育决策有两个方面是值得我们借鉴的：一是专家的参与。专家一定是对这个问题真正有研究的专家，而不是仅仅有名气的所谓“专家”。二是一定要让这些教育政策能够通过新闻媒介广泛征求意见，反复讨论。另外，决策以后不一定马上全面推广。中国如此之大，情况如此复杂，要把许多权力下放下去，决策权力也应该下放。美国的许多州有很大的自主决策的权力。

记　者：您对中国教育决策科学化进程有何期待？

朱永新：教育是一个复杂的系统工程。教育决策的科学化，前提是教育的民主化。而最关键的是教育决策要更多地倾听民间的声音，倾听不同的意见，倾听专家的看法，并且把倾听制度化、程序化。我相信，在新一届党中央国务院的领导下，在教育改革不断发展的今天，我们的教育决策会更加科学。

当然，我们教育研究者的使命感、责任感也非常重要。教育决策是否科学，在一定程度上也取决于我们这些学者的研究能力与批评能力，我们应该发出自己的声音，反映自己的意见。学者的人格，在很大程度上反映在他是否说真话。为了这个国家，为了我们民族的未来，学者应该贡献自己的智慧，甚至生命。

教育改革的方向

2004 年 12 月 16 日
媒　体：《社会科学报》
采访者：熊丙奇

人类越是进步，就应越珍惜生命、越珍爱环境。可现在却恰恰相反。为什么？就是因为我们更多地把教育作为一种工具，作为经济竞争、生存竞争的工具，而不是把教育作为一种真正“人”的事业。

记　者：您认为对中国教育而言，目前最缺的是什么？

朱永新：我们的教育缺很多，缺钱、缺人才、缺人文关怀、缺理想的追求……最缺什么？我认为最缺的是人文情怀。科学发展观的核心和灵魂是以人为本，我认为我们的教育还没有做到以人为本。目前的教育是“见分不见人”，甚至于不把人当人，如果把人当人，就不会让孩子起那么早、睡那么晚，让孩子们没有休息日；就不会让孩子做那些重复的、简单的练习和作业。所以说，我认为科学发展观在中国实现的重点和难点都是在教育。

记　者：导致教育不把人当人这一问题的根本原因是什么？

朱永新：我们对整个社会发展的规律、对教育发展的规律的把握还不够，尤其是对教育的本质——教育到底是做什么的，我们还没有思考清楚。教育是能够真正帮助人类生活得更美好的事业，你要用这个标准来衡量自己的教育工作。人类越是进步，就应越珍惜生命、越珍爱环境。可现在却恰恰相反。为什么？就是因为我们更多地把教育作为一种工具，作为经济竞争、生存竞争的工具，而不是把教育作为一种真正“人”的事业。各个国家的教育改革很少真正地去考虑教育应该怎样让人更加珍爱生命。现在小孩子动不动就自杀或拿刀捅向自己的亲人，这在几百年前是很少见的，这就反映了我们教育没有对准人。

记　者：对大学教育来说，现在在一些学校，本科教育也已经变成围绕考研的应试教育，可以说这是中学应试教育的延续。

朱永新：现在我们在评价大学时，有一个重要的标准，叫做考研率，这是很荒唐的。因为，第一，每个大学的培养目标不一样。第二，大学到底应该做什么，不能把大学作为中学的延续，继续走应试教育的道路。实际上，中国的大学生是全世界所有大学生中最轻松的，你别看他有考研的压力，考研只对那些准备考研的人有压力，大学生活对绝大部分学生来说是很轻松的。到了大学，很多人开始没有了方向，开始混日子，谈恋爱的、迷恋网络的，各种各样的都有，这与大学教育很有关系。国外大学一门课程，至少要写三到五篇论文，要讨论很多次。可是，在我们的大学里，很少有这样的要求。

记　者：这是什么原因导致的？

朱永新：这就是要回答大学到底应该做什么的问题。教育的目的是让人类生活得更美好，让人类活得更有尊严和价值，因此培养人的各种能力应该成为教育最重要的内容，大学也应该如此。大学和中小学不一样，中小学更多的是打基础，大学更多的应该是培养学生的创造性、培养学生的各种能力、培养学生的服务精神。可是我们在这方面的实践太少。

记　者：有人认为，如果没有高等教育的改革，没有高考制度的改革，基础教育的改革效果是很小的。对此您怎么看？

朱永新：这个问题要从两方面来看：从大的方面来说，整个中国教育问题的“牛鼻子”是高考制度。现在是高考制度在牵着中国教育走，大家把高考作为衡量一切的最重要的标准，衡量学校、衡量教师、衡量学生。我曾经讲过，“庆父不死，鲁难未已；高考不改，教育难兴”。所以，高考制度的改革是一个非常迫切的问题，中国高考制度需要深刻的变革。而另一方面，尽管高考制度存在，在这个框架下，我们自身仍要寻回教育本来的价值和意义，立足于课堂，立足于学校，有所作为。

记　者：这种立足学校的改革是不是能在很大程度上改变见分不见人的情况？还是只能产生很小的影响？

朱永新：制度的问题要用制度来解决，制度问题仅仅靠观念是很难变革的。所以，我们还是期待着能够有一套较好的高考制度。

记　者：好的高考制度具体的设想如何？

朱永新：第一，应该取消高考的文理分科，这意味着中学就不应该搞文理分科的教学。我国的中学理科难度是世界上最高的国家之一，这样一来，大量数学、物理学不会的学生就改学文科，学文科的就成为二等学生。而且分科以后，由于要应付高考，理科的学生不学人文和社科的知识，文科的学生很少学理科的知识，这就造成大学要补中学的课，就造成我们现代的大学生知识面非常狭窄，在大学里面文科学生对自然科学不懂，自然科学学生没有人文的情怀，那么，今后我们就很难有真正意义上的大师。真正的大师要文理综合，要有广博的知识。我觉得在中学阶段，数理知识没有必要学那么细，不要按照从事这方面研究的知识水平来研究。事实上，80%以上的中学毕业生都要做普通的公民，对他来说，掌握作为一个公民最需要的知识才是最重要的。

记　者：有很多家长反映，现在每个省市高考制度的变化很快，每年都在变，学生和家长很难适应，他们呼吁高考制度要相对稳定，不能总是变化。

朱永新：我赞同这个想法。高考关系到千家万户，要变化，必须广泛征求意见，不能说全民公决，起码要进行广泛的论证，教育行政部门要听取社会各界人士、学生代表、家长代表、人大、政协的意见。一个好的高考制度，应该非常透明，非常公开，要经过广泛论证程序才能出台，要有一个科学的决策机制。

记　者：我们的改革可以怎样进行？

朱永新：我们要鼓励区域性小规模的学校改革，以此来发现典型，逐步推广。如果我们的领导更多注重民间的改革、民间的智慧，他们会变得更聪明，他们的决策会变得更有成效。因此我觉得要多倾听民间的声音，多倾听教师的意见，多倾听孩子们的意见，这是最聪明的做法，也是最有成效的做法。所以说，宁愿走慢一点，也要少走一点歧路，少走一点错路。我们一定要学会倾听，倾听改革中人的声音，尤其要倾听学生和老师的看法。

记　者：现在很多人谈教育的时候，马上会想到钱，说我们现在钱不够，制约了教育的发展。您认为应该怎样解决钱的问题？

朱永新：从教育内部来说，我一直坚持一个观点，现在公办大学太多。我曾经反复提出要卖掉一部分大学，把卖大学的钱拿出一部分给中小学，这是经费内部调整。现在民间资金很多，想投资大学的人很多，而要办一所大学，需要层层审批，花很多的精力才能办一个专科学校。为什么不能让学校走向民间，让真正有实力的人进入这个领域呢？

记　者： 上次我与一位专家谈到这个问题，他认为要走到这一步可能会花比较长的时间，至少在近期不容易做到。虽然从长远看这是一条出路。

朱永新： 主要是担心风险。其实目前科研院所已经基本完成了转型。大学的转型可以先拿几个有影响的做试点，做股份制的改造。一所大学不行，可以先拿一个学院试点。现在苏州大学一个学院已经做了这样的改造，非常成功：教师收入翻了一番，学生规模翻了几番。

记　者： 这种改造会不会出现独立的二级学院问题？独立的二级学院已被指责为招生腐败的黑洞之一。

朱永新： 独立的二级学院是仿造名牌大学的问题，我不赞成。这样一办，其他学院就办不下去了。而我们的想法是谁愿意办独立学院，就得从大学先转型出去，不再是学校的二级学院，是独立学院。比如，有人出 5 000 万元，可以占 60% 的股份，就是这样进行改造。

记　者： 我们不要在教育体系里出现一个双轨制。

朱永新： 我们现在是穷国办教育，国家拿不出更多的钱办教育，就要用最好的政策，吸引最多、最大的民间资本进入教育领域。教育政策只要是限制了民间资本进来，就不是好政策；而能让更多的民间资本进入教育领域的教育政策，就是好政策。所以说，我主张停止名校办民校，停止独立学院，办独立学院就要优先转制，吸引民间资本进来。现在大学收费实际上已经很高了，学校不能通过提高学费来获得办学经费。民办大学也可以是非赢利的，很多教育资本进入教育领域，并不是为了赚钱，有些人就是为了做品牌。我们为什么不能把好的大学，给那些想为中国教育出力的人？他可以建立他们的品牌，甚至大学的名字都可以改。我们要鼓励社会资金包括个人资金进入教育领域。我们一定要把这个机制建立起来。

重建教育财政是唯一出路

2007年1月12日

媒　体：《上海证券报》

采访者：宫　靖

现在我国的民办学校和公办学校之间是没有可比性的，除了基础设施、管理以及小班化以外，我们的民办教育质量在中国是没有竞争力的。原因就在于公办教育没有给民办教育留下发展的空间。

记　者： 2004年“两会”期间，您的提案《停止名校办民校》引起了教育界的普遍关注。您认为“名校办民校”发生的最初土壤是什么？

朱永新：“名校办民校”最初的出发点有其合理性，即解决群众想接受优质教育的问题。因此，当时教育部门对“名校办民校”是支持的。

当时出现“名校办民校”现象的另一个重要原因就是初、高中的分离。当时很多高级中学的初中剥离出来，为了保证生源，初中就变成民办了，或者变成“假民办”了。这样一方面解决生源问题，另一方面解决经费问题，一箭双雕吧。

但是，随着民办教育的兴起，2003年《民办教育促进法》颁布后，“名校办民校”就没有存在的合理性了。因为它的存在会对真正的民办教育形成冲击，导致它们办不起来。公办教育过多介入民办教育的市场后，民办教育没有了生存空间，这是肯定的。实际上很多大学的独立学院、二级学院也是这样的。这是政府直接干预市场，这对真正的民办学校是不公平的。

记　者： 我国《民办教育促进法实施条例》对民办学校作出了“四独立”的要求，分别是独立校园、独立财务、独立法人、独立招生发证，其中并没有要求资产独立和教师独立，您认为判定民办学校身份的关键点在哪里？

朱永新： 当然也要有独立财务和独立法人，但我认为资产独立和教师独立是“四独立”的前提，做不到资产独立和教师独立就是假的民办教育。

记　者：现在的形式往往是老学校的校长委派一位退休的副校长到新学校担任法人代表，就称为所谓的独立法人，这种形式是“真民办”吗？

朱永新：这要看委派后，实际的领导权在哪里，这很重要。是不是独立领导权？是要向老校汇报，由母体学校来决定，还是有一个独立的董事会来决策？现在绝大多数“名校办民校”是母体学校在掌控，法人治理结构还没有完全形成。

记　者：一位“名校办民校”的负责人曾说，学校继续存在的重要理由是“继续满足社会对优质教育资源的需求”，如果只是坚持公办学校就近入学原则，等于剥夺了人们花钱上好学校的权利。

朱永新：那得问问学生的家长愿不愿意缴那么多钱上“名校”办的“民校”啊！还有一种办法，就是把这种学校办成真正的民办学校。

记　者：事实上现在这种情况下“真民办”办不起来啊，办一家死一家。

朱永新：办不起来的原因就是假民办造成的。现在叫停“假民办”，就是要给真正的民办学校留下空间。“真民办”只有两条路，要么辉煌，要么死亡。因为“真民办”做不起来就得死，而“假民办”没有这样的风险。

但是，现在我国的民办学校和公办学校之间是没有可比性的，除了基础设施、管理以及小班化以外，我们的民办教育质量在中国是没有竞争力的。原因就在于公办教育没有给民办教育留下更多的发展空间。

记　者：新修订的《义务教育法》第二十二条规定，县级以上人民政府及其教育行政部门不得以任何名义改变或者变相改变公办学校的性质。但是，目前似乎没有法规说明以往已由公办“名校”改成“民校”的，今后应该怎么办。

朱永新：我的建议是首先叫停，不能再有“名校办民校”。就是先要把车刹下来，然后再想办法整顿已经上车的学校。这些已上车的学校，最好的办法是完全变成公办学校，次好的办法是改变成真正股份制的学校。

记　者：现在一些“名校办民校”确实也引进了部分民间资本，搬离了母体“名校”的校园，这能算真正的民办学校吗？

朱永新：这里有个“真股份”和“假股份”的问题。“真股份”就是要有真正的民间资本进来，新学校的教师与过去公办学校的教师身份脱钩，工资关系也斩断，都要纳入民办教育体系。“假股份”就是虽引进了民间资本，股份有多有少，但教师身份仍然没变。这些“假股份”学校对“真民办”来说，同样是不公平竞争。

记　者：您好像特别注重教师身份这一点。

朱永新：当然很重要，你有这个身份，人家才愿意来这个学校；你没有这个身份，人家就不愿意来了。

现在老师愿意来“名校办民校”，说白了是因为这些学校第一是公办学校身份，第二是民办学校待遇。那它当然有吸引力喽。

记　者：你的看法是“假股份”必须全部转为“真股份”？

朱永新：对啊，这类学校要和老学校申请脱钩，然后进行资源的重新整合，这个不是不可以的。我们的立达集团就试图按以下方法重新整合：第一步变成股份制，第二步逐步使工资、教师的身份独立。现在我让他们施行的办法是：老人老办法，新人新办法。老人我没办法让他们变成民办的，但是刚进学校的新人就按民办学校教师身份进行聘用。若干年后，这两个核心问题就解决了，学校就改造成真正意义上的民办学校了。老校可以有股份，这个要尊重历史，改革完全不尊重历史，也是不现实的。

记　者：为什么叫停了“名校办民校”，又滋生这种新类型的“名校出资办民校”？这类学校出现的根源是什么？

朱永新：这个问题的实质，就是一个教育财政的问题，即钱的问题，政府没钱啊，教育部门穷啊。现在各地教师与公务员的收入差距还比较大，各级教育行政部门还有政府为什么办民校，很大部分原因是想由此腾点经费出来，给教师多发点儿奖金，提高他们的待遇，尤其是给薄弱学校。如果政府能保证所有学校的公共经费运转、教师收入与公务员持平，不需要完全一样，基本持平就行，那么，我相信，所有学校全部变成公办，实际上就是一张纸的事。

记　者：是不是在“名校办民校”问题上，教育部门在一定程度上是替政府受过？

朱永新：对。我曾经提议将有些“民校”办成公办学校，但困难非常大，为什么？财政没钱啊，教育局长和我说，你财政给我钱，我马上变成公办学校。政府公共财政应该把所有公办学校的基础设施全包了，使教师收入与公务员持平，把学校运转经费全部管起来。政府把这三个问题解决了，我想校长们也没必要办什么“民校”了，教育行政部门也没必要挨那个骂了。

这是我国教育财政机制和体制上的一种缺陷，所以要重新思考和建设中国的教育财政，这是解决这个问题的唯一出路。

经济发展背后的教育

2007年9月20日
媒　体：新浪网上海频道
采访者：于心　浩羽中

学校是培养人的地方，读书需要清净、幽雅的氛围。明智的办学人都会不遗余力地营造良好的、景物宜人的环境，或造亭台，或置山水。

记　者：朱市长，您好！首先感谢您在百忙中能参与我们的节目，接受我们的访谈！

朱永新：主持人好，听众朋友们，大家好！在这里，我要感谢本次节目给我机会，来向江、浙、沪三地长三角的听众介绍苏州教育事业的发展情况，与大家一起分享我们所取得的成果。同时，我也非常愿意和主持人、听众朋友们一起就苏州教育方面的问题进行探讨！

记　者：朱市长，我知道您还是全国政协常委、民进中央常委。但除此之外，我听说您还有很多别的头衔，您自己知道吗？

朱永新：是吗？我想那是大家对我的嘉许吧。

记　者：既然朱市长这么谦虚，那我在这里不妨向大家介绍一下。朱市长还是我们苏州大学的教授、博士研究生导师，中国教育学会副会长，教育部教师教育专家委员会委员，教育部心理学教学指导委员会委员，新教育实验发起人，台湾本土心理学研究顾问。他在国内外学术刊物上发表论文200多篇，曾多次主持联合国教科文组织委托研究项目、国家自然科学基金项目、国家社会科学基金项目及省级研究项目，并多次获奖。朱市长，这些头衔和成就都和教育有关吧。

朱永新：是啊。苏州是一座著名的历史文化名城，有着丰富的文化遗产；同时她又是一座文化教育名城，有一部值得自豪的教育发展史。苏州自古就有重视教育的优良传统，教育事业一直比较发达，读书重学蔚然成风。“化民成俗，莫先于兴学育材。”隋唐开设科举之后，苏州官吏名儒、仕人志士，多有兴办学校之举。北宋名相范仲淹创办苏州府学（即今天的苏州中学），延聘名家胡瑗掌校，首开东南兴学之风。明清以后，重教之风愈加兴盛。在今天的苏州中学校园里，仍保留有许多历史文物和古迹，这是一笔很珍贵的财富，她既是苏州教育发展的历史见证，也是苏州城市文化遗产的一个组成部分。毫无疑问，保护和发掘这些文物和古迹，弘扬前人的办学精神是一件很有意义、很有价值的事，也是我们义不容辞的责任。

记　者：那我们如今是怎样秉承先人的教育理念，同时又锐意创新，把这种理念融入教育现代化进程中的呢？

朱永新：学校是培养人的地方，读书需要清净、幽雅的氛围。明智的办学人都会不遗余力地营造良好的、景物宜人的环境，或造亭台，或置山水。教育新学改办之初，常利用旧的衙门、会馆、机关等场所因陋就简上马，而这些地方蕴涵着丰富的历史和人文因素，给学生以教育和启迪。苏州的学校里有很多文史景点可供参观、学习，例如第十中学曾是织造署衙门，其中西花园太湖石假山瑞云峰为吴中之冠；第一初中曾是安徽会馆，其中惠荫花园的水假山最为有名。这些名胜古迹有些已经成为各级文物保护单位，它们是先人留给我们的宝贵遗产，是陶冶爱国主义高尚情操的载体。

记　者：现代苏州的教育事业继承了悠久教育史的精华，并且在创新中不断探索新的突破，一项项令国人羡慕的教育成果也让苏州这座教育名城焕发出新的光芒。朱市长，您能给我们简要回顾一下从古至今苏州教育所取得的卓越成就吗？

朱永新：尊师重教自古以来就是苏州的优良传统，历史上苏州曾出过2 000多名状元、进士，当代苏州籍的两院院士就有80多名。新中国成立后，特别是改革开放以来，苏州的教育事业得到了长足发展，基本上实现每十年上一个新台阶。去年苏州在全省率先普及15年基础教育，高中阶段教育毛入学率达到93.4%，高等教育毛入学率超过50%，教育各项主要指标均已达到世界主要发达国家20世纪90年代中期水平。苏州先后获得全国职业教育先进市、高中教育先进市、幼儿教育先进市、特殊教育先进市等荣誉称号，并被确定为国家城市教育综合改革实验市、农科教结合示范区和江苏省素质教育实验区。教育事业的不断进步为苏州经济社会的快速发展提供了强大支撑。

二十多年来，苏州 GDP 年均增长 14.3%，财政收入年均增长 17.7%。去年，全市实现 GDP3 450 亿元，人均 GDP 按现行汇率折算超过 7 000 美元，地方一般预算收入达 219 亿元，教育引领经济社会发展的重大作用得到了充分体现。

记　者：世人都把苏州比喻为天堂般的城市，但如今在苏州这座人间天堂里，还矗立起一座教育新城，她就是苏州工业园区独墅湖高等教育区。目前在国内，像苏州独墅湖高等教育区这样聚集了众多国内外一流名校的地方也是不多的。给我的感觉是，以后，我们苏州的学生没有必要远涉重洋，出国留学了。朱市长，请您也来给我们描绘一下，独墅湖高教区有着怎样一幅发展蓝图呢？

朱永新：苏州独墅湖高等教育区规划的是一个城市，是一个突出了教育功能的城市。高教区规划设计的理念融进了剑桥、牛津等国际名校的建设经验，整个高教区 10 平方公里，基本上分作 4 大区域，即 3 平方公里为研究生教育基地，3 平方公里建设创业园地，2 平方公里为苏州大学新校区，其余则建设教学科研和生活服务配套设施。按规划，高教区以星湖街为界，街西建成高、中、低 3 个密度档次的住宅区，街东为教学科研用地，东北部建成高密度的师生住宅区，整个高教区将布设 4 个商业文化中心。

在推进中，高教区正实现着校园建设与城市建设同步，城市开发与人力资源开发的统一。到 2010 年这里将汇聚近 20 所国内知名的高校和科研院，但人们永远也不会看到围墙；这里将入驻 8 万人口，而其中 5 万是学生，3 万是教学人员和普通的居民；到那时这里出现的是一种城校交融、彼此互动的融学、研、产、住于一体的新城市形态、新校园形态。

记　者：怪不得苏州独墅湖高等教育区能成为一座知名高校瞩目的新城，原来是有了这样一幅宏伟蓝图啊！那么，除了富有前瞻性的规划以外，您认为这座教育新城吸引众多知名学府纷至沓来的根本原因是什么呢？

朱永新：“政府搭台，高校办学，运作市场化，后勤城市化”，这是开发高教区的原则，在此原则下，高教区追求办学过程中的 4 个为主：培养研究生为主，开发紧缺专业为主，倡导中外合作办学为主，招生以计划外的为主。而培养的主要专业方向目前已集中在软件、微电子、工商管理，此后将拓展到生命科学及其他管理学科。截至目前，与高教区签订协议的高校和科研机构有 13 家，他们是中国科技大学、南京大学、西安交通大学、北京大学、复旦大学、中国人民大学、苏州大学等，其中 6 所在中国高校排名榜中位居前

10 位。以这些高校为纽带，高教区与香港及国外的一些著名高校也建立了联系，进行中外合作办学、内地与香港两地的合作办学，如香港大学、香港城市大学、新加坡国立大学、英国华威大学、英国利物浦大学、美国代顿大学、美国摩托罗拉大学、爱尔兰列姆里克大学、法国地中海大学等。

记　者：朱市长，苏州本身也有自己的高等学府，苏州大学在海内外也具有一定的声誉，那为什么还要开发独墅湖高等教育区？

朱永新：十年来，苏州经济高速发展，苏州工业园区区域经济更以年均45%左右的速度飞速增长。为构筑苏州的人才高地，满足苏州，特别是苏州工业园区经济社会发展对高层次人才的需求，苏州市委、市政府在 2002 年 7 月决定建设独墅湖高等教育区，以此吸引国内外知名的研究型大学及其研究机构、企业研发机构进入该区，共同探索、建立高层次创新人才的培养模式和产学研一体化的新机制。

记　者：近年来，苏州市委、市政府牢固确立“发展教育也是发展经济，而且可以更好地发展经济”的理念，坚持像抓经济一样抓教育，坚持贴近经济办教育，统筹发展基础教育、职业教育、高等教育、成人教育、农村教育等，形成现代化大教育格局，不断强化教育服务功能，为苏州经济提供智力和人才支持。朱市长，在这方面，苏州的具体做法有哪些呢？

朱永新：一是适应经济发展需要，加快发展高等教育，遵循稳步、健康、快速、协调发展的方针，坚持加大政府投入为主、多渠道筹资为辅，积极吸引民间投资主体直接办学、多种投资主体合作办学、多元化发展高等教育，构建与苏州经济社会发展相适应的高等教育体系。目前在苏州高校已达 21 所（含二级学院），在校生已突破 10 万人。全市 5 个县级市实现“市市有高校”，仅昆山市就有 3 所民办高等职业院校。

二是从苏州的经济结构和产业特色出发，大力发展职业教育，以服务经济结构调整和技术进步为重点，调整职业教育布局结构，构建现代职业教育人才培育体系。实施各类职教资源的优化重组，先后撤并、重组中等职业类学校 48 所，新建各类高等职业院校 8 所，推进职业教育向优质化、规模化、本土化方向发展。紧紧围绕企业的发展需求，建立和形成电子信息、机电一体化、自动控制等一批专业群，并坚持校企合作、产学研结合，实行对口招生、定单培养，优化人才培养结构，就业率保持在 96% 以上，保证人才需求与经济发展相适应。全市 13 所高等职业院校每年招收各类专业人才 1.6 万人，为全市经济社会发展各个领域输送人才近万人。同时，以陕西榆林、四川成都、江西上饶、江苏苏北等地生源为对象，每年协作招生 5 000 多人，绝大部分毕业生在苏州就业。

三是围绕培养急需人才和高素质人才，建立高层次人才培养基地。为适应开放型经济和高新技术产业加快发展对高层次人才的需求，我市在 15 个国家级、省级开发区先后投资 20 亿元兴建了 20 余所国内一流的现代化学校，从 2003 年开始，又在苏州工业园区和高新区分别建设独墅湖高等教育区和苏州职业教育培训基地，加快培养高层次研究型和应用型人才，提升教育为经济建设服务的层次和质量。独墅湖高等教育区的情况刚才已经介绍过了；目前苏州职业教育培训基地已入驻院校 9 所，入驻师生 3 万人。

四是着眼于提高劳动者素质，构建终身教育体系。作为国家终身教育实验市，我市在加快完善学校教育系统的同时，积极发展上岗前就业培训和职后教育，努力构建以就业培训和职业培训为主的社会教育网络。全市建成国家级社区教育实验区 1 个，省级 5 个，市级 25 个。我市大力开展劳动力培训，全面提高劳动者素质，近五年全市成人教育培训总量突破 500 万人次，培训农村科技致富骨干近 10 万人，农村劳动力转移培训超过 30 万人次。去年，全市新增劳动力人均受教育年限 14.3 年，达到国内领先水平。

记　者：通过您的介绍，我们感受到苏州市政府对教育的投入和扶持力度是非常大的。其实，很多市民也切身感受到了，大家看到苏州城乡的破旧学校越来越少了，取而代之的是一座座校舍整齐、功能完备、师资雄厚的现代化学校。据我们了解，经过十多年的艰辛探索，苏州教育现代化建设顺利实现了从示范校、示范乡镇向示范县、市、区的高水平普及、高位均衡方向发展。朱市长，苏州是如何统筹区域教育现代化和学校现代化建设的？

朱永新：“十五”以来，苏州围绕构建完善的现代国民教育体系和终身教育体系，加大教育投入，年均预算内教育经费增长超过 18%，财政性教育总投入 183 亿元，全力推进教育现代化。

一是加快教育信息化步伐。投入 10 亿元专项资金用于学校信息化建设，在全省率先建成覆盖城乡的教育宽带网，实现了独立建制以上中小学 100% 建有多媒体教室，农村中心小学以上学校 100% 接入 10 兆以上光纤，省实验小学和省重点中学以上学校 100% 建成校园网，各县级市、区 100% 建成教育信息中心，基本建成以校园网和总体网为依托的信息网络化平台，推动了教育发展优质化。

二是着力建设高素质教师队伍。认真实施“师表工程”，大力提高教师职业道德素质，提高教师收入，加大骨干教师和学科带头人的培养力度。全市涌现出在职省特级教师122名，省级名教师5名，市级“名教师名校长”100名，学科带头人400余名。加强教师学历教育，全市基础教育学校教师学历达标率都超过95%。

三是大力推进教育均衡化发展。从建设示范学校和改造相对薄弱学校入手，确保义务教育均衡投入，促进地区之间、各级各类教育之间、学校之间的均衡发展。调整教育结构布局，扩大优质教育资源的覆盖范围，全面实施素质教育，全市各级各类优质教育资源覆盖率超过60%。高度关注流动人口子女的教育，坚持以流入地政府管理为主，坚持以公办学校吸纳为主，全市公办学校吸纳流动人口子女达11.5万人。以公办学校与民办学校结对办学等形式，支持社会力量举办规范的流动人口子女学校，全市建有各种民工子弟学校137所，基本满足进城民工子女接受义务教育的需求。

特别值得一提的是，苏州还率先在全省普及15年基础教育。在2006年秋季学期开始时，苏州还全面推行免费义务教育，这一政策已普惠60万学子，其中还包括18万新苏州人子女。

记　者：真是一项了不起的成绩啊！

记　者：人文荟萃，教育先行的苏州将凭借其日益强盛的经济实力，继续争做全国教育的“领头羊”。同时，我也相信，我们的政府、我们的人民也愿意在发展教育事业等方面与长三角地区一起比翼齐飞，共同开创美好的未来。

转制学校路在何方

2008年1月
媒 体:《教育信息报》
采访者: 言 宏

就近入学是国家为确保义务教育均衡发展而确立的一项基本原则,国有民办学校虽然在初期对于扩大优质教育资源起了一定的作用,但是它同时在一定程度上刺激和强化了家长的择校心态,使择校费年年攀升,加重了老百姓的教育负担。

记 者: 目前,国有民办的学校有很多种类型,有的是转制学校,有的是"名校办民校",有人认为他们是畸形发展的。2004年3月,全国政协十届三次会议时,您提出应停止"名校办民校"的提案,在全国范围内掀起了声讨"假民办"的热潮。目前,全国范围内都出现了国有民办学校退回纯公办学校或改为纯民办学校等现象,特别是在央视"焦点访谈"曝光江苏南通两所"假民办学校"的问题之后,南京市紧随其后在5月份勒令六所假民办学校停止招生。这一举动引发媒体的高度关注和公众的热烈讨论。对此您怎么看?您认为国有民办学校存在与发展的主要问题在何处?

朱永新: 我认为这种现象是好事。不管是退回"公办",还是改成"纯民办",都是归队,学校不能公立民营的好处兼得。

我在提交这份提案前,曾在一些教育网站上进行过公示,引来各方评说。我认为不要再审批新的"名校办民校",对原有的"名校办民校",要么改造成真正的民办学校(含股份制学校),要么改造成公立学校;同时,制定有效的管理措施和监督机制,确保"名校办民校"的教育收益投入到本地区基础教育的发展中,而不是挪作他用。这引起了社会各界的极大关注。

我认为现在国有民办的学校,与国外的政府把比较困难的公办学校交给民办教育机构经营有很大的不同，我们很多是公立转制学校或是名校办的民校。名校的优质师资是由国家培养出来的，名校的形成也是国家长期支持和倾斜的结果。而国有民办学校在一定程度上就是在利用国家培养的师资和长期积累的优质资源去赢取家长手中的钱，这样将使义务教育的实现大打折扣。

就近入学是国家为确保义务教育均衡发展而确立的一项基本原则，国有民办学校虽然在初期对于扩大优质教育资源起了一定的作用，但是它同时在一定程度上刺激和强化了家长的择校心态，使择校费年年攀升，加重了老百姓的教育负担。另外，它也导致一些普通公办学校大批优秀生源的流失，进而越办越差，从而形成恶性循环。

国有民办学校还对现有的民办学校造成冲击，因为有些学校教师基本上是由国家发放工资，许多资源包括无形资产都是由政府无偿给予，用国有义务教育资源办高收费学校，将使现有的纯民办学校无法生存。如果“国有民办”之风盛行，将很难吸引更多的社会资金投入纯民办教育，这对整个教育的发展很不利。尤其是在穷国办大教育的背景下，我们更应该吸引民间资本进入教育领域。

五年前，一些城市的名牌中学开始办起民办初中，其师资、校舍和财务基本归属于公办学校。据一些学生家长介绍，民办初中的收费高出公办初中数倍，但由于教育质量有保证，很多家长宁愿放弃普通初中而选择这些“名校”所办的“民校”。一位公办初中的校长认为，这些民办初中造成学生家里有钱就可以自由择校的状况，有悖于教育公平，也不利于教育资源的均衡配置，使很多普通的公办初中生存艰难。这些“假民办”学校利用国家的办学设施和条件，由公办老师上课，收费却高出公办学校十几倍甚至更多，影响十分恶劣。更关键的是民办初中越来越多，使择校风不断盛行，而公办初中也在民办初中的挤压下生源寥寥，难以生存。所以清除“假民办”学校势在必行。

记　者：苏州市在国有民办学校改制过程中碰到的主要障碍是什么？是如何解决的？

朱永新：主要的障碍在于人们的认识问题，主要是部分领导与一些教师想不通。最后我们采取了“老人老办法，新人新办法”的策略。这是指原来已经在名校办的民办学校的教师仍然保持国家教师的身份，档案在教育局，工资待遇不变，只是全由学校支付。新教师们的档案在人才交流市场，以后将按市场化操作。

记　者：同是国有民办学校，是转为公办学校还是纯民办学校，其依据是什么？

朱永新：国有民办学校不利于纯民办教育的顺利发展，所以，是转为公办学校还是纯民办学校，要依据当地的经济和公办学校的情况而定。

我个人认为，一看当地政府的经济实力。当地政府如果财政实力比较薄弱，对教育的投入很少，则国有民办学校可改为纯民办学校，因为这样可以吸引民间资本。而当地政府经济困难，百姓支付能力差，那么若是国有民办学校处于义务教育阶段则应转成公办学校，非义务教育阶段的则可改成纯民办学校或股份制学校。

二看当地优质教育资源的多少。若当地公办优质教育资源不到 50%，则转成公办学校；若公办优质教育资源达到 80%，可转成纯民办学校。特别是一部分学校，如果在整个的体制、机制方面的改革探索卓有成效，政府也没有继续给予资金方面的支撑，且逐步有社会资金进入，学校运行也是按民营来做的，就应把它们推向民办学校，不要再挂国有民办学校的名称了。

就苏州市来说，我们鼓励义务教育阶段的学生到公办初中读书，初中布局已基本能够满足学生的需求，每个“小升初”的学生都可以在公办初中有一个相应的“学位”。苏州 4 所国有民办学校，基本上是原来的完全中学分流过程中成立的，基础比较好，属于“名校办民校”的类型，其学生占生源总量的 14%，苏州经济发展虽然不错，但这几年主要发展了高等教育。要把 4 所国有民办学校都转为公办学校，政府财力有点吃不消。所以，就进行了股份制办学的试点。我们准备逐步进行转制的探索。

记　者：您认为，在国有民办学校转制过程中，最难办的问题是什么？

朱永新：一是产权要明晰。国有民办学校的产权不明晰，增值部分算谁的？现在，国有民办学校办学最长的已经有 10 年了，校长面临换届或退休，许多校长的心态很不平衡，他们可能会在换届或退休前发生国有企业曾经发生过的问题，如大量发钱不考虑学校的可持续发展等。所以，转制学校一定要产权明晰。二是教师利益的保证。要保证教师的切身利益不受到伤害。三是学生利益不能受到伤害，要为他们找好学区，制定好标准。

记　者：政府在这些学校转制过程中应做些什么？

朱永新：政府应支持学校改制，应尽可能把国有民办学校改成公办的学校，扩大公办的优质教育资源，降低收费标准，把转制后的实惠还给老百姓。在这个过程中，政府要防止国有资产的流失，用公允的方法保证学校的产权明晰，同时保护师生的利益。

特别要防止国有资产的流失。公有学校是国有资产，一般情况下国有资产都由有形资产和无形资产构成，无形资产是无实物形态的资本性资产，它能在未来较长的时期内获得经济效益。一个优秀学校的品牌一般是经过几代教职员工含辛茹苦树立起来的，因此名校的品牌毫无疑问是国有无形资产。由于以往国有无形资产长期被国有企业及类似学校这样的公益部门使用，并且没有实物形态，因此，在学校由国有民办转型时，无形资产的价值可能被有意或无意地忽略了。在改制中，存在低估和不确认无形资产的现象，更缺乏对国有无形资产的保护意识，同时，对改制的决策者缺乏有效监督，从而极易导致其利用所掌握的国有有形或无形资产为个人谋利，低估或不估无形国有资产价值，进而造成国有资产的流失。苏州在改制中就有效防止了国有资产的流失。苏州立达学校的无形资产就占了3 000万元。

记　者：不少教育界人士认为“国有民办”是政府对民办教育的一种支持，您怎么看这个问题？政府应该如何支持民办教育？

朱永新：我认为“国有民办”是政府对民办教育的一种支持这种说法不合适。在早期，民间资本没有进入教育领域，为了吸引民间资本，实行“国有民办”的改制是可以的，这是特殊时期的特殊政策。而现在，《民办教育促进法》和实施条例颁布了，民办教育发展不错，政府就应该退出民办教育的微观领域，让民办教育自身好好发展。

一位校长告诉我，民办学校的存在与否，不在于是不是有政府干预，而是在于它究竟有没有市场。不管是“真民办”还是“假民办”，学校的招生一直很火是一个事实。所以政府退出民办教育的微观领域后如何支持民办教育，应该有很多种模式。比如控制公办学校的规模，给纯民办学校生存的空间；给予资金资助，特别是在民办学校建设大的项目，而自身资金匮乏时；划拨部分学生的公用经费给义务教育阶段的民办学校；对办得好的民办学校进行奖励等。

记　者：您认为“国有民办”这种形式的学校以后的发展走势会怎样？

朱永新：这些国有民办学校的出路大致有三条：一是改为纯粹的民办学校（包括股份制办学），二是还原为公办学校，三是直接停办。我认为，取消“国有民办”，即“假民办”学校，是发展的必然。

当初，人们通过公立学校转制、“名校办民校”等方法，让家长交纳高额学费以使学生享有优质教育资源，其目的，一方面，是可以解决择校问题，另一方面，所回收的巨额资金又可以用于改造薄弱学校，做大优质教育资源，提高全民教育办学质量。现在我们自然可以想到“民退公”的原因是：“公办转制”或“名校办民校”的高收费，将穷人排斥在优质学校门外，这违背了教育公平原则。比如，上海的优质教育资源相对充足，转制学校提高学费已不能适应上海教育发展的形势，那种挂着扩大优质资源的牌子，以高收费为转制目的的学校，已经丧失了它生存的依据。上海将 6 所学校退回为公办学校也是顺理成章的。

从目前中国的实际情况看，最好是教育行政部门统一领导，自上而下开展一些工作，这样可以加快做好这个工作的进度。

高等教育亟待新一轮改革

2008年11月12日
媒　体:《南方窗》
采访者:杨　军

改革可以大刀阔斧，也可以循序渐进，关键是要找准方向。我们高等教育的路究竟怎么走，改革的方向是什么，需要认真研究。

发展中的问题

记　者: 中国恢复高考已经31年了，距《中共中央关于教育体制改革的决定》公布也已经23年，您如何评价中国的高等教育现状?

朱永新: 平心而论，中国高等教育的发展总体上有了很大进步，取得了很大的成绩，可以说已经从精英化走向大众化。在国际上，一般来说毛入学率达到15%，就算是大众化。2007年，中国高等教育的毛入学率为23%左右。从数量上来说，我国高等教育有了非常大的飞跃。这么多年来，通过“211工程”和“985规划”等，高校的科学研究也有了很大的进步；通过教学评估和学科建设，高等学校的教学管理逐步规范，教学水平稳中有升。高等学校在帮助弱势群体方面也做了大量工作，教育部承诺要让老百姓上得起大学，并且出台了一些政策，比如助学贷款等。

但是目前中国的高等教育还存在下列一些问题:

第一，高等教育行政化倾向比较突出，高校分为副部级、正厅级学校等，行政级别色彩非常浓，校园内部的行政色彩也非常浓，学术的中心地位受到影响，高校的学术氛围、学者做学问的兴趣都受到了影响。

第二，相对来说，整个高等教育的分类管理还不够，各种大学趋同化情况严重，所有大学都向综合性大学发展，学校特色不明显，学校间的界限越来越模糊。

第三，一大批最优秀的人才还没有加入到大学教师队伍中来。目前各级科学院、社科院、作协、画院等系统都是和大学分开的，也就是说，非大学机构聚集了大批知识分子。我认为，完全可以把拨给这些机构的款项拨给大学，把这些机构里的知识分子聚集到大学里面。上述研究机构里的学者、作家、诗人、画家等都应该在大学里面做教授。国外大学里有驻校作家、驻校诗人、驻校画家等等。更多的社会精英聚集在大学，这样大学才能更有人文气息和学术氛围。对于在上述机构工作的专家学者本身来说，大学的环境也会更加有利于他们的发展，而且这样可以使政府节约许多行政成本。

第四，大学教学品质有待于进一步提升。中国的高等教育从精英化向大众化进程太快，仅用了短短二十多年时间就完成了这个历程，而西方国家则经过一百多年发展才走完这个过程。高等教育的急剧膨胀，导致了一些问题，比如师资明显不足，造成一部分高校教师队伍鱼龙混杂，教学质量不能保证，大学的自主创新能力相对还不够强等等。我们的大学基本上还是延续了中学教育的方法，满堂灌的情况还很严重。可以说，我们的大学还是把知识作为起点。曾经有一个调查，中国大学生每月阅读量不到一本书，而且真正阅读专业类书籍的不到20%，阅读外文书籍的仅仅占9%，而美国大学生每周阅读量在500页~800页。

第五，少数高校学术呈现虚假繁荣。现在的一些教授往往同时在两三个学校任职，导致一个教授的成果可能在三个大学同时被计算，这种重复计算夸大了学术成果。教授可以在别的学校兼职上课，但是学术成果不应该作为兼职学校的科研成果。我认为，一个学校的兼职教授不能超过一定比例。

另外还有一些具体的问题。比如高等教育评估问题，现行的一些评估政策不符合实际，也不利于真正的竞争。而且，现在的各种教育评估，尤其是学位点评估等，往往成了学校之间的公共关系竞赛。“条件”不如“关系”，许多学校的主要精力不是建设而是“攻关”。再如大学债务问题，新一轮发展过程中，为了适应扩招的需要，相当多学校都建立了新校区，学校很大一部分精力都放在了借钱、还钱上，用在学校内涵建设上的精力就不够。2006年、2007年，我曾相继提出了《关于严格控制大学建设新校区的提案》、《关于尽快解决高校巨额贷款负债问题的提案》。国家对高校债务问题也很重视，陈至立同志在一次会议上表示，目前高校债务存在潜在的风险，要把高校负债问题提到议事日程上来。

弱化高校行政色彩

记　者：您刚才提到高等教育行政化倾向比较突出，确实，高校似乎越来越不单纯，学术腐败、官僚作风严重，造成这些现象的根源是什么？

朱永新：中国的干部制度一直是序列化的。一般都是科、副处、正处、副厅、正厅这样一级级升上去的，很难从破格的程序提升。如果要想和政府间人员流动，高校就必须有一个参考的级别。一直以来，中国公立高校的校领导都是有行政级别的。原来本科院校的党委书记与校长是正局（厅）级，近十年来，位列“985 高校”的大学成了“副部级大学”，其党委书记和校长成为中央直接管理的副部级干部。1999 年，进入“985 工程”第一期的高校只有 9 所，而到 2007 年，“985 高校”已经有 43 所。在某种程度上，副部级大学的出现，也增强了高校领导的官员定位与官员意识，大学校长又基本是上面任命的，这也强化了政府对高校的行政管理。现在高校的评价机构、行政机构可以说都是行政导向的。高校浓厚的行政色彩使原来学术气息浓重的大学校园不可避免会出现学术腐败和教育腐败问题。

记　者：从某种意义上来说，高校校长其实是作为官员来提拔和任命的，一些院长、系主任和教授也会在高校和政府机关间调动，如果取消大学的行政级别，这样的调动将以什么为标准呢？

朱永新：确实，取消大学的行政级别可能会使学者教授没有机会进入干部序列，参与公共事务管理。我认为有一种变通的办法，那就是对学术性机构应该给予特权，不要进入序列化过程，走非公务员系列。但大学教授可以做科长，也可以做处长、厅长。只要用人单位有一套完善的考评机制，职位要求和考评方式是明确的，这就具有可操作性。大学走行政序列在国外是没有的，有行政级别其实反而限制了很多教授进入行政序列的机会。

记　者：在现有情况下，怎样切入才能更好地弱化甚至去除大学的行政色彩呢？

朱永新：最好是能修改《高等教育法》，建立起大学的职员制。大学里应该只有少部分职员即管理人员，这些职员是终身制的，这些人应该参照政府管理，进行层级管理，有很大的晋级空间，但这种晋升以工资级别为主，不与职位挂钩。其他职员应该都是轮换的。大学里面很大的一个问题，是行政人员和专业人员界线相对来说是比较清晰的。我认为不应该把高校的行政人员和专业人员明显分开，而应该实行轮换。行政领导职务，比如教务处长，应该由教授来做，实行任期制，任期结束还回去做教授。教务处长和其他行政人员应由民主选举、校长任命。所有类似的岗位都由教授轮换。这样还能大大减少高校行政人员的数量，提高行政人员的工作水平。现在高校行政人员太多了，而且行政人员考评压力没有教授的考评压力那么大，因此，在高校，做行政人员在某种程度上似乎比做教授更有吸引力。

改革可以大刀阔斧，也可以循序渐进，关键是要找准方向。我们高等教育的路究竟怎么走，改革的方向是什么，需要认真研究。据我所知，有关部门已经开始在考虑修订《高等教育法》，我们期待这次修订会解决目前存在的一些问题。但改革是漫长的过程，高等教育达到理想的状态可能需要几代人的努力。

大学应分类管理

记　者：现在大学基本成了一个产业实体，您如何看教育产业化?

朱永新：大学不应该泛泛讲要不要产业化，因为不同的学校要求是不一样的，不能一概而论。目前中国的大学分类不是很清晰，大学应该分国立、省立、市立、民办，民办大学里面又分赢利性大学和非赢利性大学。公立大学就是政府的事业单位，是为老百姓提供公共产品的地方，经费应该由政府财政来提供支持，应该是完全的非产业。民办大学里面不赢利的也是不应该产业化的。赢利性的当然可以走产业化道路。所以，讨论大学应不应该产业化，首先应该对大学作一个界定和分类。非赢利性的不可以产业化，而赢利性大学则必须产业化，像美国的凤凰城大学。

记　者：但现在有个问题，就是在那些公立大学里，财政拨款并不足以支付学校的一切开支。

朱永新：这确实是个问题，也正因为如此，高校不得不想方设法取得额外收入。以高校招生为例，虽然高校没有完全意义上的招生自主权，但可利用120%投档、加分政策、特长生招生、2%机动指标等办法取得一定自由度。现在一些高校有5%～10%的点招生名额，只要学生够了提档线，就可以被录取。这种点招生的学生一般每人要交5万到10万元费用，这已经成为学校额外经费中不可或缺的一部分。

在国外，大学可以充分利用社会资本比如各种基金会的捐赠等，但我国的公立大学的基本预算不能依靠这个，公立大学的财政拨款不能搞差额。现在各级政府还不能完全保证拨款到位，原因之一是大学数量众多，财政负担沉重。如果把公立大学减掉一半，政府经费就没有那么紧张了。我主张大学要进行改制，保留 10 到 20 所国立大学，每个省保留 2 所左右省立大学，每个市保留 1 到 2 所市立大学。然后可以把其余的大学“卖掉”，交给企业去做，用企业精神改造大学，应该出台中国著名企业办大学免税等政策，这样大学和大学之间就有了真正意义上的竞争。

记　者：其实近十年来，中国的财政还是很充足的，用于高等教育的资金也不少，比如进入“211 工程”和“985 规划”的学校，都得到了大笔拨款。但我们提出要建 100 所世界名校是不是目标太高，目前全世界称得上世界名校的，也不过百所。如果把资金集中一些是不是效果会更好？

朱永新：香港科技大学只用了十几年的时间就成了世界名校。中国的一些名校得到的拨款很多，是完全有可能建成世界名校的，但现在很多学校都把钱用在硬件建设上。我认为大学的关键在学科，按学科瞄准世界地位，更容易吸引人才，所以大学应该按学科投入。“211”是按学校来评定的，如果按学科，可能效果会更好。

记　者：高校的创收还有一种模式，很多高校的研究生导师，特别是工科院系的导师都有拉课题的任务，给一些专心学术的老师造成极大压力，并使一些学者商人化，您如何看待这种现象？

朱永新：这种情况国外也有，国外很多高校也管教授叫老板。中国出现这种情况和中国现在的科研评价机制有关，太急功近利，科学研究往往周期较长，出成果可能要 5 年甚至 10 年，现在是每年评估，造成一些教授只注重包装，而不注重内在和长久的东西。在大学里面，对学者本身的评价，过分注重发表的成果、科研经费、课题等等，而忽视了学术界本身对他的认同。国外很看重一个学者在学科界的影响以及他的学术地位和学术威望。不同学科应该有不同的评价标准。有些学科科研周期长，有些周期短；有些学科和市场关系密切，有些不密切。所以不同学科应该有不同的评价标准，应区别对待。

记　者：如何让和市场关系不密切的基础学科有足够的资金发展，而又不是靠学者自己东奔西走拉课题呢？

朱永新：这个解决起来比较难。首先政府对科研的投入体制要有变化，对不同学科有不同政策，涉及基本理论、长远发展，政府要投入多一些，不能让这些老师面向市场，他们面向市场根本拿不到钱。其次，我们和大学配套的民间基金非常不充分。大学教授拿钱一个是从政府拿，重点面向基础性学科，和国家长远发展关系密切的；一个是直接面向市场的，可以交给企业家去做；还有一些学科介于两者之间，不属于基础学科，也不是直接面向市场，但社会上很多人对这些学科特别有兴趣，比如某些特殊的乡土艺术类专业，这样的学科要靠基金会。政府和企业都拿不到钱，就可以到基金会拿钱。也就是说让不同类型的教授从不同途径都得到资金。

记　者：现在中国社会的非赢利机构还不够发达，基金会规模也较小，从基金会得到大笔资金恐怕还不现实。

朱永新：教育的发展需要社会各方面的配套发展，现在可能是有一些外部条件不具备，但这是方向。政府可以出台免税等一些激励机制。

让民间资本进入

记　者：您前面提到高校转制问题，就是把一些高校交给企业去办。现在好像已经有不少民间资本进入了高教领域。

朱永新：是有一些，但中国的民间资本还没有真正进入教育领域。首先现在没有好的机制吸引民间资本进入。因为公办学校占了绝大部分比重，留给民间资本的空间就很小，先前进入的民间资本有许多在苦苦挣扎。其次，中国高等教育现在还是审批制，而不是准入制，一道道门槛使民间资本进来后风险很大，发展缓慢，很难短期实现办一流大学的目标。必须先办专科，专科一般两年，第一届学生毕业后，才有资格办本科，本科四年，第一届学生毕业后才有资格申请硕士点，这个周期太长，没有二十年是建不成一所好大学的。国家应该制定一个标准，招博士是什么条件，大学本科是什么条件，只要达到条件可以一步到位。就像办企业一样，不一定先办一个小厂，办好了再办一个大厂。国家应该注重标准的建立，而不是注重门槛的设立。可以对那些弄虚作假的学校开出黑名单，永远不得进入。再次，目前公办大学办了相当多的独立学院。这些独立学院其实是民营的，收费和民营学校差不多，但是挂着公办学校的金字招牌，这对其他民营学校是非常不公平的。所以真正的民办大学发展比较困难。政府应该放宽限制，鼓励更多民间资本进入高等教育领域。

记　者：独立学院现在好像也在萎缩，听说有些是因为母体学校收费太多而不胜重负？

朱永新：有这个原因，不少独立学院要给母体“交租”，很难处理好和母体学校的关系。独立学院往往处于弱势，赢利不大。

还有一些规定也不尽合理。比如规定独立学院要有500亩地。这个要求不太合理。国外很多著名大学只有二三百亩地。香港城市大学就100多亩地，招了将近2万名学生。看大学主要是看品质，而不是占地多少。

记　者：如果民间资本进入高等教育领域，并和公立高校在同一个标准下竞争，对公立学校也是一种促进。

朱永新：是的，这对高等教育发展应该是极好的促进。公立学校对社会的变化缺乏敏感，办得好不好政府都给钱，学校没有内驱力，缺乏改进的动力。民办大学就不一样，因为民办大学只有两条路可走——要么辉煌，要么死亡，没有中间路。学校要拿毕业生的就业率说话，靠自己的信誉让社会承认、让市场承认。最典型的是中欧国际商学院，他们没有经过教育主管部门批准就自己给毕业生发文凭，教育部门不予承认，所以早期中欧的毕业生没有教育部门文凭。但后来美国、欧洲都承认了中欧，认为它是中国最好的商学院之一，后来中国教育部门也就承认了。我去看过北京的吉利大学，他们现在也自己发本科和研究生文凭。应该鼓励他们探索，让社会去选择。只要它的毕业生有市场，学校就可以办下去。

参政为民

记　者：去年底，您被选为民进中央的专职副主席，作为民主党派领导人，能否给我们谈谈您参政议政的一些感受。

朱永新：我们国家是选举民主与协商民主相结合的一种民主形式，为社会各方有序参与提供了很多渠道。作为民主党派成员，如何积极履行参政议政职责，如何把履行参政议政职责与本职工作有机地结合，如何把参政议政与自己的学术研究统一起来，是我一直思考的问题。我认为至少要做到三个方面：

第一，立足专业背景，将学术研究、本职工作和参政议政结合起来，以学术研究促进本职工作，从本职工作中挖掘提案参政议政。最近五年，我是中国教育学会副会长，苏州大学、南京师范大学的教育学博士生导师，也是苏州市主管教育的副市长。作为学者，我发动了被称为“新希望工程”的新教育实验，与全国乃至外国教育研究者一起，探讨教育规律，从理论基础、实施难点层面，为政府制定教育政策提供决策参考。作为分管教育的副市长，我又从政府教育决策和行动中，寻找教育问题的症结所在，探讨教育问题的解决之道，并形成提案递交给全国政协。

第二，立足中国国情，将报国情怀、民主监督、建言献策统一起来。在参政议政、民主监督的时候，不能不顾国情。如果只是照搬西方经验，迷信书本理论，就会误国误民。只有将书本和实践相结合，将书生情怀和理性精神相结合，将中国实际和国外经验相结合，将及时性和建议的可行性相结合，才能真正有效地履行参政议政、民主监督的职责。

第三，立足民间社会，将国家大事、百姓生活、网络民声整合起来。不了解民间疾苦、民生百态，就不可能履行参政议政的职责。每年两会前夕，我都要在教育在线上正式征集提案和建议，主题帖叫“请为中国教育鼓与呼”，访问量很大，我的一些提案，都是通过网络征集的，有一些提案直接来自于网友的建议。

在担任全国政协常委的五年间，我撰写了大量以教育为主题的提案，被新闻媒体称为“撰写教育提案最多的全国政协委员”。

去年 12 月，我成为民进中央的专职副主席。今年春天，我转任全国人大常委。按照全国人口平均计算，大约每 45 万人才产生一名人大代表，常委就更少了，所以总觉得肩负着人民的重托，责任重大。我们民进有一句话叫“立会为公，参政为民”，我把它当做我的座右铭。

教育公平未完成

2008 年 12 月 7 日
媒　体：《东方周刊·社会时事》
采访者：陈琛　王开

社会应该从学历主义走向学力主义，让那些没有很高学历的人，同样可以做公务员，甚至做部长，可以受人尊敬。在尊重能力的前提下，便会有学历以外的更多的衡量指标，人们就不会都去挤高考这座“独木桥”了。

记　者：恢复高考可视作教育改革的发端之一。三十年来，围绕高考制度的争议也越来越多，改革呼声渐强，对此您怎么看？

朱永新：高考改革是一个牵一发而动全身的大问题，如何实现高考的公平，也有不同的模式。我认为，在不同的区域有不同的分数，本身就不公平。

我有一个观点，应当对国内大学进行分类管理，也就是分成国立大学、省立大学、市立大学等，国立大学对西部、农村招收定向培养大学生，保证边疆有人才资源。

记　者：从 2003 年起，全国有 22 所大学开始尝试自主招生。对此项高考改革，您如何看待？

朱永新：改革开放 30 年为什么取得这么大成就？最根本的是解放了生产力，而教育解放的力度相对不够，许多政策把学校的手脚捆起来了。我一直呼吁和提倡把招生的权力还给大学，这是社会民主发展的必然结果。

大学有不同的人才需求，不能搞简单的分数面前人人平等，要鼓励大学办出个性来。世界上那么多有名的大学，哪个大学是没有自主权的？不仅是招生的自主权、以后连课程设置的自主权、专业设置的自主权等，都要还给大学。

记　者：人们一直把上大学看做是改变命运的重要途径，但 1999 年后，随着教育的产业化和大学的扩招，大学收费提高，教学质量下降，大学生就业困难，高等教育的含金量在降低，有人甚至说“上大学不再能改变命运”。

朱永新：我们大学的毛入学率是百分之二十多，其实也不是很高，世界上比我们高的国家多的是。当然现在回头看，扩招的速度、规模、节奏都快了点，但我认为这步既然已经跨了，也没什么好害怕的，重点是思考今后我们在高等教育规模发展上如何更均衡、更可持续，思考社会如何从学历主义走向学力主义，让那些没有很高学历的人，同样可以做公务员，甚至做部长，可以受人尊敬。在尊重能力的前提下，便会有学历以外的更多的衡量指标，人们就不会都去挤高考这座“独木桥”了。如果全社会都树立这样的共识，很多僵化的教育模式就会受到挑战。

记　者：高校收费二十年间增长25至50倍，这是一个必然的结果吗？在这个过程中，如何保证贫困人群享有教育公平？

朱永新：国际上有个非常好的做法，就是根据家庭收入高低来收学费。我们现在是根据高等教育的成本来定价，可是又缺乏严格规范的核定机制。

平心而论，我们的大学收费在总量上跟国际上的重点大学还有差距，但从收费占老百姓收入的比例来看，已经超过国际标准很多。必须建立起不让一个学生因为经济困难而失学的国家机制，通过助学金、贷学金、奖学金、绿色通道等保证每个人都读得起大学。另外，应该允许一部分学校以国家购买公共服务产品的方式帮助困难学生。还有，大学分类以后，都可以赋予其一定的自主收费的权力，自定收费标准。同时，国家还可以对到西部、到农村就业的大学毕业生采取退还学费的方式。

教育改革要用些猛药

2009年3月11日

媒　体：《21世纪经济报道》

采访者：马　晖

教育改革无非就是资源的重新配置。改革首先做到教育机会的公平，让所有的人都能够得到相同的教育机会。这实际上是教育起点的公平，使得任何人在任何时候的受教育权益都能得到保护。

记　者：不久前，教育部召开新闻发布会，相关负责人称：《国家中长期教育改革和发展规划纲要》正在紧张的制定过程之中，最新一轮就20个重大问题向社会征求意见和建议，到目前为止已经收到了200多万份的建议。这种社会参与的热情，在近年来还是比较少见的。

朱永新：这说明，全社会目前对教育改革是高度关注的。温家宝总理提出这次《纲要》的制定要“问计于民”，就是说真正要做出一个让人民群众满意的、看得懂的、能够做得好的《纲要》。但是下一轮改革怎么做，人民群众关注的一些热点问题、难点问题怎么去应对，可能还需要进一步的思考。

所以，我提出《纲要》首先要处理好两个重要的关系：一个是改革、发展和稳定的关系；一个是公平和效率的关系。

改革、发展和稳定，这三者是改革开放三十年来国家一直在努力协调好的关系，三者不可偏废。改革是最根本的动力，因为从目前来说，教育改革动作不大，恐怕老百姓都不会答应。因此，有人甚至提出这次制定《纲要》要推出一个以教育体制改革为中心的改革方案。中国教育经过多年的探索和发展，已经为进一步改革打下了坚实的基础，这次改革需要用一些猛药，加大改革的力度。我们在20世纪80年代、90年代也都推出过教育改革的方案，实际上那些方案里比较多的是强调发展。所以，这次我们想通过改革来比较好地推进发展，而不是就发展谈发展，强调要以改革作为发展的最大动力。

当然也要注意在推进改革过程中稳定的问题。在这次《纲要》的制定过程中，很多专家学者，甚至包括一些学生家长，对一些改革举措也有很多争论。以文理分科为例，在刚刚结束的教育部征集意见工作中，反对取消文理分科的要占54%。所以在这个过程中，应该积极、稳妥、慎重推进。当然，我还要强调一点，广泛倾听民意不等于就是一定要听大多数人的意见，因为这里涉及一个公众对教育的理解的问题。站在全局的角度思考问题，和站在一个家庭、一个孩子的角度思考问题，有的时候还是不完全一致的。当然最终的目的是一样的，作为国家来说是为了每个孩子得到最好的发展。我希望改革要充分地听取民意，集思广益，这样才能做好我们的改革工作。

记　者：公平和效率的话题，对于中国教育而言是个老话题了。

朱永新：教育改革无非就是资源的重新配置。我们希望通过这个改革，首先做到教育机会的公平，让所有的人都能够得到相同的教育机会。这实际上是教育起点的公平，使得任何人在任何时候的受教育权益都能得到保护，无论是幼儿教育阶段的教育权益，还是高中阶段或是大学阶段的教育权益，这是一个非常重要的公平。

记　者：近期，有教育界人士表示，应该在《纲要》制定过程中引入关于新教育方针的讨论，您怎样看这种提法？

朱永新：我个人认为在这次教育改革中有两个很重要的提法要予以特别充分的讨论，其中一个就是有关教育方针的。过去我们一谈到教育方针，讲得多的是“要培养社会主义的建设者和接班人”，这个理念更多的是从社会的角度来表述的。随着时代的发展，现在我们是不是可以提出一个社会与个人两方都能够兼顾的培养目标？这涉及我们要用什么样的教育观治学，用什么样的教育思想、教育价值观来引导人民群众的问题，我个人觉得我们的教育还是要回到以人为本的基础上来，更多地站在这个立场上来思考问题。

除此之外，我建议本次《纲要》的制定，最好能够凸显教育改革的一个战略主题。过去我们国家的教育改革往往是推出一个规划发展纲要，或者是中长期计划，缺少像国际上很多著名的教育改革那样列出一个主题。比如，美国上一次改革的主题就是“不让一个孩子掉队”，美国联邦政府为此还专门出台了一个《不让一个孩子掉队》法案，该法案由美国总统签署实施。这样，老百姓就很清楚政府想干什么了。所以，我建议是不是可以提出一个本次教改的战略主题，比如“办好每一所学校”。如果再加上一句话，可以是“教好每一个孩子”。

记　者：一国的教育属公共产品或是准公共产品，在兴办教育时必须厘清政府与市场各自所扮演的角色。从这个层面来讲，有研究者称，中国的教育问题，很大程度上是政府在推行公共政策时自身定位出现偏差所导致的。

朱永新：的确存在这方面的问题，我认为本次教育改革必须要关注并解决这方面的两个问题：一个是政府缺位的问题，一个是政府越位的问题。其实，在教育改革的过程中，有很多地方是政府还没有做到位的。比如说学前教育，这次全国两会我就带了两个建议，一个是关于加紧制定《学前教育法》的建议，一个是关于强化政府在学前教育中的责任的建议。

我国学前教育发展相对落后，发展规模和速度也明显落后于其他教育阶段，在9个人口大国中，位于墨西哥和巴西之后。“九五”和“十五”全国幼教事业发展规划目标都没有按期实现，按照现在的发展速度和规模，实现“十一五”全国三年毛入学率55%的规划目标非常困难。

此外，目前我国幼儿园的办园体制、投入体制发生了根本变化。大量的农村留守儿童、进城务工子女期待进入收费低廉、办园规范的幼儿园，广大城市家长对幼儿园的办园形式、服务内容和方式也有了多样化的需求和选择。随着义务教育保障机制的建立和完善，广大家长对提供质优价廉的学前教育的呼声和需求更加高涨。

而2007年，全国幼儿园12.9万所，在园儿童2 348.8万人；学前三年毛入园率达到历史最高水平，但也只有44.6%，学前教育事业发展规模和速度已经不能满足社会的需要。

从法律法规方面来看，随着《教育法》、《义务教育法》、《职业教育法》、《高等教育法》等教育法律的颁布和实施，《教育法》所规定的四个独立学制阶段中，只有学前教育没有立法，学前教育的法律地位不明确，管理体制和投入体制不顺，政府责任不清，难以建立健康的学前教育管理秩序。因此，学前教育立法迫在眉睫。

与此同时，考虑到制定法律是一个漫长的历程，我认为至少应该先强化政府在学前教育当中所担负的责任，也就是应该明确政府在学前教育领域的公共服务责任。

类似这样的政府缺位的现象，在教育领域中还有很多，比如西部农村代课教师的问题。有统计数据显示，目前国内还有几十万的代课教师。在实行义务教育的过程中，政府还有很多工作要做。

记　者：至于说政府越位的问题，我想在教育领域，最令人诟病的恐怕要数教育行政化这一问题了。

朱永新：当下中国教育行政化的问题，表现在很多方面，公办大学的数量远远少于公办幼儿园的数量，公办大学的比例远远少于公办幼儿园的比例。再比如说对于大学的审批，前一段时间讨论很热烈的大学教学评估，往民办高校委派党委书记等等，引发了社会上的很多讨论。回头想想，是不是有一些东西不应该完全由政府包办，我们管得太多了？

举一个很明显的例子，大学的专业设置，教育部有一个专业目录，大学专业设置要依照这个目录来。其实，这个目录的制定本身就很滞后，教育部制定和研发这个目录的过程，比如说某一个学科，等教育部研发颁布出来的时候就已经过时了。当今技术发展日新月异，国家只要有一个指导性的目录就行了，专业设置权交给学校。国际上的大学，前两年基本上是不分科的，而是重在基础教育；后两年是以职业为导向，社会需要什么学校就可以办什么。国家可以制定大的专业目录基本方向和设立专业基本标准，然后让学校自主设立专业，把设立专业的自主权交给学校，国家进行质量监控，比如说教师、教材、实验室等，对不符合标准的专业可以强制学校停办。我觉得教育领域还是应该开放一些，减少一些行政化的倾向，把管理的权力交给学校。

总而言之，我觉得我们的教育部门在这次《纲要》的制定过程中，应该更多地听取民间的意见，汲取民间的智慧，借鉴国际上教育改革成功的经验，真正地制定出一部让老百姓满意、让中国教育健康发展的《纲要》来。

重建教育改革的信心

2010 年 3 月 5 日
媒　体：《科学时报 · 读书周刊》
采访者：麻晓东

我认为，在中国改革和教育改革进入深水区的关键时刻，政府和教育部门应该紧紧抓住这些问题，寻找改革的突破口，切实办好让人民满意的教育。

记　者： 今年“两会”期间，您有没有新的议案，能否概括介绍一下主要内容？

朱永新： 今年“两会”我提的建议仍然有十四五个吧，主要集中在教育与文化问题上，这也是我们民进的界别特色，是我们参政议政的主阵地。这次两会我提的建议主要有这样几个方面的内容：第一个方面是继续为教育呼吁的，如关于继续进行社会动员，将《国家中长期教育改革与发展规划纲要》落到实处的建议；关于借鉴重庆、广东经验，妥善解决代课教师问题的建议；关于培养创新与拔尖人才的建议；关于特殊对待特殊人才护照问题的建议等。第二个方面是为文化事业而提出的一些建议，包括关于应该把文化立国作为国家战略的建议；关于加强文化立法的建议；关于建立文化大部委的建议；关于支持建立非赢利出版社的建议；关于扶持和发展基层图书馆的建议等等。第三个方面是为阅读进行呼吁的，如到今年为止我已经第八次提出的呼吁设立国家阅读节的建议；关于推出国家基础阅读书目的建议；关于切实加强儿童文学学科建设的建议等。此外还有一些为相关群体呼吁的建议，如呼吁尽快出台适合儿童的基本药物目录、规范儿童用药的建议等。

记　者： 去年您出版了《新教育》和《给中国教育的 100 条建议》两本新书。新教育实验至今已走过了十年的历程，回首十年，您一定有很多收获和感触吧？

朱永新：是的，2010 年出了几本书，除了你提到的两本外，还有《教育如此美丽》和《教育的解放》，其中包含了我对教育的一些思考和观察，以及对我们正在进行的新教育实验的即时记录。正如你所说，新教育实验至今已走过十年的历程，其间的辛苦与收获，让人感慨多多。但是，当看到那么多老师在实验中获得成长，那么多学生因此而受益，我们觉得那些付出都是值得的，是有意义的。新教育人相信，只要努力付出，前方就会有庆典在等待着我们。

至今，新教育实验在全国 24 个省市自治区拥有 862 所实验学校，同时有 28 个新教育实验区，超过 6 万名教师和 100 万名学生正在我们的新教育共同体中共同成长着。2010 年，新教育网络师范学院成立并正式在网上开课，至今已有上千名学员，我们相信，经过若干年的努力，我们一定能够打造出真正意义上的教师专业发展共同体。

2010 年，我们成立了新阅读研究所，是专门从事阅读研究的公益性学术机构。现在我们正在进行“中国小学生基础阅读书目”的研制，获得了国家新闻出版总署的支持，并得到了香港陈一心家族基金会的资助。我们将在今年 4 月正式公布这个书目，并进行相关的研制和培训活动。我们有信心拿出一套适合中国小学生阅读的基础性书目，为孩子们的精神成长打底。我们在未来几年里，还将开展学前阶段、中学阶段以及教师、家长等一系列书目项目的研究。在研制和发布过程中，也希望媒体朋友能够给予足够的关注。

2010 年 7 月，新教育实验第十届全国研讨会在河北石家庄市桥西新教育实验区举行，有 2300 多人参会。这次年会我们围绕“学校文化”的主题进行了研讨。在不远的将来，我们相信，新教育实验会为中国教育拿出一套具有全新特色的校园文化模式。

今年年初，我们的新教育基金会正式启动，并举办慈善晚宴进行了拍卖募捐活动，现场筹得善款 130 多万元。新教育实验坚持通过公益的模式，进行教育的行动研究和探索，力争为中国的素质教育作出贡献。

记　者：《给中国教育的 100 条建议》中收录了您近年来关于教育问题的很多基本思考，其中有一篇《将教材纳入国家图书评奖》的建议。去年，有一套成书于七十多年前的老教材《开明国语课本》热销，您认为是什么原因使旧教材如此受到读者的追捧？

朱永新：是的，我曾经提过这个建议。由于教材直接影响一代人的成长，教材的质量是教育教学的基础，在一定意义上也是整个民族精神发育的重要食粮，所以我呼吁必须对教材的编写给予充分关注。在国外，很多国家对教材的编写工作非常重视，他们的教材很多都是由大师级的学者来主持编写的，甚至有一些专家把编写优秀教材作为自己终身的主要工作，许多著名教材年年修改，不断再版。而由于我们一直忽视教材编写工作，使得很多编者没有积极性，没有用心编写教材。

老教材特别是我们民进的前辈叶圣陶先生所编的那套老教材，今天被出版后受到了社会各界特别是家长们的喜爱，这也从另一面反映了今天的教材编写水平不佳的现状。这令很多教材编写者感到尴尬，也令我们反思教材编写出现的问题。我们的教材为什么越来越不被孩子喜欢，而七八十年前的老教材却受追捧？我想，最重要的原因可能还是由于我们今天的教材内容离孩子的生活越来越远，越来越不符合孩子们的心理特质。研究教材、编写教材的人，首先应该多研究儿童、多研究儿童的心理和儿童成长的规律。

记　者：不久前，美籍华裔教授蔡美儿的新书《虎妈战歌》在美引起巨大争论，国内众多家长和教育人士对此也很关注。您对中美教育的这种激烈碰撞有何看法？

朱永新：对“虎妈”教子的这个教育热点事件我有过关注。人们都通过这个教育个案来思考和比较中国教育和美国教育。其实，首先我们要思考的是，“虎妈”教育子女的模式是否就代表了东方特别是中国教育的模式，我想是代表不了的，因为对这种带有摧残孩子性质的教育方式，许多中国家长也是无法接受的，即使是在今天应试教育竞争激烈的现实下，中国的家长在教育孩子时也不会采取如此极端的方式。

当然，在国外留学的中国学生，往往学习刻苦，成绩优异，这引起了西方国家特别是美国家长的反思，他们认为中国教育具有很大优势，尤其是去年上海地区在国际 PISA 测验中取得的优异成绩，让美国和西方有前苏联卫星上天的感觉。对此，我们不要沾沾自喜，不能认为我们的教育就真是世界上最好的教育了，我们要保持清醒的头脑。我们要意识到，中国教育给孩子的前半程带来的优势，并不代表中国孩子离开学校后的后半程就真的超过了人家。我们的学生在激烈竞争的应试教育下，往往缺乏后劲，往往更容易丧失未来的创造力和创新能力，这是我们应该继续进行反思和提高警惕的。

记　者：2010 年，在教育领域发生了很多大事，《国家中长期教育改革和发展规划纲要》的颁布、中小学校园安全问题、入园难入园贵问题、南方科技大学自主招生问题等都引发了全社会的关注，教育问题似乎从未像现在这样与每个人的生活紧密相关过，而其中又充满着艰难与希望，您对我国教育事业的前景有何展望?

朱永新：2010 年，中国的教育领域有很多值得关注和思考的热点问题。这些问题既是与人们密切相关的问题，同时也是对中国教育的诸多考验。我认为，在中国改革和教育改革进入深水区的关键时刻，政府和教育部门应该紧紧抓住这些问题，寻找改革的突破口，切实办好让人民满意的教育。

当然，最让人充满期待的就是 2010 年 5 月审议通过的《国家中长期教育改革和发展规划纲要》，这个《纲要》为今后 10 年我国教育改革发展提供了一份让人充满希望和期待的蓝图。但是，我也有些担心，因为按照常规，这么重要的改革方案出台，应该引起社会各界的热烈呼应，但现实情况是好像并没有引起太大的反响，而且隐约让人感觉到一种冷寂。这也许与多年来教育改革口号频出，却不见太大进展，因而令社会各界产生了“狼来了”的心理状态有关。我认为，社会对于教育改革的信心不足这一现状，将会成为《纲要》实施过程中的一个重要障碍。前两年，当金融危机到来时，温家宝总理曾说：信心比黄金更重要。我们相信，这句话放在如今的教育改革问题上同样适用。2011 年是实施《纲要》并积极进行试点的起点之年，我们需要深入探讨如何将《纲要》落到实处的问题，继续进行全面的社会动员，这对于重建人们对教育改革的信心，应该说具有非常重要的意义。

教育改革三大看点

2010 年 3 月 10 日
媒　体：《南方周末》
采访者：笑　蜀

改革不是教育部一个部门的事，很多东西肯定要从教育部门中切割出来。我觉得我们提到的这些问题他都涉及了，理念是有了，方向是有了，关键是落实操作的问题。

看点之一：为教育公平设立国家标准

记　者：教育公平是目前这一轮教育改革的重点之一。农民工子女的教育公平问题，您认为应该怎样解决？

朱永新：我觉得关键不是他们在哪里读书，关键是他们在哪里都能享受跟城市同样质量的教育。而这主要靠教育资源的均衡分配来解决，即靠教育公平来解决。

过去我们讲效率优先，兼顾公平。经济上如此，教育上也不例外，公平只兼顾一下就行了。现在这个观念正在改变，教育公平被放到了第一位。教育公平首先就是城乡关系角度的公平。以后教育资源要更多地向农村倾斜，把农村教育搞好。

第一是农村的公共教育投入要加大。韩国普及义务教育就不是在城市开始做的，它首先把大量精力用在农村，农村先免费，城里先不免费，要到城里来读书就要交钱。第二，把好的教师往农村带。这可以参照大学生村官制度，现在大规模选拔最优秀的大学生做村官。一旦去了，你的工资待遇就都有保障，出路也有保障。其实不单农村教师，农村医生也可以参照这个办法。

记　者：但问题是，城市化势不可当。教育公共资源主要向农村倾斜，跟这个趋势吻合吗？就算用这个办法把农民工子女吸引回去读书了，但他们的父母可能都在城市，这会造成大量的留守儿童，也是社会问题吧！

朱永新： 这里的问题不是要不要城市化，而是农村生活条件太差了。如果把农村教育搞好了，农民的待遇提高了，可以解决两个问题：第一是收入分配问题，现在农民的收入太低，所以国家反复强调要解决这个问题；第二个是通过政府保护的办法来提高农民的收入，提高到一定程度，家门口的教育解决了，家门口的医疗解决了，他们就可以就地城市化，而不是非去大城市不可。所以这跟城市化的趋势并不冲突。发达国家的农民也没有都跑到大城市里面去，他们的小城镇也可能更美，在小城镇的生活可能更舒适、更惬意。

记　者： 这就有国情的区别。我国小城镇往往是行政末梢，公共资源最少，福利和机会更少，所以指望农民工及其子女主要定居小城镇，这未必现实。更重要的是，教育资源也是按行政级别分配的，所以要做到农村教育资源跟城市均等，难度恐怕太大了。

朱永新： 城乡要绝对均等，现在确实做不到。其实农民工及其子女本来也没有要求这么理想化的公平，比如，要求乡镇中学的资源分配跟北京四中一样，农民工及其子女自己都知道这不现实，但应该有起码水准的公平。可以设立教育公平方面的国家标准，你的软硬件，最低配置必须达到一个什么门槛，这个是可以做到的。做到这点，教育公平就有了一个起点，以后就可以一点点地推进。

看点之二：政府购买民办非赢利学校提供的公共服务

朱永新： 我觉得中国的教育还有一个问题，就是多样化程度非常差，这也是政府力量过于强大导致的一个问题。而要解决多样化的问题，就需要发展民办教育。

记　者： 我曾跟某个教育局长谈到农民工子女教育问题，我说你们可不可以把民办学校的门槛放低点？他说我们公办学校都生源不足，自己能做的事，又何必要让给民办学校做？

朱永新： 这种认识当然不对。实际上民办教育并不是简单的补充，它是从一个独特的角度跟公办教育竞争，这种竞争是对体制、机制的必要完善。如果只有公办教育的单一模式，就没有竞争了。民办教育要壮大，就要让社会资源充分涌入。

记　者：但我们还没有建立起让社会资源充分涌入民办教育的整套机制。这是不是跟教育官员对民办教育的歧视有关？在很多教育官员眼里，中国的民办教育基本上是捞一把就走，我凭什么对你开放呢？

朱永新：中国民办教育的逐利性是一个现实存在，但这是一个发展阶段的问题。刚开始可能都这样，随着时间的推移，民办教育的境界也会提升。如果政府加强引导，就会提升得快一些。

那么政府应怎样引导呢？我觉得在法律层面还是有待完善的，比如说允许民办学校有合理回报，这个规定就太笼统。民办学校赢利和非赢利应该分开，赢利的可适当参照企业的办法，比如说收税等等；非赢利的民办教育就不能要回报，政府可以通过购买公共产品，对其进行补贴。另外，国外很多名校的经费都来自民间捐赠，你可以把自己收入中的百分之几捐给学校，捐了就抵税。

记　者：这也是在考验政府的胸怀，是否愿意让部分税收用这种方式进入民办教育而不是进入政府财政。

朱永新：我觉得考验的不是胸怀，而是眼光。说老实话，如果你不通过这样的方式让社会资金流入教育，政府还要从自己的另一个口袋掏钱去投入教育，因为教育如果从民间拿不到钱，最终还得找政府要，无非是从哪个口袋掏给教育而已。但无论从哪个口袋掏，反正做好了是政府的光荣，做不好也是政府的问题，因为教育本来就是政府的责任。

记　者：政府确实应该给民间的爱心和热心多一些通道，不能好事都自己做完，也要给民间做好事的机会。

朱永新：对。社会资金不能充分涌入教育领域，对民办学校来说是致命的。本来民办学校靠高收入吸引好老师，但后来政府对公共教育的投入力度不断加大，教师待遇不断提高，民办学校却越来越贫寒，老师高收入这个传统优势无法维持，好老师一流失，生源也就随之流失，很多民办学校于是不得不关门。仅仅是高中层面，每年关掉的民办学校就有一百多所。而它们本来是可以幸免于难的。

记　者：谈到这里，我谈个敏感的话题，比如说一个不是政府购买服务的非赢利学校，靠社会多方面的公益资金生存，这些公益资金可能部分来自教会，但是它们对学校没有附加要求，它们只是给学校提供资助，这个可不可以？

朱永新：这应该是可以的，我觉得政府应该鼓励。怎样对待宗教固然还需要讨论，但胡锦涛总书记讲过，要鼓励我国宗教界发扬爱国爱教、团结进步、服务社会的优良传统。我想鼓励宗教服务社会，就包括了服务教育吧！

看点之三：政学分离，切断行政权力瓜分学术资源的通道

记　者：谈到教育改革，您在很多场合都会使用一个概念，就是解放教育。我的理解是，解放教育在很大程度上就是把教育从过度的行政化里面解放出来。

朱永新：不能说解放教育就是去行政化，而是淡化行政色彩。为什么要淡化呢？因为行政色彩或者说政府力量过于强大。

一个好的教育体系，应该理顺政府、学校、市场的关系，让之变得有序、有活力，要做到这一点，就不能只强调某个方面的力量。世界上的教育体系有三种模式，一是欧洲模式，它的学术权力强大；一是美国模式，它的市场权力强大；再就是我们的模式，行政权力特别强大，三种模式各有利弊。这就是说，即便是行政主导，也未必只有弊而没有利。

记　者：利在哪呢？

朱永新：比如说免费义务教育，政府说做就做了。要在发达国家，讨论一个预算也要讨论很长时间，对不对？所以，这三种模式不是对立关系，可以让它们彼此兼容，优势互补。

记　者：就中国教育的现实而言，行政主导模式肯定弊大于利，即学术权力成了行政权力的附庸。这也是淡化行政色彩的一个重要原因。您认为应该如何淡化呢？

朱永新：淡化不是退出，政府的力量还要起作用，但不能太强大。现在的主要问题，的确是行政权力对学术权力的控制过于强大。行政资源不仅控制着学术资源，而且在瓜分学术资源，学术的自由、学术的规律都不起作用了。所以我提出，必须斩断行政权力跟学术权力联姻的纽带。

记　者：道理大家都懂，但是应该怎么操作呢？

朱永新：这个操作不难。比如大学的院长、系主任不归上级任命，而是从教授中选举产生，由教授委员会来任命，这样选出来的院长或系主任往往是德高望重的人。对于这些人，可以采取高薪养贤的办法，就是给他高工资，但是不许其在任职期间申请科研项目。就是任职期间只做大家的公务员，学

术资源就不要去操心了。这么一来他就要权衡了，他要学术还是要官位，不能两头都占，不能凭借权力去瓜分学术资源。

记　者：这个办法好。还有别的办法吗？

朱永新：再比如充分发挥教授委员会、学术委员会在学校法人治理中的作用，大学的学术问题必须教授说了算。要评哪些教授，要分什么专业，这些事，校长可以起作用，但只能作为一个普通委员起作用，他不是主导，主导者是全体教授。不仅要教授说了算，学生代表也该包括进去，这样学术权力才会强大，学术跟行政权力之间才会有一个可靠的隔离带。

记　者：这讲的其实都是分权。分权就是分利益，而印象中教育改革主要是教育部在抓，这不是一个矛盾吗？教育部门怎么可能自己削自己的权？

朱永新：现在的教育改革，尤其是起草教育中长期规划，很多部门都参加了，财政部、人事部、劳动和社会保障部，还有发改委，不是教育部门一家说了算。而且从教育部部长最近的讲话中可以看出，他还是很清醒的，知道教育改革不是教育部一个部门的事，很多东西肯定要从教育部门中切割出来。我觉得我们提到的这些问题他都涉及了，理念是有了，方向是有了，关键是落实操作的问题。

记　者：但是仅仅有部门参与，外部压力可能还是不够。关键是人大，我不知道人大介入到什么程度，人大的作用在哪里。

朱永新：当时也专门邀请了人大代表去讨论，去研究，也可以说是征求人大的意见，这个是没有问题的。

记　者：教育投入占 GDP 的 4%。我想既然政府承诺以 2012 年为期，凭借集中力量办大事的传统优势，到时政府肯定能做到，不会是大问题。最大的问题，还是教育怎样从过度行政化中解放出来，这个怎么说到做到？

朱永新：方向还是分权。教育部门要在事实上把权力下放给地方，地方再下放给学校。中国太大，各地差异太大，任何一个政策全国统一执行肯定是不行的。

记　者：打个比方，可以尝试教育角度的某种联邦体制，各地有权制定符合自己特殊情况的教育政策。

朱永新：用联邦体制这个比喻不合适，但教育部门的确不必管那么多，管那么死，很多政策应该分类指导。现在连学校几点钟放学、几点钟开学，上什么课、考什么试，都要听教育部的，完全一刀切。比如说周日就是不准到学校，这很没道理，学生周日为什么不可以到学校？学校为什么不可以在周日开展公益活动、兴趣小组活动？我认为要把真正的权力交给校长，教育部只做原则性的规定就行了。

分权还应该包括给社会分权。比如可以组织社区教育委员会，家长、社会贤达可以一起来选校长。学校用什么教材，开什么课程，都可以让社区教育委员会来决定。

是理想者，更是行动者

只有对未来有崇高理想的民族，
才会消除恐惧，抛却悲观，乐观地拥抱未来。
教育的理想与理想的教育都需要创新，
创新是一个民族进步的灵魂，
是国家强盛的动力，是人才成长的基因。

——《教育的理想与理想的教育》（片段）

新教育实验的意义、谱系与展望

2005 年 6 月
媒　体:《教育研究》
采访者: 张荣伟

新教育实验共同体有着丰富的内涵，它涉及教育活动主体的结构、层次和形态的问题。成长着并且快乐着，这是新教育实验所追求的教育境界。追寻理想，超越自我，这是新教育共同体的人生价值追求。

记　者: 您倡导的新教育实验的核心理念、基本观点和基本原则是什么呢?

朱永新: 新教育实验坚持实践性、公益性原则；着眼过程，注重发展；重视操作，强调行动性、开放性与生成性。我们提出的一个核心理念就是“为了一切的人，为了人的一切”，实验的价值取向是“只要行动，就有收获”。新教育实验在推进过程中始终坚持五个基本观点：无限相信学生与教师的潜力；教给学生一生有用的东西；重视精神状态，倡导成功体验；强调个性发展，注重特色教育；让师生与人类的崇高精神对话。

记　者: 新教育实验主要是在哪些层面上展开“理想的教育”，又是一种怎样的境界呢?

朱永新: 一种成熟的教育思想应该注重理念与实践的整合，以便在实际应用的过程中充分发挥出它的现实指导价值。但是，理论最主要的价值还在于提出问题、分析和解决问题，以便转换思维，更好地寻求策略原则和基本方法。真正的教育思想必然源自于主体的一种教育生命运动，必然是主体自身教育生活史的产物与延续。我已经明确提出，苏州地区在教师考核、职称评定的时候，要把教师的“教育故事”、“教育随笔”作为一个重要的内容，不要老是看重“宏篇大论”。新教育实验主要是在十大领域展开，即理想的德育、智育、体育、美育、劳动技术教育，以及理想的学校、教师、校长、学生、父母。其中，德、智、体、美、劳是就教育的主要内容而言的，学校、教师、校长、学生、父母则构成了不同层次的教育主体。新教育实验的四重教育境界是：成为学生享受成长快乐的理想乐园；成为教师实现专业发展的理想舞台；成为学校提升教育品质的理想平台；成为新教育共同体的“精神家园”和共同成长的“理想村落”。成长着并且快乐着，这是新教育实验所追求的教育境界。追寻理想，超越自我，这是新教育共同体的人生价值追求。

记　者：您在这里提到了新教育共同体，它具体指的是什么呢？新教育实验理想的四重境界是一种诗意化的表达，是否可以表述为相对具体的目标呢？

朱永新：新教育共同体这一概念，已经引起了一些教育理论工作者的关注，应该说它是教育行动研究、教师发展学校、新课程改革以及校本科研制度建设的必然结果。但是，目前大多数的人还只是从教育科研团队这样的角度来理解新教育共同体的，日常话语中出现的有学校共同体、教师共同体、教育科研共同体、学生共同体等。其实，新教育共同体有着丰富的内涵，它涉及教育活动主体的结构、层次和形态问题。拿新教育实验来说，我们可以从两个维度来理解新教育共同体这一概念。一是物态化的组织机构，包括不同层级的、在一定程度上参与了新教育实验的科研单位和新闻媒体等，如新教育实验学校，新教育实验总课题组、项目组、子课题组，教育在线及其各级论坛机构等等。二是分属于不同组织机构、不同单位的新教育人，包括在一定程度上参与了新教育实验的理论工作者和实践工作者，以及在一定程度上参与了新教育实验的校长、教师、父母和学生等。新教育实验始终关注新教育共同体的全面发展。为了具有可操作性，实现理想的四重境界，也可以具体地表述为六项目标，即进一步丰富和发展新教育理论，形成区域性开发和推广教育科研新成果的动态机制；促成教师在更新教育思想、提高教育技能基础上的专业化发展；促进学生在健全人格、学有所长基础上的个性化发展；让教育者与受教育者共同成长，让研究者与被研究者共同发展，形成教育发展的良好生态环境；开拓一条推动我国教育尤其是基础教育改革、创新、发展的理想道路。

记　者：前面谈新教育实验理想的四重教育境界时还提到了“精神家园”、“理想村落”，它们具体指代的又是什么呢？

朱永新：“精神家园”是指新教育实验的网络平台——教育在线；“理想村落”是指我们的新教育实验学校。新教育实验很重要的一个目标是要唤起教育者的教育理想和行动自觉。目前，教育在线已经拥有注册会员十万多人，大批教育专家、一线教师积极参与论坛上各种问题的对话和讨论，已经形成了一种批判反思、同伴互助和专业引领的良好氛围。很多实验学校的教师开设了自己的专栏，坚持写教育随笔，我们每天上网都可以看到动人的教育故事。求真务实是新教育实验的哲学境界。仅仅拥有教育在线这样一个精神家园是不够的，它主要还是作为实验交流和科研管理的一个平台。新教育实验不仅要改变教师的行走方式，还要改变学生的生存状态以及学校的发展模式。因此，我们实验的落脚点在于扎扎实实的六大行动，希望通过营造书香校园、师生共写随笔、聆听窗外声音、双语口才训练、建设数码社区、构建理想课堂等实际行动来营造新教育共同体的理想村落——新教育实验学校。

记　者：由此看来，新教育实验其实就是一种行动研究。但是，这一行动研究的理论假设和实验的本质特点是什么呢？它具有哪些探索功能和预见功能呢？

朱永新：从对实验变量的控制度上来说，任何实验研究都存在着一种严与宽、强与弱的问题，自然也就存在着真实验、准实验和半实验之说。我们必须明确的是，教育实验始终关注的是人的问题，而人是一种最复杂、最高级的动物，很多东西是无法绝对地进行量化的，也就是说教育是很难用精密的仪器进行实验室研究的。因此，新教育实验主要是从广义的实验这一角度来理解的，从本质上说，它是一种应用性和推广性研究。我们相信，新教育实验会在六大行动、学校发展模式、教育改革和科研范式方面有所探索。如果说有什么预见功能的话，可能就要回到实验的变量以及理论假设这样的问题上来。

记　者：一般来说，教育实验既是一种教育科学研究方法，也是一种特殊的教育实践活动，它应该是具有科研性的教育实践活动与具有教育实践性的科研活动的统一。从教育科学研究方法的角度来说，您认为新教育实验有没有必要设定自己的变量和提出自己的理论假设呢？

朱永新：过去的和现实的教育活动中总是存在着太多让人不满意的地方，要想改变这些不尽如人意的旧教育而达到理想的教育——新教育，那将是一项极其复杂的系统工程。作为一项综合性、整体性、长期性的改革实验，新教育实验的出发点就在于进行教育共同体及其生活世界改造。如果一定要界定新教育实验的变量的话，首先，十大领域都可以被视为因变量，也就是说，实验的最终成果将体现在德、智、体、美、劳以及学校、教师、校长、学生、父母发生正向改变的理想度上。目前，我们明确提出的三个因变量是学生的生存状态、教师的行走方式、学校的发展模式。也就是说，新教育实验最明显的、可检验的成果将体现为三大改变：改变学生的生存状态，改变教师的行走方式，改变学校的发展模式。在此基础之上，在实验推进的过程之中，另一个必然生成而又相对内隐的成果是改变传统的教育改革和教育科研范式，即形成一套区域性开发和推广教育科研新成果的动态机制，开拓一条推动我国教育尤其是基础教育改革、创新、发展的理想道路。与因变量相对应来说，新教育实验的六个自变量就可以初步理解和设定为前面提到的六大行动。

记　者：我们知道，教育实验总是具有多因多果的特点。当您对新教育实验的因变量和自变量作出这样的界说时，是基于什么样的理论假设呢？

朱永新：就新教育实验的理论基础而言，涉及教育学、心理学、哲学、社会学、组织行为学等一系列理论知识，当然，主要还是体现为马克思人的全面发展学说、陶行知的生活教育理论、苏霍姆林斯基的教育理论以及《新教育之梦》中所表达的教育哲学思想。新教育实验的理论假设之一是通过读书、上网、聆听窗外声音和师生共写随笔等活动，新教育共同体的教育反思能力和哲学批判意识会不断增强，这是教育共同体及其生活世界改造的理想通道。新教育实验的理论假设之二是理想的教育实验不仅会改变作为因变量的被试，而且会促成实验活动主体自身的不断提高和完善。因此，新教育实验不仅关注作为受教育者的学生，而且关注作为教育者的教师和父母；不仅关注理论，而且关注实践；不仅关注被研究者，而且关注研究者；关注一切与教育相关的人，最终促成新教育共同体的全面发展。新教育实验的理论假设之三是我们面临着一个呼唤教育学派的时代。我们相信，随着新教育实验的不断推进，多元的、不同层级的教育共同体会在交往理性与交往道德上达成共识，会逐步形成这支团队所特有的科研制度与实验文化，进而形成自己特有的理论话语和实践范式。尽管人们对于教育学派这一提法，仁者见仁，智者见智，但是，我们不得不承认，新教育实验很有可能就会成为新教育学派诞生的一个重要前提条件。

记　者：您刚才提到了“新教育共同体”、“新教育学派”等概念，请问新教育实验中所提到的这个“新教育”应如何理解?“新”在何处?

朱永新: 教育科学研究不仅要寻求理论与实践的统一,还要寻求一种历史与逻辑的统一、继承与创新的统一。早在20世纪二三十年代的时候,以陶行知、黄炎培、梁漱溟、晏阳初四位为代表的教育家就已经为我们树立了光辉的典范。他们对当时中国教育存在的问题进行了深入的探讨和反思,在借鉴和运用西方教育理论的基础上进行创新和发展,投入到轰轰烈烈的教育改革实验中去,以自己的亲身实践为基础,分别创立了具有中国特色的“生活教育理论”、“职业教育理论”、“乡村教育理论”和“平民教育理论”。他们的活动方式以及所留下来的这些理论是人类的无价之宝,无疑是新教育实验的重要思想资源。但是,必须明确的是,每一个时代的新教育都有自己的特征。新教育实验中所提到的这个新教育与我国世纪初的新教育并不是一种断代后的承续关系,也绝对不是欧美历史上的那个新教育的继续和发展,复兴论的解读是不妥当的。新教育实验中所提到的这个新教育有自己特定的实际内容,它更多的是一种哲学的解读和表达,“新”就新在它是一种理想的教育,是对旧教育的批判和重构。这个“新”是在对当前教育发展的现实状况和社会发展的基本方向进行分析之后建立起来的,它将随着社会的进步和教育实践的不断发展而处于一种动态生成之中。

记　者: 您这里提到的新教育和旧教育之间的分界点何在?

朱永新: 早在20世纪之初,姜琦先生在《何谓新教育》一文中就曾说:“新教育之对于旧教育,非破坏的,乃改造的。非反对的,乃加工的。”判断新旧事物的客观标准在于是否符合客观规律,有没有强大的生命力和远大的发展前途。陶行知在《试验主义与新教育》中说:“新教育与旧教育之分,其在兹乎?夫教育之真理无穷,能发明之则常新,不能发明之则常旧。有发明之力者虽旧必新,无发明之力者虽新必旧。故新教育之所以新,旧教育之所以旧,亦视其发明能力之如何耳。”因此,那些落后于时代、不再适应时代发展的教育就是旧教育,而那些顺应时代发展,不断改革、不断完善、面向未来的教育就是新教育。基于以上认识,我们可以说,新教育实验中所提到的这个“新教育”有两个基本特征:它是一种富有辩证法精神的教育,它是一种动态的、面向未来的教育。

记　者: 我们想进一步了解的是新教育实验的必要性、可能性与可行性问题,也就是说,新教育实验究竟能走多远、会有多大的发展空间?六大行动可行吗？

朱永新：作为一项源于民间而带有自发性和草根性的教育实验改革，经过两年多时间的发展，目前，已经有分布在全国多个省、市的多所学校申请了课题，各地区的一大批新教育人主动地加入实验大军，千千万万的教师、父母正在行动中将新教育之梦具体化、系列化，实验学校、个人取得了显著的成果，其实，这是对必要性、可能性与可行性这一问题的最好回答。反观教育发展的实际状况，新教育实验的任何一项行动都可谓意义深远、势在必行。我可以简单地用六个“之所以”来阐述一下具体的理论与实践逻辑。

之所以要“营造书香校园”，是因为书籍是我们了解历史和认识世界的一个窗口。人类的智慧和文明，只有书籍可以保存。书籍是经验教训的结晶，是人类宝贵的精神财富，是采掘不尽的富矿，是走向未来的基石。读书是人类重要的学习方式，提升和传承精神必须强化阅读。一个养成了读书习惯的人是一个自由而幸福的人。一个人的精神发育史实质上就是一个人的阅读史，一个民族的精神境界，在很大程度上取决于全民族的阅读水平。当今，学校阅读的缺失令人痛心。由于升学考试的巨大压力，学生和老师不仅承受着沉重的体能负担，还有很大的精神压力。学生每天都在教科书、习题中度过，心理状态、精神面貌、思想境界都令人担忧。

之所以要师生共写随笔，是因为教育随笔日记是教育者进行思考和创作的一种重要形式，是批判反思型教师成长的必由之路。苏霍姆林斯基在《给教师的一百条建议》中说：“如果一位内行教师、富有创造性的教师在结束其一生的创造活动时，把他在长年劳动和探索中的一切成就都带进坟墓的话，那将失掉多少珍贵的教育财富啊！”对于学生而言，日记可以记录成长的履痕、反思自己的行为、倾诉心中的秘密。这是一个心灵的窗口、灵魂的寓所、青春的阳台，是一笔人生的精神财富。无论是教师还是学生，为了写得精彩，就必须做得精彩、活得精彩。慢慢养成习惯，阅读、思考、写作便成为教师和学生的日常生活方式，终身受益。

之所以要聆听窗外声音，是因为现在很多学校实行关门教育。如果教师缺乏人生阅历，就难以点燃孩子的人生激情，难以成为孩子心中的榜样。聆听窗外声音可以引导师生关心社会，形成多元的价值观；开展与大师对话，与大师面对面交流的大型思想碰撞，则可以培养他们创造的激情和欲望。这样，我们才能看到一个真实的世界，听到真实的声音，寻找到人生与社会发展的本真价值和意义。

之所以要进行双语口才训练，是因为开展中英文听说活动可以培养学生讲一口流利的中文和英文，培养学生终身受益的口头表达能力。讲话是一个人日常交际的重要手段，可是，我们现在的教育除了上课提问之外，很少能让孩子说话，很少能让孩子大声说话、说流利的话、说自信的话。所以，我们要求各个实验学校创立学生论坛，让孩子有当众说话的地方，把话语权还给学生，要让孩子思考，让孩子说话，让孩子讨论，让孩子争论，让孩子真正地说起来。这是中文，英文也同样如此。各个实验学校要创设一个良好的英语学习环境。英语教育应该注重生活化的口语训练，教孩子能够开口的英语、能够交际的英语，而不是哑巴英语。

之所以要建设数码社区，是因为信息技术革命是新教育的助产婆，是新教育得以实现的桥梁和通道。计算机网络技术的发展引发了人类历史上继文字和印刷技术以来的第三次信息革命。以 e-learning、e-teaching 和服务学习为主旨的信息化教育是新教育的一个明显特征。因此，突破校园围墙，营造开放式的学习环境，开发教育资源，促进学习方式多样化、加强学校内外网络资源的整合，建设学习型网络社区是新教育实验的一项重大工程。以新教育实验学校为基地，以教育在线为网络平台，加强各类数字化学习资源的整合和应用，建设家庭、学校、社区一体化的数码社区，可以让新教育共同体进行网络学习、交流，在实际应用和操作的过程中提高收集、加工与应用各类信息的能力，以形成全民学习、终身学习的学习型社会，促进人的全面发展。

之所以要构建理想课堂，是因为课堂是学校进行教育活动不可或缺的重要场所，学校的教学任务主要是通过课堂教学来完成的，课堂生活的质量直接关系着学生生活的质量和学校教育的质量。该项行动试图多维度、多视角地提炼不同学科理想课堂的共性，寻找一套理想课堂的可操作模式。一般来说，理想的课堂应该创设一种平等、民主、安全、愉悦的课堂气氛，应该由以知识本位、学科本位转向以学生的发展为本，真正对知识、能力、态度进行有机整合，因材施教，充分体现课堂的生活性、生命性和发展性。因此，我们倡导走进课堂，实地听课，从知识与技能、过程与方法、情感态度与价值观等几个方面进行分析和讨论，广泛征求教师和学生的不同意见，注重理想课堂典型个案的收集和研究，摸索理想课堂的结构和类型，及时地进行观摩、推广，并组织专家进行评价、指导。

记　者：您反复提到新教育共同体，这必然要关涉理论主体和实践主体的凝聚力问题，您能不能对新教育实验进一步发展的动力机制问题作一个分析？

朱永新：新教育共同体的主体意识和主观能动性、完善而有效的组织机构、认真而投入于行动中的新教育人，是决定新教育实验能走多远的根本因素。我们也不否认，由于各实验主体自身条件不一样、投入的程度不一样、思考的力度不一样，经过一段时间后，彼此可能会产生一定的差距。目前，课题管理的网络平台已初具规模，教育在线网站的实验功能也得到了进一步的强化。我们现在需要解决的是如何进一步丰富、发展和完善各项行动的理论体系，从而形成一套新教育实验所特有的、较完备的理论话语，尤其是一套完备的可以直接引导和规范新教育实验的操作理论及进一步推进各项行动的措施，是区域推进、项目推进，还是以学校、个人为突破口和切入点抓典型做示范，这些问题需要理论主体和实践主体在行动过程中共同总结、共同思考并及时地予以解答。构建科研制度和实验文化的最终落脚点还在于实验主体自身素质的不断完善和提高上，它直接决定着实验的实际影响和行动的实际结果。在整个实验推进的过程中，人的问题、人的研究将是一个根本的立足点，无法逾越。

记　者：任何事物的发展都是内因与外因双重作用的结果，最后，请您对新教育实验发展的外部环境作一个大致的分析。

朱永新：教育，作为社会的一个子系统，充满了矛盾和两难。在实验之初，作为共同体的带头兵，我也有一种“戴着镣铐跳舞”的感觉。尤其是来自于考试制度和各种评价制度方面的压力确实不小。但是，任何一项教育实验改革都不是轻而易举、一蹴而就的事情。值得一提的是，新教育实验之所以蓬勃发展，很快在全国范围内推广开来，我认为，这说明中国教育界，尤其是基础教育界还有很多的人没有泯灭理想，这是实验进一步发展的根本动力所在，也是我们的信心所在。我们今天生存的这个社会处在一个转型时期，面临着一场深刻的变革。对于一个国家和一个社会的发展而言，教育具有先导性、基础性作用，也必然要顺应这场变革的需要而进行自身改造。我们应该有一种历史责任感，应该有所作为。不管怎么讲，问题总会不断地出现，这是不可避免的。但是，问题是阻力也是动力，是对共同体智慧和意志力的一种磨炼，同时也就意味着新教育实验会找到更大的发展空间。边行动边思考边总结，在做的过程中及时地发现问题并解决问题，从而形成教育科学研究的新型机制，这也是实验研究的一个重要方面。我们的探索肯定不会一帆风顺，但我坚信只要行动，便有收获。

是理想者，更是行动者

2008年1月
媒 体：《中国教师》
采访者：张瑞芳

如果理念没有一种行动为中介，是很难被中小学教师所接收的，因为中小学教师没有那么多的时间去消化、理解理念，只有在行动中才能体现这些理念，而且即使教师理解了理念，还要有大量鲜活的榜样，这样理念的穿透力才会很强，做起来才有成效。

关于理论工作者进入教育实践

记 者：朱老师，您好！我发现您并没有中小学教师的经历，但从1999年开始，您始终关注基础教育，关注教师，关注孩子，作为高校的理论工作者，是什么原因使您有了如此深厚的教育和教师情结呢？

朱永新：我在书上看过这样一个故事。1950年元旦，约瑟夫·熊彼特在弥留之际，曾对前去探望他的彼得·德鲁克和彼得·德鲁克的父亲阿道夫说了这样一番话："我现在已经到了这样的年龄，知道仅仅凭借自己的书和理论而流芳百世是不够的。除非能改变人们的生活，否则就没有任何重大的意义。"这段话对我的触动很大。在大学里，我们是以写书为主的，"publishing-oriented"，但是绝大多数的人都没有去关注生活，都没有想着去改变生活。从1999年开始，我就开始有意识地关注一线教师的生存状况、关注基础教育改革。我有一些教育理念，这个故事让我反思：我的这些教育理念、理想能变成现实吗？能不能创建出属于教育的今天而不是明天的实践蓝图呢？所以，就有了2002年正式开始做的新教育实验。

记 者：这十几年来，有很多高校的学者走入了基础教育改革；但唯有新教育实验定位为民间的、草根的教育改革。对于学者进入教育实践的方式，您有怎样的看法呢？

朱永新： 我认为新教育实验是民间的、草根的，不同于官方的新课程改革，也不同于学院派（学者推动）的教育改革。大部分学院派的路子是拿着既成的观点、理论、方法去学校尝试、推广。但新教育不是如此的，我认为新教育是一锅“石头汤”，我们是和一线的教师一起来开展教育改革的。我只是用一种梦想和激情去寻找拥有同样梦想和激情的人，寻找“尺码”相同的人，大家一起来思考、来行动。所以我说新教育是草根的、民间的。

记　者： 但是，教育理论总是要和教育实践结合起来。这几年，大学和中小学的合作项目很多，可是，多数时候，教育理论和实践还是不能相互融合，您认为问题的症结在哪里呢？

朱永新： 第一，学者没有能真正地把内心的东西交给一线教师。理论工作者通常给的是理念，理念很重要，但是如果理念没有一种行动为中介，是很难被中小学教师所接收的，因为中小学教师没有那么多的时间去消化、理解理念，只有在行动中才能体现这些理念，而且即使教师理解了理念，还要有大量鲜活的榜样，这样理念的穿透力才会很强，做起来才有成效。所以新教育常说，只要行动，就有收获；只有坚持，才有奇迹。第二，学者对现实问题的关注不够，对鲜活的教育问题的关注不够。只有关注教育现实问题，教育理论才是有意义的理论。我现在每天至少有两个小时的时间在网上、在生活中和一线老师交流，表面上，浪费了读书的时间、思考问题的时间、写作的时间，但事实上因为有了这样的生活，我和一线教师的感情，对一线教师的立场，对于教育的整体认识和理解，和不接触实践的学者是不一样的。

关于新教育实验

记　者： 您靠什么样的力量去寻找和您有着同样的梦想和激情的人来共煮“石头汤”呢？

朱永新： 这个得感谢教育在线网站。1999 年开始，我走进学校，带徒弟，和一线教师生活在一起。2002 年，教育在线网站创立，我和教师的联系就更方便了。我常说，我不是最有学问的人，但我是和一线教师走得最近的人。我一点击网站，拿起鼠标，我与教师的距离就近到我可以感觉到他们的呼吸。网络是个自由的空间，老师们在网络上几乎和我无话不说，他们不需要戴着面具、不需要太多的顾忌，所以通过网络可以比较真实地了解到教师的生存状况。在这里我们寻找到了很多志同道合的老师。

记　者：这锅“石头汤”现在味道如何呢？

朱永新：新教育是一个不断完善的过程。最初新教育就是“五大理念”、“六大行动”、“一项核心价值”；2006 年提出“过一种完整的教育幸福生活”，2007 年提出“共读、共写、共同生活”，2008 年提出“知识和生命、生活的融合”、“有效课堂教学”，2009 年提出，“书写教师的生命传奇”。我们每一年都在不断地完善和提升。新教育的“毛虫和蝴蝶”、“教师的专业发展共同体”，最初都是没有的，但现在都很有影响力。我们不断地在一线的教师中发现优秀的教师，把优秀教师作为榜样，把他们的经验传播开来，然后其他教师再去做，做了之后就有提升。所以新教育是大家共同来完成的，是大家共同在行动的。

记　者：新教育是一种理想，新教育实验也总带有一种诗意，但是，教育现在有时候给人的感觉是比较“坚硬”的，新教育实验在现代社会背景下的生存空间有多大呢？

朱永新：理想和诗意本来就应该属于教育。但现在的教育把本来属于教育的理想和诗意拱手相让了，教育回到现实、回到分数、回到考试，这是很荒唐的。其实，诗意和分数，这两者并不矛盾。山东的常丽华老师，五年的时间带着学生和家长读了 500 多本书，教学中充满了理想和诗意：用一首诗开始新的一天；过生日的时候有生日的诗歌；花开了，有花的诗歌……她的学生，毕业的时候，三分之一的人，语文、数学、外语是满分，远远超出其他班级的学生。新教育的诗意把中国文化的种子，把人类美好的价值都悄悄地播种在孩子们的心里。同时，这些内容对孩子们智育的发展也是有关键作用的。理想、诗意和现实是可以统一的，所以我一直说我是一个现实的理想主义者，或者说，我是一个行动的理想主义者。我相信，只要你用心去做，你一定能够做到。每位教师的生命都是一个故事，都是生命的叙事，主人翁是你，作者也是你，你的故事能不能写得很精彩，很大程度上取决于你有没有这样的理想。你看我们那些普通的农村教师，他们不是都做得很好嘛。这些都是中国最普通最普通的老师啊。有很多大城市的老师的基础、条件，要比这些老师好得多，但是却没有对教育的投入，没有对教育的感情，所以他们还是走不远。

记　者：追求理想，有时候是个痛苦的过程，不过您给大家的印象是永远充满激情的，您没有感觉到过困难吗？有没有过要放弃的念头呢？

朱永新：困难，做任何事都会有，但是对于新教育我从来都没有过放弃的念头。新教育实验从2002年开始，2003年的时候，我就发现很多老师在一年的时间里就发生了很重大的变化，这让我很惊喜。我觉得新教育是值得我一生去做的，这一生中，其他的都可以放弃，但是新教育我不会放弃。等我退休之后，我希望到新教育的小学去教书，这是我人生最大的梦想。

记　者：成为一名新教育学校的老师，这个梦想，对于您这样的行动者来说，我想肯定会实现的。您对新教育有这样的信心，参与新教育的老师们呢？他们中有没有在参与过程中感到彷徨进而放弃的呢？

朱永新：有。当然有。参加新教育实验的老师中，也有渐行渐远的，包括一些学校参与了新教育实验但后来又退出了，有的是因为学校的校长换了，新来的校长不认同新教育的理念；有些教师觉得自己付出的太多；也有些人开始就是功利的，他就是举着一面新教育的旗帜而已，但并没有全身心地投入进来。我觉得这也是正常的。现在，我对我的团队说，新教育就看成绩单，不看参与者的身份，我们只看参与者在新教育中做了些什么。但是，对于所有参与新教育的人、为新教育作出贡献的人，尽管他们离开了，但我们不会忘记他们。“道不同，不相为谋”，这个团队肯定会有进有出，所以新教育要不断地寻找“尺码”相同的人。

记　者：新教育只是在寻找“尺码”相同的人，在用激情点燃激情，用梦想推动梦想，这种激情能够带动多少人呢？难道您和您的团队没有“星星之火，可以燎原”的理想吗？

朱永新：这种方式是很难，所以很多人觉得我们这群人是怪人，是个魔鬼的团队，是一个疯子带着一群傻子。

一开始的时候，我们有过很长一段时间的扩张，只要你认同我们的理念，你就可以加盟，你就可以做。于是很多学校，包括一些大城市的学校都加入了，都开始做了，但其中有很多学校并没有全身心地投入，没有为了理想而努力，所以后来他们又离开了。用心地做和不用心地做，是不一样的。现在我们已经越来越清醒，狄更斯不是说，能保住一只受伤的小鸟，那就是大成就了。对于新教育，我经常说，只要参与新教育的一个教师能帮助一群孩子发生真正的变革，能够引领学生的一生，新教育就很成功了。那现在我们有多少这样的教师了呢？今年我们就评选了“十佳教师”，在新教育实验中这样的教师有很多。我们的梦想真的不是要把红旗插遍全中国，但是我们已经在24个省市有新教育实验学校了。

新教育也不培养飞来飞去上公开课、忙忙碌碌出版著作的名师。这样的教师，他的生命没有和自己班级的孩子融为一体，新教育不需要这样的成功者。新教育的好老师一定是把自己的生命和班上的每一个孩子融为一体，必须用自己的生命去滋润孩子的生命。我们绝不是在培养写作的高手，我开始没有注意到这个问题，说什么开朱永新保险公司，说坚持写作就可以成功，但是随着新教育的发展，我也在修正自己的观点。

记　者：新教育是很多教师认同的一种理想，但是为了理想的前行总是要有个具体的目标，否则单纯的背负理想行走，难免会有迷茫、不解，甚至痛苦。新教育有着怎样的目标呢？

朱永新：实际上，现在新教育的目标已经越来越清晰了。这次评选上的“十佳教师”，就是十个榜样。从中大家可以看到一个普通的老师能走多远，一个最普通的灵魂能够走多远。我完全相信在新教育的团队里，一定会出现雷夫·艾斯奎斯、罗恩·克拉克，甚至比他们更优秀的老师。因为雷夫、克拉克，他们都是个体在作战，但现在我们是一个团队，是一个有强大的智力支持的团队在作战，所以我相信我们会提供很有效的课程，只要一个教师想做、愿意参与到新教育中来，我们一定会把他带到很远的地方。

记　者：您觉得新教育这样一种模式会是中国教育未来发展的一个理想模式还是它仅仅是众多模式中的一种？

朱永新：我们有两大愿景：一是希望它成为中国素质教育的一面旗帜。素质教育应该怎么做、怎么去探寻？我们试图告诉大家，素质教育可以这样做。二是希望它成为中国本土的一个新教育的理论流派。尽管有很多人在质疑，觉得新教育是空想，但是我们在把理想悄悄地一点点变为行动，相信也会一点点地成为现实。作为学者，我当然还是希望在理论上有所贡献。新教育在稳步地发展，在逐步地完善。现在的新教育研究院有专职的研究人员，他们也像大学教师一样在做研究、做开发，但是我觉得他们做研究比多数的大学教师的心更诚，因为大学教师还要考虑职称等问题，但新教育研究院的研究者不用考虑这些，他们可以全身心地做他们喜欢做的事情。

关于教师和教育

记　者：很多教师，在初上教师讲台的时候，是充满着教育的理想和激情的，自觉地、自发地展现着教育的理想与诗意，但是在工作中诗意与激情逐渐丢失；更令人惊讶的是，20 世纪 90 年代前参加工作的教师的文字中有更多的教育理想与激情，而很多 90 年代之后参加工作的新教师，从踏上教师岗位之初就没感受到过教育的理想和激情。

朱永新：这是市场主义和应试主义的合谋。而应试教育本身又是市场主义在教育领域的体现，应试教育把成长中的孩童和引领他们的教师一起赶入了斗兽场中，全然听不见他们心灵痛苦的哀鸣。这种对竞争的病态强调，导致了师生之间、同事之间、亲子之间、知识与生命之间乃至于自我的分离，也导致了师生陷入“囚徒困境”而不能自拔，使教师一天天地被格式化，丧失了对真理的不懈追求以及对生命意义的执著探询。

这一危机更深层的背景，是中国超速现代化进程所导致的对人的异化。随着传统文化的边缘化，现代物质进步也带来了它的副作用：物对人的控制、铺天盖地的广告以及电影、电视、网络等现代媒体对人的重新塑造（塑造了人的伪自我，消解了人对世界和自我的本真感觉，让人逐渐丧失把握自我与世界的能力）。在某种意义上，这是现代性自身发展的宿命，所有人都已被迫卷入这场精神危机之中。但是，正如数千年前当周王朝的旧文明处于“礼崩乐坏”的时刻，不同的学派曾以不同的方式解释、应对那场危机，并在那样的处境中诞生出中国真正辉煌的思想一样，危机本身是一种契机，而人类的尊严，正体现于人在这种危机前的抉择和挑战。

记　者：原因似乎清楚了。但是面对这样一个以教师的力量并不能解决的社会背景，作为有理想有激情的教师怎样对抗呢？

朱永新：关键是教师有没有职业认同。我认为我们的教育，我们的学者，首先要唤醒，唤醒之后，无论是教师还是学生，他的内在力量就会让他成长。我们要唤醒教师的职业认同感。当然，我也对老师们讲，我们都是带着镣铐在跳舞，但是带着镣铐，同样能够跳出精彩的镣铐舞，尽管很悲壮，但是跳和不跳是不一样的。你束手待毙，接受命运的安排，你会一无所成。而你用心去做，任何制度都是有空间的。实际上，新教育的最大智慧就是在制度中寻找它的发展空间。实事求是地讲，现在有多少实验像我们这样坚持多年而且在不断地发展、壮大、前行？我相信，现在即使没有朱永新，新教育还是会往前走。

先有职业认同后有职业发展，职业认同之后，教师的专业发展要进行专业阅读。教师的专业阅读是站在大师的肩膀上成长；然后是专业写作，专业写作是站在自己的肩膀上攀升；然后是专业共同体，专业共同体是站在集体的肩膀上共同飞翔。这三个方面是教师成长的秘诀，新教育已经开发出来了。

记　者：中华人民共和国成立60年，教育有了巨大的发展，也先后有多次的各类教育改革，但教育似乎始终有些“顽疾”，难以寻到“良方”。您认为中国整个教育的突破口在哪里？

朱永新：教育始终有两个旋律，一个是公平，另一个就是质量或者说是效率。中国教育的突破口就是要真正建立公平优先、兼顾效率的教育体制。中国太大，教育发展不是很均衡，所以现在政策上要向西部倾斜、向农村倾斜、向薄弱学校倾斜。国家已经越来越认识到这个问题，近几年来在资源配置上正在向这个方向努力。从质量上来说，素质教育的突破口就是要“阅读”。6月27日我在《光明日报》上发表了一篇文章《应把全民阅读作为国家战略》。一个人的精神发育史就是他的阅读史，一个民族的精神境界取决于它的阅读水平。在强调提高国民素质、提高国家综合竞争力、促进社会走向和谐文明的今天，全民阅读显得尤为重要，应该把全民阅读作为国家战略来认真实施。用阅读来撬动教育，用阅读来促进教育质量的提升，这是一个根本的途径。国家越来越重视这个问题，中国出版科学研究所公布的第五次全国国民阅读调查结果显示，2008年我国国民图书阅读率止住连续下滑趋势，比2005年略有回升，达到48.8%；互联网阅读率为44.9%，继续大幅攀升。

记　者：对于这两个突破点或者说对于中国教育的发展，您有一个怎样的判断？

朱永新：我对即将出台的《国家中长期教育改革和发展规划纲要》充满了期待，我自己也参与了制定、起草工作。期望从考试这个“牛鼻子”开始，《规划纲要》出台后教育领域都会有些新的变革。对中国的教育我是乐观的，当然道路是漫长的。目前缺少的还是全社会的教育启蒙：普通的父母亲、普通的老百姓，他们不知道教育应该做什么、不知道什么是好的教育。所有的人都希望自己的孩子成名成家、成龙成凤，所有的人都希望自己的孩子进北大、清华，这是不正确的。当然，要想改变普通人的观念、思想，需要制度变革。就业制度、劳动分配制度都需要变革，这样才能改变教育的发展。因为现在进名校对个人的社会发展还是非常重要的，但是如果这个社会中，阶层的收入、所受到的尊重差别不大，人们就能根据自己的兴趣、特长来选择专业和职业了，而不是所有人都走一条道路。实际上上帝对每个人都是公平的，每个人都有成长的空间，每个人都能成为他自己，教育的任务就是帮助每个人成为他自己，而不是别的。

记　者：为什么中国的教育启蒙这样难呢？

朱永新：这是个相辅相成的问题。教育启蒙难与我们的舆论制度、文化影响都有一定的关联。我们对批评很敏感，对教育的批评更敏感，很多问题不能进行深入的讨论，很难达成共识。还有，还是与阅读有关。一个好的社会，一定是一个全民阅读的社会。犹太人的社会是非常典型的，他们每 4 500 人就拥有一个图书馆，每 5 个人拥有一份英文报纸。而我们呢？多数人在日常生活中还是处于无阅读的状态。

记　者：这样看来，教师背负的责任很重，不仅要教育孩子，作为知识分子，他们还承担着教育启蒙的重任。

朱永新：教师的负担确实很重。但新教育希望教师要担当，要担当民族文化的守望者、守护者。因为这个民族的很多东西在消减，西方的价值、文化随着肯德基、麦当劳都已经进来了，我们这个民族的核心价值是什么？共同的思想是什么？没有教育，是不可能形成全社会的共同价值的。教育任重而道远，教师任重而道远。

“新教育不是我一个人做的”

2010年1月
媒　体:《姑苏晚报》
采访者: 刘　放

新教育不是我一个人做的，新教育也不是我一个人的，新教育是大家的，是每个需要新教育的孩子们的。至于我，最多只是一个在时代急促的呼吸声中，大着胆子，跑出来喊了一嗓子的家伙。因为有孩子，因为有你们，我微弱的声音才能在中国教育的沉疴里激荡。

她像我的一个精神后花园

记　者: 朱先生您好！这里代表我们的读者向您致以新年的祝福。看您手牵拉杆箱的样子，是晚上刚从北京乘飞机回来的吧?

朱永新: 晚报的读者朋友们好！大家新年快乐！我是元旦中午回苏州的。上午参加了全国政协的新年茶话会，活动结束后就乘飞机南下。到苏州后直接去体育中心观战2010年“金阊杯”乒乓球比赛，再回来的。

记　者: 过家门而不入啊！其实您一直都在支持我们晚报的工作，是我们晚报的老朋友了，您在我们的副刊上开有一个父子专栏“滴石斋闲话”，帮助我们晚报提升品位，赢得了众多的读者，这就等于是您几乎周周都在我们的报纸上亮相。新的一年开始了，我们新年的第一期“会客厅”请您来做嘉宾，给我们的21万订户畅谈一番。

朱永新: 我认为是晚报在支持我的工作啊。这个专栏上的小文章，我都是很专心地专门写的，绝不敢用一些旧文章来凑数。她像我的一个精神后花园一样，写这些文章的过程也是我在后花园休憩放松的过程。感谢你们帮助拾掇这样一个可心的后花园。今天的晚报，发行已经达到21.19万份，刷新了历史最高纪录，这很了不起。这是广大喜爱晚报的读者颁给你们编辑记者的新年大礼，可喜可贺！我也一同分享你们的快乐。

我一直很注意你们这个“会客厅”，这是一个选题策划很成功的专版，是很有个性的文化访谈专版。看得出来，这是一个凝聚着集体心血的专版，请各行各业学有所成、业有专攻的人士对话，激发彼此的思想火花，同时，也让读者在阅读这组对话中激发自己的思想火花，深入浅出，像央视的文化访谈类节目那样，做一些文化的普及工作。但纸质上的阅读，还有一个边读边思考的过程，这对读者的帮助是很大的，是很有益的。报纸是大众传媒，文章不能太专，但也要考虑读者的各种文化层次以及培养和提高读者的文化素养，有快餐型的版面，也要有文化含量适当更深些的版面，你们这个“会客厅”就是后者。祝你们的“会客厅”能持之以恒，保证质量，我也尽自己的所能，在邀请和介绍嘉宾方面，为“会客厅”做一些事情。

有梦者，在这方土地总能够起航

记　者：一晃您离开苏州快两年了，北方生活习惯吗？还像当年在苏州那样跑众多学校？家乡父老很想念您，请在这里向大家介绍一下您在北京的工作生活吧！

朱永新：我离开苏州了吗？呵呵，我从来就没有感觉到自己离开过苏州啊！

也许，我只是一个“北京的苏州人”吧。我在北京的生活没有丝毫的不习惯，原来在苏州养成的习惯也一点没有更改。感谢家乡的父老乡亲，我的工作还是与教育结缘，一辈子也分不开的。我还在跑学校，而且跑的范围更广了。光是 2009 年，我就先后赴贵州、山西、内蒙古、北京、辽宁、黑龙江、江西、广西、广东、福建、河北、河南、陕西、湖北、上海、江苏、浙江等地的学校调查研究，并且再次赴台湾访问。我的参政议政博客被评为人民网十大教育博客和十大官员博客。中国教育电视台一套“教育人生”播出了《朱永新——教育理想的践行人》专题，《人民日报·大地周刊》和《国家历史》先后发表题为“朱永新：教育应该是幸福的”和“朱永新：改变 120 万学生”的专访。我应邀访问韩国全北大学并演讲，韩国现代语文出版社翻译出版了十卷本《朱永新教育文集》。在国庆六十周年的阅兵庆典中，我有幸在天安门观礼台见证这一辉煌的历史时刻。这些，都是因为与教育结缘的缘故。

同时，我也在尽自己的所能为苏州工作。譬如北京苏州商会的成立，苏州的评弹、昆曲、桃花坞木刻年画、吴门书画家进京办展等等在北京的活动，我都是全力以赴参加的。尽自己的所能宣传苏州，推介苏州，是我乐此不疲的事情。

记　者：还像当年在苏州一样，行政工作和学术研究两不误吗？研究生还带吗？

朱永新：是的，与当年在苏州完全一样。但是我已经不带硕士生了，博士生也只是每年带 1 ~ 2 名。我带学生，不是为了赶时髦，也不是为了赚外快，主要是想让自己能够保持思考与学习的习惯，同时为新教育事业培养人才。就像一些媒体人归纳的，我更多的是“一个实践家，一个草鞋精神的智民之师，试图影响的主要是一线的教育工作者与中小学学生，而不仅仅是几个博士生”。这个比带博士生的劳动强度要大得多。我的博士生也不是通常意义的书斋学子，他们也不知不觉成了我为新教育奋斗和奔波的同仁，我们是师生，也是朋友和同事。

记　者：日前您入选“回响中国——2009 年度教育风云人物”，您在致辞中说您的获奖是再一次沾了苏州的光，因为您发起的新教育实验是从苏州起航的。有读者感叹您能这样说真是有情有义的人。这里有一个也许您也想过的小问题，就是如果您当年不是在苏州工作，您也会从事这项被同行们赞叹为“一个疯子领着一群傻子干事业”的新教育实验吗？

朱永新：客观地讲，这里面有不确定的因素。我不会说我不到苏州工作也一定会从事这项工作，并奋斗出现在这样的广泛影响；我也不想说完全是因为在苏州，才会从事这项工作，但我要说，苏州的确是个能成就人的地方。有梦者，在这方土地总能够起航。你看，苏州的图书馆，苏州的博物馆，苏州人办的中国昆剧艺术节，还有苏州在全国率先举办的阅读节，档次那么高，效果那么好，参与的人那么踊跃，外地真的是望尘莫及的。所以，我对苏州常有感恩之心。

我们回首往年苏州的元旦，苏州人的迎新万人长跑，多有意思！我做副市长第一年就倡导开展，马上就有众多知音，这种一呼百应，是最让人感动的。我记得自己不止一次上过你们报纸的头版，就因为这个迎新万人长跑。我总是跑在队伍的最前头。还有每年元旦的市长乒乓球赛，张家港、常熟、太仓，再远再忙，市长们都乐于来欢聚一堂，银球飞舞，笑声绕梁，那是多么欢快、多么和谐的场景！我在外地与别的市长们说到这样的场景，他们都无不面露艳羡之色。小小的银球，凝聚的就是苏州的魅力！对了，我中午乘飞机到上海，再回苏州，没有进家门，而是拖着拉杆箱去了哪里？——市长们的元旦乒乓球赛啊！这还真不完全是为了工作，这其实也是一种享受，享受生活，或者说也是享受工作。我常想，能在苏州这个地方工作，为了自己心中的梦，许多人都是幸福的"疯子"和"傻子"。人生能做这样的"疯子"和"傻子"，实在是太幸运了。

新教育不是我一个人做的

记　者：我们知道，这次的"回响中国——2009 年度教育风云人物"，主题的定位是"致敬"，有一种力量推动中国教育前行。这又让人想起您当年入围央视"感动中国"，当选"中国十大教育英才"、"改革开放 30 年教育风云人物"等不凡经历。请问，这次的入选与前几次有何不同意义？就你本人来说，对您又有哪些不同的触动？

朱永新：这次的入选，全国只有三人，一个是原中国科技大学校长朱清时，一个是新东方的董事长兼总裁俞敏洪，我感觉自己与他们两位有很大的差距。原来引起关注的媒体，更多的是官方或半官方，这次的媒体，是一个腾讯 QQ 网站评出的，是纯民间的角度来看待我的。我很珍惜这次的激励，这是一种来自纯民间的力量，一种草根的力量，不能不让我联想到诸如"我是谁？我从哪里来？我到哪里去？"这样的命题。

就在去年的最后一天，我深夜给我们的新教育团队写新年祝词时，我说："我们每一个对新教育怀有宗教般情怀的人们，以堂吉诃德的勇气，将苏南一隅的点点星火，欢愉地散遍广袤的天南地北，以西西弗的坚硬，将晨诵、午读、暮省的生活方式，柔软地植入未来的中国心灵。多少回，我无法抑制我的泪水。当我们的魔鬼团队以田野作业的方式，布道于穷乡僻壤，我的眼泪为他们欢腾的理想、为他们憔悴的容颜而流。当绛县的蒙学孩童以惊奇惴惴的眼神，遥望那天际苍穹，我的眼泪为他们农历的天空、为他们润泽的童年而流。我一直在说，新教育不是我一个人做的，新教育也不是我一个人的，新教育是大家的，是每个需要新教育的孩子们的。至于我，最多只是一个在时代急促的呼吸声中，大着胆子，跑出来喊了一嗓子的家伙。因为有孩子，因为有你们，我微弱的声音才能在中国教育的沉疴里激荡。”这里面，就有你问到的问题的答案。

在“回响中国”颁奖仪式上，主持人是中央电视台的伟鸿，他给我的颁奖词是这样说的：“他有一个梦，一个新教育之梦。他为此所做的实践，让一群拥有教育理想的人，在播种理想的路上蹒跚前行。而如今，他的新教育改革之火，已然燎原。”伟鸿还着重评介了主办方设置这个奖项的宗旨：“在中国教育前行的漫漫征途中，我们必须要感谢一些人——那些利用自身影响力推动中国教育前行的教育风云人物。有了他们，我们至少会看到希望，至少会少走一点弯路。”他说要感谢“一些人”，这个“一些人”中包括我，那么，我又应该感谢谁呢？我想有很多很多，但首先，就是我苏州的父老乡亲！

我们父子俩，都受恩于苏州

记　者：下一步的研究方向，可以向家乡父老透露吗？

朱永新：我最重要的任务是做好民进中央的本职工作。行有余力，则一如既往，追寻我的新教育之梦。也希望一如既往得到父老乡亲们的关爱和支持。

记　者：这里也向您透露一点，那就是，读者说你们“父子二人转”中，儿子朱墨的文章比父亲的更好看，更有才情，您不会不开心吧？

朱永新：怎么会不开心呢？应该是非常开心才对。我们父子俩，都受恩于苏州。我是在苏州读的大学；而儿子朱墨则是在苏州从幼儿园读起，直至从苏州中学考上南京大学，如今又在上海的复旦大学读研。长江后浪推前浪，一代更比一代强，这是历史的规律。如果青出于蓝却不如蓝，那就是巨大的悲哀了。朱墨去年在《文学争鸣》上发表长篇论文，得到了复旦大学的研究生学术奖励，并且作为学生代表赴台湾访问交流。不过你的话也提醒我，我要不断提高自己才行。也许，我还要偷师朱墨，学学他的长处，使我们父子俩的“滴石斋闲话”能拥有更多的读者，以回馈贵报的知遇之恩。

新教育：孩子幸福快乐学习的“试验田”

2004年12月7日
媒　体：《江南时报》
采访者：戴　洁　严俨文

新教育应该说是一种传承，是过去好的思想、好的理念、好的方法在当代新的实践、新的传承。新教育是尊重人性、让人类生活得更有尊严、不断走向崇高的，为了一切孩子发展的，为了让学生和老师享受教育幸福的教育。

记　者：最近关于“县中模式”的讨论非常热烈，您对此有何看法？

朱永新：我觉得没有必要过分炒作。无论什么模式，都必须尊重教育的规律。考试也是有其自身的规律的。我不主张搞家教，当然也不是说所有的家教都不行。但有一点是肯定的，考分不是靠加班加点加出来的，这不符合教育的规律。按理说，我要请家教非常方便，但我坚持不请家教。因为家教太多，孩子们可以支配的时间就很少，一些根本问题也得不到解决，比如孩子的人生理想怎样解决。因此，我想无论是苏州还是南京，要把教育办好，关键是要走有自己特色的教育之路。

记　者：现在外界有一种说法，这几年南京高考成绩总体排名靠后，都是因为不准学校补课造成的，您对此怎么看？

朱永新：其实完全没有关系。比如苏州中学，它的成绩相当出色，但也可能是整个江苏省学习最轻松的学校。补课是最简单的办法，但不是最好的。现在学生的负担过重，孩子们缺乏一个充分的空间，总体上说孩子的心灵被压抑的话，不可能释放出能量。本来孩子可以有针对性地根据自己学习上的问题支配好自己的时间，但现在都被无情剥夺了。

记　者：在推行新教育的学校中，师生们是如何看待新教育的？您有没有听到反对的声音？

朱永新：目前全国开展这项实验的学校有217所，涉及21个省市。一开始也有些人对此不太理解，大多都是担心会不会影响学生的成绩，增加学生的负担，但学校的事实让大家都尝到了甜头。我举个例子，苏州工业园区胜浦金光小学本来是基础比较差的学校，但现在是工业园区发展最快的一所学校，许多指标都名列前茅，以前这所学校没有一位教师发表过论文，但现在有40%的教师的论文发表在全国媒体上。

记　者：有人说“高考不改，教育难兴”，“应试教育是教育发展肌体上的一颗毒瘤，高考体制不改革，任何层面的改良都只是化疗，而根治毒瘤的有效的唯一办法是手术”，您认为新教育能达到手术的作用吗？

朱永新：考试制度的问题我们无法改变，这是国家行为和政策，我们只有通过民间教育活动不断呼吁高考制度的变革。新教育作为一项教育实验，也希望中国高考变革，如果不变革，那么新教育也很难推广。高考改革最好能像新课程改革般地推进，如果不可能的话，就带着镣铐跳舞，带着镣铐同样可以跳出很精彩、悲壮的舞蹈，也可以成为艺术的样式。

记　者：在推行新教育的学校中，很多都是农村学校，有人认为，这是您在推行“农村包围城市”的战略，是这样吗？城市推行的难度是不是大一点？

朱永新：应该是这样吧。城市里的校长对教育相对容易缺乏激情，可能因为城市生活的诱惑而受到很大的影响，而农村的教师则因为急于改变目前的现状而乐于接受新教育。教育事业需要真正做教育的人，可能城市中的学校有想法，但背后的动力不大。不过现在这种情况正在发生变化。

记　者：媒体对于新教育的关注程度前所未有，正面的评价相当多，《南风窗》更是把它比喻成中国的“新希望工程”，对于这些评价，您是如何看的？

朱永新：这样高的一个评价，我当然很高兴。我觉得新教育的目的就是从精神层面解决教育的匮乏。媒体如此大规模地对一项教育实验进行大规模的报道，《人民日报》、《南风窗》、《光明日报》、《新民晚报》等等，全国几十家媒体同时关注，很多报纸不惜版面进行报道，这在中国教育史上是从来没有过的。我想这里面主要有两个原因：第一是大家对目前的教育真的是不满，第二是新教育本身做对了应该做的事情。

记　者：那么新教育的精髓是什么？它和现行的教育有什么区别？

朱永新： 基本理念为追寻理想，超越自我。精髓是让老师和孩子们在他们心中播种理想，以良好的精神状态去追寻心中的梦，让他们有自信心。它的基本特征是明显的，是注重教师和学生的精神状态、注重行动的理念，非常强调“做起来”，只要行动就有收获。

欧洲历史上有新教育运动，当时一位英国教育家不满当时教育严重脱离实际，认为那是一种阴暗的、束缚学生个性的教育方式，于是自办了一所学校，在整个欧洲都非常有影响。这所学校成为当时争相参观考察的新学校，随着影响扩大，就产生了欧洲历史上的新教育运动。新教育运动后又传到美国，对美国也产生了深远的影响；在20世纪二三十年代传到中国后，被陶行知等教育家推广。从这个意义上说，新教育应该说是一种传承，是过去好的思想、好的理念、好的方法在当代新的实践、新的传承。

具体来说，在21世纪，新教育是在中国、在苏州发起的一场民间的教育改革尝试，新教育是尊重人性、让人类生活得更有尊严、不断走向崇高的，为了一切孩子发展的教育。

记　者： 您曾在国外工作和生活过一段时间，这是不是对您的教育观有所影响？

朱永新： 人的所有活动都会对人的行为产生影响。我在日本工作和学习过，也考察过美国、欧洲等地方的教育。在西方，孩子学习得比较快乐，这和中国有很大的不同。我有个朋友在美国，他告诉我想回国内来创业，但孩子不让，孩子说除非他能把美国的学校带回来。他的孩子前几年是在国内的，对中国的教育已经恐惧到极点了。

记　者： 在推行新教育过程中有没有令您感动和难忘的事？

朱永新： 这种故事每天都在发生。苏州胜浦金光，一个普通的农村学校，山还是那个山，孩子还是那些孩子，老师还是那些老师，但开展新教育实验短短两年后，发生的变化让人非常感动。吴江金家坝小学50多岁快退休的张老师，从零开始学打字、学计算机，开始发表教育日记，她说：“教了一辈子的书，现在才找到教育的感觉，有种青春的冲动和活力。”她被教育在线论坛上的老师们誉为青春偶像。

记　者： 如果您不是市长，推行新教育还会像现在这样顺利吗？目前我们都知道，新教育实验是一项民间运动，今后有没有可能会变成国家教育的指导性意见？

朱永新：我想如果我不是市长的话，新教育的推广应该会推行得更好，那样我可以有更多的精力去发展这个教育事业。现在我平时要从事行政工作，只能利用周六、周日或业余时间去做。另外，现在推广新教育实验的大部分学校都是在苏州以外，苏州市副市长的身份对他们是没有用的。而现在苏州城区开展新教育实验的学校反而不是太多，主要原因是城市学校校长们缺乏迫切变革的动力，他们的压力也很大，怕影响升学率。新教育实验开展到现在，已经引起了全国的广泛关注，2003 年向教育部开始申报，当年就被立项为重点课题，我们相信会进一步得到教育行政部门的支持。现在在全国的一些城市，已经开始出现政府推进新教育实验的局面。

记　者：您既是市长又是全国政协委员，您在苏州主抓教育工作这么多年，那您的理想在多大程度上得到了实现?

朱永新：理想是很难完全实现的，正因为很难实现，才值得我们去追寻。这不是可以用量来衡量的，追寻理想永远是奋斗目标。这些年苏州学校和学校间的差距在全国来说是最小的，我们一直推进弱校和强校的合并，让更多优势教育资源面向更多的学生。我们在教育工作中，一直坚持“雪中送炭”而不是“锦上添花”，这和有些地区的做法不同，在一些地区，教育就是集中财力、物力、人力投资一所学校，然后供观摩，但其他学校可能“锅都揭不开”。在苏州进行的这些尝试也得到了老师的认同，这是问题的关键。如果他们不能认同，所有的行政力量都将是苍白无力的，也只能是以形式主义对付官僚主义。

前行、攀升与飞翔

2010 年 4 月
媒　体：《课程・教材・教法》
采访者：郭利萍

> 教育生活中的危机与遭遇，教师的困惑、思索、探索与解决这些危机与遭遇，就是我们生命叙事中的波澜，是我们生命意义的源泉。所以，重要的不是生命有没有遭遇困境和问题，而是生命如何将这种遭遇书写为有创造意义的叙事。

记　者：朱会长，我常在其他媒体听到或看到您对教育发表的意见，今天我想听听您对教师素质提高与教师发展有何高见。

朱永新：高见谈不上，但教师素质的提高与教师的发展的确是一件关乎中国教育明天的事，需要引起国家和社会的关注与重视。这也是我这些年来一直在思考、探索的问题。我近年来在全国组织开展的新教育实验的一项重要任务也是要探索出一条真正能使教师迅速地成长起来的路子。

记　者：您是基于何种考虑开始进行新教育实验的？

朱永新：当时主要是基于两点考虑：第一是想用一种途径或渠道把我对教育的一些思想有效地传达给广大教师，第二是想改变许多教师意欲提高自身素质而又不得法的状态。我在当教师的那段时间里对教育和教师有不少想法，也出了不少书，但我一直没能真正亲近教师，自然也谈不上用我的思想去影响广大教师的学习与生活。大约从 1999 年起，我就一直在思考这两个问题，希望能用一种大家喜闻乐见的形式与一线教师有效沟通。《我的教育理想》就是在这样的背景下出版的。2002 年 6 月 18 日，我创办的教育在线网站正式开通。这个网站很快成为我走近教师的一个重要渠道，也很快成为中国教师的精神家园，一大批优秀教师通过实验迅速成长了起来，很多过去平凡的甚至平庸的教师被“点燃”理想后，也快速地成长起来。2002 年 9 月，我把对于理想教育的思考付诸实践，在苏州的昆山市玉峰实验学校正式开始进行新教育实验，新教育的许多思想逐步在这个学校变成了行动。目前，新教育实验已经在全国 24 个省市的 716 所学校开展起来，有 24 个教育行政部门建立了新教育实验区。

记　者：新教育实验与传统教育相比“新”在哪里？您主持的这项实验最想解决的是什么问题？

朱永新：新教育实验的“新”主要是理念上的“新”和学习方式上的“新”。

新教育实验的目的是以教师发展为起点，以六大行动为途径，以帮助新教育共同体成员过一种幸福完整的教育生活。新教育实验的核心理念是努力使教育者和被教育者过一种幸福完整的教育生活。我一直认为，教师的发展是教育工作的关键所在，没有教师的发展就不会有学生的成长，没有教师的幸福自然也就不会有学生的快乐。在新教育实验中，我提出了一个理念，就是要把学习和教育当做人的生活方式的一部分来认识。也就是说，儿童的学习不仅仅是为将来的工作与生活作准备，教师的学习也不仅仅是为了应对职业的需要，也应成为他们当今生活的一个有机组成部分。在新教育实验中，我们强调要过一种幸福完整的教育生活，这既是对教育终极意义的思考与追求，也是对当前教育的愿望与计划。“幸福”两个字说起来容易，但在我们的教育过程中到底能让人感受到多少呢？我一直在思考：在素质教育成为越来越多人的共识的同时，学生的学习感受到底如何？他们童年的学习生活快乐美好吗？作为成人和教育工作者是不是应该思考：这种教育现象我们是否要任其下去？新教育希望能够通过自己的努力，实现人的全面和谐的成长，让每个受教育者获得成功的智力、整合的智慧、高尚的德行和丰富的情感。

记　者：您说的这种幸福完整的教育生活我们怎样才能获得？

朱永新：为了实现新教育实验提出的“过一种幸福完整的教育生活”这一目标，我们在实验区和实验学校倡导了营造书香校园、师生共写随笔、聆听窗外声音、培养卓越口才、构建理想课堂、建设数码社区六大行动，以及“晨诵、午读、暮省”的新教育儿童生活方式、“毛虫与蝴蝶”的儿童阶梯阅读、教师专业发展的“三专”模式、新教育“每月一事”等新教育课程。其中，最关键的是“书香校园”的建设，让师生与人类的文明和崇高对话。

记　者： 近年来我在与基层教师、教研员接触的过程中发现，教师队伍的学历层次较十年前有了很大提高，但教师的教学水准与教学能力并没有相应地提高。有教研员告诉我，现在有相当一部分基层教师不能准确地把握文本的学习意图和文本的主旨。教师如果读不懂文本，对我们的教学以及教学效果将是致命的，但现实的确不容乐观。这个问题如果要追究起来似乎又不完全是他们在当教师过程中犯下的错误，难道是我们在教师培养上出了问题？

朱永新： 你说的这种现象其实我早已有所察觉。这里有进入教师队伍的“门槛”问题，如什么样的人能进入教师队伍，谁在把关，怎么把的关。也有我们师资培养方面的缺失，这个“培养”既有师范学校、师范大学的教育质量问题，也有进入教师队伍以后的继续教育、继续成长的问题。新教育实验认为，教师的职业认同与专业发展应该是教师成长的两翼。这里说的“专业发展”就是指教师进入教师队伍后进行的所属学科知识与素养等的再学习、再提高，这对教师是至关重要的。我一直认为，专业发展是职业认同的基础，职业认同是专业发展的动力，互为前提。教育的成败在很大程度上取决于教师的专业素养，取决于教师的专业发展，取决于教师对职业的认同、信仰以及对教育的热爱。

记　者： 在教师专业发展方面您有何高见？我们如何才能促进教师的专业发展？

朱永新： 我认为，教师的专业发展可以通过我们近些年倡导的“三专”模式来实现：专业阅读——站在大师的肩膀上前行；专业写作——站在自己的肩膀上攀升；专业发展共同体——站在集体的肩膀上飞翔。这也是我对教师专业发展的三个观点。

记　者： 您能否具体就教师专业阅读、专业写作和专业发展共同体这种“三专”模式谈谈您的意见？先说说您对教师专业发展方面的第一个观点，也就是您眼中的教师专业阅读，为什么说它是“站在大师的肩膀上前行”？

朱永新： 我认为“阅读”对于教师成长应该是第一位的。如果没有教师的阅读，就没有教师的真正意义上的成长与发展。教师的教育智慧从哪里来？人类几千年的教育历史中，创造和积累了许多宝贵的教育思想财富。这些财富保存的载体主要就是教育的经典著作，阅读经典和与过去的教育家对话，是教师成长的基本条件，也是教师教育思想形成与发展的基础。

教师读书不仅是汲取教育思想的营养、获得智慧，也是情感与意志的冲击与交流。从过去的教育家的著作中，我们可以学到很多东西。有心的教师会认真阅读教育的重要文献，了解不同时代教育家的人生理想与人格力量。读书会让教师更加善于思考，更加远离浮躁，更加有教育的智慧，从而让我们的教育更加美丽。

记　者：在专业阅读方面您提出了要“站在大师的肩膀上前行”的观点，您认为教师可以通过怎样的途径去实验？

朱永新：为了有效地帮助教师进行“专业阅读”，我们曾制作过一张“新教育教师专业阅读示意图”，并在充分考虑个体成长的特殊性和序列性的基础上，用书目的形式架构起了一个理想的教师知识结构模型，从而有效地解决不同水平与学科的教师分别“读什么”、“怎么读”以及专业阅读如何为专业实践服务的问题。这些年我心里一直有一张教师专业发展图谱，这张图大致能描绘出我心中理想的教师专业知识结构。我认为理想的教师专业知识结构大致可以分为三个板块：人文科学知识（占 20%），学科本体性知识（占 50%），教育学、心理学及职业知识（占 30%）。其中人文科学知识包括人文综合知识、科学综合知识、文学艺术知识、哲学宗教知识、经济管理知识、影视剧知识和其他知识，学科本体性知识包括学科史知识、学科及学科教育知识、学科文化及哲学知识、学科课程及教学知识（课程理论、课程实施、学科研究）和学科相关科普知识，教育学、心理学及职业知识包括教育学知识、实践教育学知识、课程理论知识、教育视域知识、教育文学知识、职业认同知识、教育管理知识和心理学知识。

上述三个板块的知识不是彼此孤立的，而是相互支撑、有共同的知识观和价值背景的。在知识观方面，强调知识与生命相关联，与实践相关联，最终以解决实际问题和丰富教师生命为旨归。这决定了在我们的价值系统中，活的知识远高于死的知识，基于实践的知识远高于强调系统的知识，整个知识结构应最大限度地促进教师教育生活的幸福完整。

记　者：教师进行专业阅读的目的、任务是什么？专业阅读的关键又是什么？

朱永新：教师专业阅读的目的与根本任务就是要造就一个合宜管用的大脑。它需要在教育教学生活中，对心理学的经典思想、教育哲学的基本观点、人类最好的教育经验、人类的基本价值、中国文化的精髓、所教学科的知识精华及成功案例等，有丰富的了解，再逐渐上升到透彻的理解。专业阅读的关键是对“根本书籍”的研读。“根本书籍”也称原典型书籍，是指那些能奠定人的精神及学术根基，影响和形成其专业思维方式的经典书籍。当然，那些在童年和青年期出现过并深刻地影响人的一生及精神气质的书籍，也可称为“根本书籍”。可惜的是，许多教师终其一生，都没有多少属于自己的“根本书籍”。没有这些“根本书籍”为其打下做人的底子和教学的底子的话，他的思想和行为在生活和教学中会不知不觉地受时代风尚影响而不能自行判别方向。我们强调对“根本书籍”的阅读，其实就是强调恢复原初思想的能力，恢复教师从根本问题出发思考当下问题的能力。无论是人类的“根本书籍”、生命的“根本书籍”还是专业的“根本书籍”，都有助于教师深刻地理解人类、理解世界、理解自身、理解生命、理解教育。这种根本性的研读，能够培育教师作为人、作为教师的最基本的能力，为解决专业问题提供深厚的背景，避免了只在词语中飘移的行为与思想。

在“根本书籍”的阅读方面，我主张知性阅读。这是一种带有咀嚼性质的研读，是指阅读者通过对书籍的聆听、梳理、批判、选择，在反复对话中，将书籍中有价值的东西吸纳、内化到阅读者的知识结构之中，从而使原有结构得到丰富、优化或者重建的过程。

记　者：好！那么我们再来谈谈您对教师专业发展上的第二个观点：专业写作——站在自己的肩膀上攀升。您所说的专业写作与平日里教师的写作有何区别？

朱永新：“站在自己的肩膀上”的意思是想说这种专业写作是建立在自己已有的学习、教学的认识、实践与素材积累基础上的不同于一般意义的写作。教育生活其实是由无数的日常碎片连缀而成。这些碎片里包含有各种各样的内容与经验，对此如果我们不经思考、审察与挑选的话，就会导致教育教学在比较低的层面上不断再现、重复。但是，我们如果有了专业写作过程的话，就能有效地对经验进行反思，从碎片中提取有意义的东西并加以理解、提高，然后形成相对成熟的经验和专业反应，使我们的教育实践更有针对性，使我们自己更富有洞察力和教育敏感。这是站在自己原有水平和能力基础上进行的提高性工作，所以，我说专业写作是“站在自己的肩膀上攀升”。

我认为可将教师在教育过程中所涉及的写作归纳为五类，分别是教育感悟、教育叙事、教学案例、教育案例、师生共写随笔。一般性的教育感悟不能称之为专业写作，只有后四种才是我提倡的专业写作。我这里所说的专业写作是指不以名利为终极目标，服务于日常教育教学实践，有助于促进学生发展以及自身幸福完善的写作。一个人的专业写作史，其实也是他的教育史。

记　者：您能进一步说说专业写作有哪些主要特点吗？

朱永新：我认为我所说的“专业写作”大致应有以下几方面的特点：

第一，强调理解与反思，反对表现主义。专业写作是为了对教育教学现象进行反思研究，因此调动专业积累，理解教育教学现象是非常重要的。理解的过程同时也是反思的过程，反思意味着对教育教学现象以及教师的应对情况进行基于教育学、心理学以及学科理论的专业评估，对其中的复杂因素以及因果关系进行梳理。

第二，强调与实践相关联。只有做得精彩、活得精彩、教学精彩，才能写得精彩。专业写作的根基是专业实践，专业写作的目的也是服务于专业实践。实践水平决定着专业写作的水平。专业写作是对日常教育教学的观察、记录与反思，是无法脱离专业实践而单独存在的。因此，专业写作是与专业实践始终交织在一起的。

第三，强调客观呈现，反对追求修辞。“专业写作”是学术性写作而不是文学写作，因此更注重事实、学理和逻辑，强调客观地呈现问题，反对任何形式的抒情化、浪漫化写作。所以说，教师的专业写作需要忽略丰富性，淡化戏剧性，强调简单性，突出逻辑性。

第四，主张师生共写随笔，即师生通过日记、书信、便条等手段，相互编织有意义的书卷生活。师生共写随笔的本质是“共写”，而要实现“共写”必须要有能共同感受与创造的共同“生活”。共同生活也就意味着要有彼此共同的话题，通过共同的密码分享意义。在许多新教育实验学校，教师通过书信、便条的方式与学生及其父母沟通，已经成为一道亮丽的风景。

第五，注重案例研究。在教育过程中，我们会不断地遭遇层出不穷的问题并忙于应付。其实，许多问题会有很大的相似性，在这间教室里发生过的事情，往往也会在其他教室里发生。我们甚至发现，问题的类型也是有限的，比如早恋问题、作弊问题、上课说闲话问题、教育惩罚问题、学生竞争问题、亲子交流问题。如果对这些典型问题进行集中的案例研究，并通过研究者（教师）的笔记呈现出来，就可能为其他教师处理类似问题提供参照。目前我们正着手进行建设“中国典型教育案例库”的工作。

记　者：您在教师专业发展问题上的第三个观点是“专业发展共同

体——站在集体的肩膀上飞翔”，这又该如何理解？

朱永新： 目前，在绝大多数学校，一方面同事之间讳莫如深，教师与教师之间好像生活在同一个校园里的陌生人；另一方面，一些渴望成长的年轻教师希望摆脱孤军奋战的现状，他们往往由于自身的思维与视域局限而无法看清问题的本质，他们个人的反思也往往由于自身的理论功底而无法对导致问题的思维方式进行剖析，因而他们希望借助于外力去获得成功。因此，我在新教育实验中倡导：打破教师之间的隔膜，形成对话的传统，在专业阅读、专业写作的基础上，借助专业发展共同体来提升教师的专业化水平。这是一条教师成长的必由之路。

记　者： 教师专业发展共同体这个概念是您在新教育实验中第一次提出的吗？它与教师群体概念有什么区别？

朱永新： 教师专业发展共同体作为一个概念，可能有人提过。我们新教育研究中心在国内外研究的基础之上，不仅提出了教师专业发展共同体的概念，更重要的是关注实践。在实践操作层面，我们建设了新教育网络师范学院、海拔五千新教育读书会等共同体。这在教育史上是有创新意义的一页。当然，共同体的意思其实古时就有。孔子说，“独学而无友，则孤陋而寡闻”，“三人行，必有我师焉”，说的就是相近的意思。在国外，也有不少专家、学者在进行这方面的专门研究，例如，美国斯坦福大学的格鲁斯曼教授等以案例研究为基础，对教师专业共同体的内涵、特质及组建过程进行了较为详细的描述与说明，并明确指出，教师专业共同体和一群教师之间有着本质的区别。迈克劳林对教师专业共同体对于学校发展的作用进行了研究，指出专业发展共同体可以支持和帮助教师改进和完善自身的教学实践，帮助他们解决由于学校的改革和变化而出现的危机感和不确定感，以使教师应对变化的环境和新的挑战，从而为学校走向成功提供了适宜的组织和精神资源。

记　者： 建立教师专业发展共同体不但能助教师腾飞，还对学校的发展非常重要。那么，在建立教师专业发展共同体方面您有何建议？

朱永新： 在这方面我有以下建议：

第一，教师专业发展共同体必须建立在自觉自愿、积极主动的基础上，这是形成一个良好共同体宽松氛围的土壤。如果只是迫于行政命令，而不是“尺码相同”的人主动地相聚，共同体就会流于形式。同时，共同体成员的共同愿景非常重要，在活动中应体现其整体性的目标及阶段性的目标。每个成员都能在心中明白共同体的价值与方向，在团体活动中要不断证明自己存在的理由与意义，在活动中体验成就感，这是持续参加共同体活动的动力，也是激活其持续发展的最主要的因素。

第二，要有一个好的共同体引领者。在共同体内部缺乏这样的引领者的时候，要主动寻求外部支援，或主动将眼前这个共同体投入一个更大的共同体之中。

第三，要建立一个适度的约束机制。教师专业发展共同体的目的是寻求大家共同发展，共同提高，用阅读和写作“点亮”自己，从而在更高层次上推进共同体的发展。但是，教师专业发展共同体也是需要约束的。这些约束是通过共同体成员的协商制定的，一个适度的约束机制或条例应成为大家的自觉自愿执行的“契约”。

记　者：您能简单地说一下怎样的人适合加盟教师专业发展共同体吗？他们应该具备哪些特质？

朱永新：我认为一切“尺码相同”的人都可加盟“教师专业发展共同体”，尤其是新任教的青年教师和师范学校内有志于成为卓越教师的学生。我希望加盟共同体的每个人身上都能具有如下标志：

一、热爱教育，热爱学生，认同新教育理念，愿意和新教育团体签约成为新教育人并共同成长。

二、不是为了外在的声名，而是为了内在的成长而追求知识；不只是为了薪资，更是为了赋予生命以意义与尊严而从事于教育之事。

三、能够尽可能地参与共同体的讨论，并认真研读讨论材料，做好读书笔记。每年完成100万字以上的专业阅读（以精读为主）。

四、追求和保持知性阅读的习惯，远离肤浅阅读。

五、共同体内的学习伙伴之间要彼此支持，乐于分享自己阅读以及教育教学经验，让帮助他人成长成为一种本能，远离自大、阿谀及攻击，倡导彼此欣赏，真诚批评。

记　者：应该说您今天谈到的三个方面的教师专业发展模式或要求，对我们的教师尤其是青年教师有很强的发展需求针对性，如果每个教师都能按照上述方式去寻求发展，那么，我们的学校教育和学校的未来发展前景都将无比美好。您还能概括地说一下这三个方面是怎样的一种依存、促进关系吗？

朱永新：教师专业发展的三个方面都是建立在反思性实践基础之上的，

而这种反思性实践，又是以专业阅读、专业写作、专业发展共同体为支撑的。专业阅读是一种吸纳，专业写作是一种梳理表达，专业发展共同体是一种境域，是专业发展的背景。专业阅读是站在大师的肩膀上前行，专业写作是站在自己的肩膀上攀升，专业发展共同体则是站在集体的肩膀上飞翔。

从生命叙事的角度来说，每个教师都会不断地遭遇问题，这些问题他有可能解决不了或者解决得不够好。这时候，他可能需要通过与共同体成员的对话或者协作来解决，并要通过有意识的书写，对问题进行梳理反思。而每一个问题的解决都将增加他的个人经验，丰富他的专业知识。

教育生活中的危机与遭遇，教师的困惑、思索、探索与解决这些危机与遭遇，就是我们生命叙事中的波澜，是我们生命意义的源泉。所以，重要的不是生命有没有遭遇困境和问题，而是生命如何将这种遭遇书写为有创造意义的叙事。就像每一部打动人心的小说一样，我们的生命正是在完成不可能完成的任务中成为动人故事的。

唯一不能放弃的就是新教育

2011 年 1 月
媒 体：《教师博览》
采访者：童喜喜

一个人活着，必须有方向。很多人觉得生活没有滋味、没有动力，就是因为缺乏方向，不知道生命往哪里去。所以我觉得“理想”这个词看起来很空，其实非常关键。

记 者：有媒体说，您是离教师最近的官员，近到能听见一线教师的呼吸声。我发现您似乎对教师也特别“偏心”，比如说您反对把老师比做春蚕、比做蜡烛，为什么？

朱永新：在一定意义上，春蚕、蜡烛都是悲剧性的角色。春蚕到死丝方尽——作茧自缚；蜡炬成灰泪始干——牺牲自己。

而我觉得，教师不应该是悲壮的角色，应该是在教育的过程中，和孩子们一起享受教育生活，即照亮孩子的同时也照亮自己，应该是永不熄灭的火焰。

所以我觉得教师的角色不能过分地强调奉献、牺牲，没有自我，而应该在教育的过程中强调教师的职业幸福与尊严，让教师在教育生涯中，能享受每天平凡的生活、享受每堂课、享受每个活动，与孩子一起享受成长，从而让教师的人生更有意思、更有光彩。所以新教育的宗旨是希望帮助师生“过一种幸福完整的教育生活”。

记 者：作为新教育实验发起人，我听说您曾经想过要把新教育实验改名为新教育行动？

朱永新：之所以有这个念头，是想宏扬行动。陶行知先生把“在劳力上劳心”称之为“有思考的行动”。列宁说过：“一打纲领也抵不上一个行动。”

而当下整个社会都缺少行动的力量。不乏人批评、指责，但缺少人去行动。学者们在书斋里闭门研究，即使创造出美好的教育理论，却依然理论与实践两层皮；一线教师职业倦怠感很强，不能体验教育的幸福，每天拿着教育的旧船票，重复昨天的故事——其实这都是缺乏行动的理论。

而新教育实验其实是一个开放性的行动，是基于对教育理想的探寻，在这个过程中每一地、每一校、每一人都可以有自己的创造，所以新教育的旗帜上就写着“只要行动，就有收获”。

记　者：的确，现在有百万师生都参与了新教育实验，都在行动着。这一年半来，我误打误撞闯进教育界，也与不少新教育的老师成为朋友。最近，我刚收到一位老师朋友的来信，她说到自己开展新教育实验近一年的感受：“事实上，这样的日子很充实。有了方向，我开始寻找到了生命的意义，周围的人对我的态度也越来越不一样，特别是同事，虽然他们仍然把我当怪物似的，但很多人不得不承认我的做法是对的。其实别人说什么、怎么看，于我已不重要了，我明白自己的方向，明白自己要走的路。”

这位老师身处四川宜宾某所山区小学，从网上发现了新教育实验后，根据教育在线网站上的教学资料与指引，单枪匹马在自己的教室里开展新教育实验。以前她的网名叫“雪依然”，现在她网名依旧，可签名变成了“冰雪融化出春天”。据我所知，新教育老师中和“雪依然”老师有着类似经历的不在少数。

我觉得教育的实质就是生命点燃生命，可新教育实验中这种普遍存在的现象，还是让我震惊与困惑：为什么新教育有如此魔力，能够在这样的一个时代，点燃这么多老师的激情？这是新教育实验独有的现象，还是因为我孤陋寡闻，其他的教育实验也有着类似的事情？

朱永新：真正好的实验、改革、探索，总会引起一部分教师的关心、关注和参与，总会点燃他们生命中的激情。在中国，这样的探索并不止新教育一家。但像新教育这样执著、长期、持续地真正关注一线教师生命状态的，还不是很多。因此，当新教育与那些充满激情的教师相遇，就能迅速走进教师的生活，就能点燃教师生命的激情，就能促使教师迸发出生命的火花。新教育中遍布全国的榜样教师们，无论他们身在何地、年龄大小、起点高低，共同的特质就是都属于这种充满激情的人。

只是在生活中，更多教师的激情可能暂时被遮蔽，这时需要的是反复的碰撞与点燃。比如石家庄桥西区，2004 年它以行政区的方式加入新教育实验，是全国第一个以行政区来推动新教育的实验区。此后几年，在实验中却很少看见他们的身影。2008 年我重返桥西区，2009 年新教育研究中心接着对这一实验区进行了持续的跟踪交流与指导，现在桥西实验区的教育已经焕然一新——地区如此，具体到个人其实也一样。

当然，这个点燃的过程，也是新教育自身成熟、完善的过程。早期的新教育的确有不少缺陷，虽然在激起理想情怀方面起了很大作用，但在技术的指导上比较欠缺，因此很多一线教师在缺乏指导的情况下，就渐渐沉寂下去。如今新教育也因为优秀教师的不断加入而成长，现在已拥有了扎根一线的课程、提升教师专业发展的网络师范学院等，而且这些资料与学习都是免费的，因此一线教师方向更明确、收获更多，更容易在教育中感受到幸福，生命的激情也就更容易被点燃。

记　者：新教育实验这十年来不断发展壮大，从早期的课题实验发展为中期的项目研究，近期新教育又有了自己的基金会——新教育昌明基金会，这意味着新教育已经成为一个教育的 NGO 组织。为什么会考虑成立这个基金会？您以前为数位山区一线教师捐赠了价值十余万册的图书，成立了移动图书馆，而且听说基金会成立后，您又带头为基金会捐了不少款。

朱永新：成立新教育基金会，同样是为了促进一线教师的行动——“有思考的行动”。在新教育的理念下，每位一线教师、每所学校都可以进行创造性的课程开发、教学研究，向基金会申报被批准后，就能得到一定的资助。此外，基金会还有“新教育种子计划”的项目，专门为那些条件困难但热爱教育的一线教师创造成长条件，协助这些教师制订个人成长计划，并提供师生成长所需的图书、进修学习的费用……

以前我国有类似“希望工程”等很多项目，结对子资助孩子。事实上，孩子真正的成长还要靠老师。如果帮助一位老师真正成长，那等于帮助了多少孩子？激发教师的创造力，携手教师共同成长，这就是新教育基金会要做的事，也是我想做的事，所以在力所能及的情况下给基金会捐了一点款。

记　者：您有诸多头衔，在很多人看来您是成功人士，但可能很少有人会同时记住一个事实：您也是从一个孩子长大的。您从学生、老师、学者、官员一路走来，肯定有不少感悟。回顾您个人的成长之路，您最想和年轻教师分享的一个经验是什么？

朱永新：儿子上大学时，我曾经给他写了封信，主要说的就是：把理想装进你的行囊。

我觉得作为一个人，能让他不断地前行的动力就在于他有个目标。理想、愿景、梦想……作为一个人来说，这些是最伟大与最关键的词汇。

我们常说人是为了今天而活。其实一定意义上人是为了明天而活着，是为了创造一个更美好的明天。

一个人活着，必须有方向。很多人觉得生活没有滋味、没有动力，就是因为缺乏方向，不知道生命往哪里去。所以我觉得“理想”这个词看起来很空，其实非常关键。身为一名老师，你是谁？你要成为什么？你将成为什么？你将如何生活？有了理想，就会激发自己思考一些最基本的问题，然后才能不断挑战自己，才能碰上困难时不再轻易放弃。

记　者：说到理想，我记得您的文章中曾有段让人动容的话：“我得谦卑地承认，几十年前，在我初为人师的时候，我并不懂得教育与生命的密不可分；十年前，在我萌生新教育理想的那一刻，我也绝不可能像今天这样明了新教育之于时代，之于生命的意义。”是否理想也有个从小到大、慢慢成长的过程？

朱永新：当然是这样。理想最初总是懵懂的，并不清晰，是在追寻的过程中慢慢明晰起来的。随着自身的发展在不断往前走，才能发现什么是人生更重要的东西。

新教育的老师中就有很多这样的例子：一开始，有的老师认为自己做了新教育后，会写好文章、讲好公开课、成为名师，他们正是抱着这样的心态走进新教育的。这种想法很正常，这也可能是更高远理想的萌芽阶段。

但成为名师往往是个很容易达到的目标。一旦老师达到这个目标后再没有更高的目标，没有关注孩子生命、守住教育本身，而是一味追求发表文章、讲公开课，那他的目标就没有往前走。

很多新教育的老师最让我感慨的就是，他们经过了想成为名师的阶段后，人生到了新的境界，知道有比讲公开课、发表文章更值得追求的事物。

理想由一串串的目标构成，实现一个目标后，就必须继续制定更高的目标，否则理想就会停滞甚至死亡。

记　者：理想和现实总是有差距的。您也曾经说过：“我们不断地批评应试教育让我们戴着镣铐跳舞，我们为什么不可以戴着镣铐跳出精彩的镣铐舞呢?”请问您现在的镣铐舞跳得如何?

朱永新: 我之所以做这样的一个比喻和形容，就是觉得在中国还是有空间，想舞蹈还是可以舞起来，尽管有时会有点悲壮。事实上我觉得这个镣铐并不是真实地套在我们身上，而是我们自己套在自己心上，我们用无形的绳子把自己给绑了起来。很多人还没去做就觉得不能做，结果真的就什么都没做。

同样的制度、同样的背景，从我们很多新教育学校、教师来看，这几年都变化发展了。所以，我经常说：一个老师在自己的教室里就是国王，一个校长在自己的学校里就是国王，一个教育局长在自己的区域里就是国王！我们都有属于自己的一份领地，只要想做，我们都可以做得很精彩！

改变，从阅读开始

书像好朋友
是最有耐心和最令人愉快的伙伴
与读者终身相随
用真理为我们指路，用睿智为我们导航

书，是人生最重要的里程碑
让我们从这里出发
去穿越那些伟大的灵魂
去拥抱生命中每一次的绽放

——《阅读的力量》（片段）

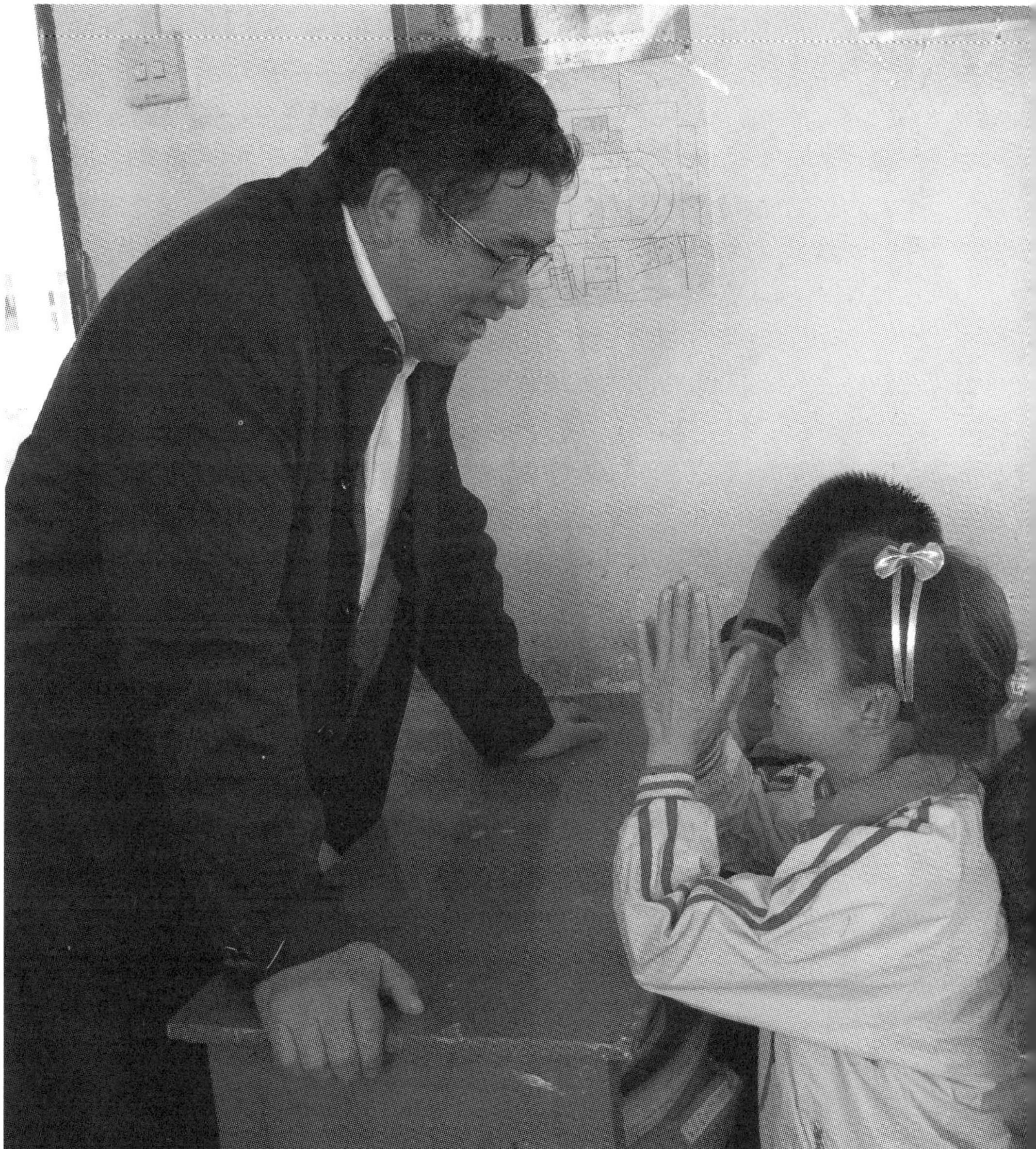

与人类最崇高的精神交流

2004年3月
媒　体：《新读写》
采访者：张爱华

一个人的躯体发育主要靠两大因素：遗传和后天的营养。但是，一个人的精神发育除了个别的病理可以遗传以外，一般是不能遗传的，更多的要靠后天的营养——阅读去开发。

记　者：身兼学者与公务员两种角色，您的工作一定非常繁忙，怎么还有时间、还会想到要编写“新世纪教育文库”这套丛书？

朱永新：我在苏州大学当教务长期间，发现许多大学生根本没有很好地阅读过中外名著。不和人类崇高的精神进行对话，眼界怎么能开阔？于是，我为大学生们开出了一批必读书的书目。可是，读书的黄金时间应该在中小学，而我们的教育常常将这个基础性的工作给忽略了。而且，大多数普通学校缺乏一些基本的考核标准。比如，不少教师对一些教育名著、教育家的重要观点几乎一无所知，这怎么能保证人类灵魂工程师的教育质量呢？一定要把人类文化中最精华的东西展现、推荐给师生，让师生们在有限的时间里，和书本拥抱，与大师对话，与人类最崇高的精神交流。基于这样的想法，我下决心主持编写了这套“新世纪教育文库”。

没有读书就等于没有教育。我经常开玩笑说，一个学校可以没有老师，但是一定不能没有书。这话可能有点偏激，但绝对是真理。而且，这话也不是我说的——是苏霍姆林斯基说的。作家邓友梅曾说过，他虽然只上过三四年的学，但是读书不比任何一个大学生少，因此，受教育的年龄、学习的功底是不完全画等号的。

记　者：按照“新世纪教育文库”的要求，一个孩子在小学、中学、大学阶段分别要阅读100本书，每个教师也要阅读100本书。有人觉得数量上多了一些。要知道，现在的学生和老师疲于应付考试，能自由支配的时间不多。您觉得呢？

朱永新：我认为，一个人的躯体发育主要靠两大因素：遗传和后天的营养，但是，一个人的精神发育除了个别的病理可以遗传以外，一般是不能遗传的，更多的要靠后天的营养——阅读去开发。所以，让孩子们在求知欲最旺盛的时间段内阅读100本书并不算多。虽然有些书是可以选读的，但是每个阶段的阅读总量不能低于100本。而且，我觉得有二三十本书是一定要读的，其中有两本书更应该背出来，那就是《中华经典诵读本》和《英文名篇诵读本》。我们把中国古代的诗词散文名篇和名人名言精选在一起，出了《中华经典诵读本》这本很薄的书，希望所有的孩子都能把它背出来。要知道，背诵的功夫是相当重要的，而且，书中的内容对他将来的成长也是非常有用的。《英文名篇诵读本》是我们要求中学生能够背出来的一本小书，里面包括了一些英语世界里好的谚语、名人名言，经典的演讲稿、散文、诗歌等。我觉得一个孩子如果在基础教育阶段把这两本书都背会了，那他就会具备比较良好的中西方文化的底蕴。在此基础上，再去读一些经典的名著，就会有事半功倍的成效。

至于时间问题，确实有校长跟我说，我也很想让学生读书啊，但是没有时间读啊，课都排满了。但是，时间是人挤出来的，且不说学校的课程可以压缩，还可以开读书课程嘛。好多书放在校本课程内读，有什么不可以啊？你说老师没时间读书，你去问问他们每天在家看电视看几个小时？有位老师在我的论坛上发帖说“实在太忙了，根本没时间看书”，我就在后面跟了一句话：“你比我还忙吗？”后来这句话成为很多网友相互激励的一个经典。

记　者：您曾向全国政协会议提交过一份《关于设立国家阅读节的建议》的提案，建议将每年的9月28日定为“国家阅读节”。该提案一出，著名作家王安忆、赵丽宏、张抗抗等委员们即联名附议。还有，您关于“理想图书馆”的理念又是怎么形成的？

朱永新：我觉得，一个人的精神发育史，其实就是一个人的阅读史；而一个民族的精神境界，在很大程度上取决于这个民族的阅读水平。9月是收获的季节，我希望大家能够通过阅读图书，得到精神上的收获，这也是“阅读节”的主旨。

再来说说理想图书馆。在发达国家，图书馆最大的特点就是便利，我去过的美国、澳大利亚、日本等基本上都是这样。比如美国，你只要有一封当地人写给你的信，便可以进图书馆借书。而且也不用办什么手续，尤其是社区图书馆，门口都有一个还书的箱子，往里面一扔就行了。有的人白天没时间还书，就在晚上散步的时候把书放进书箱里，非常方便。这样一来，读书便真正成了一件轻松愉快的事情。不受外界因素的过多干扰，有利于人们读书习惯的养成。现在的中小学大多能辟出专门的教室作为图书馆或阅览室，这固然不错，但如果在一个开放的空间，放足够多的好书供学生随时阅读，这样，既省却了阅读手续的烦琐，又能避免因受开放时间的限制而影响学生的阅读兴趣。我觉得，这样的图书馆才是理想的学校图书馆。

记　者：图书馆完全开放确实是一种理想的状态，但会不会造成管理上的混乱？比如，丢了书怎么办？

朱永新：我认为这根本就不是问题。我们应该相信学生。退一步说，即使真的有孩子把书拿回家了，说明他喜欢那本书，孩子爱书不是好事情吗？而且现在江苏已经有学校进行这种开放式的图书管理了，如常州武进湖塘桥中心小学，就在教学楼的每一层都设立了以年级为单位的“图书角”，孩子们放学后就可以去看书，有的孩子回家后写完作业忽然想看书了，也会跑回学校来找书看。我问过他们校长丢书的情况，据说基本上还没发现少什么书，倒是有不少学生把自己家里的书拿到学校里，使图书角的书更丰富了。所以，我们不要低估了孩子们的能力和品性。

我每次出国，感受最深的就是无论在火车车厢还是飞机场的候机室里，总能看到许多“老外”在静静地看书。什么时候我们的社会不再把读书、学习看成是一种负担，看成是一种为得到某种荣誉的途径和工具，而是把它作为生活的一部分，生命的一部分，我们才算是进入了学习型社会。

记　者：说说您的孩子吧。自上次采访后，听说他又出版了几本书。如果我没记错的话，今年他才念高三。请问，您是怎么培养他的写作能力的？

朱永新：日记是我找到的一个培养孩子写作能力的非常好的方法。我的孩子上小学一年级的时候，我就开始让他写日记。他写一粒黄豆种下到发芽，共写 21 篇日记。然后写同学，班上 50 名同学每个写一篇。接着写动物，写植物，写家中的摆设，写读后感。写得多了，也就会写了。

很多人要我谈谈所谓的“育儿经”，其实在我看来，只要坚持多读，坚持多写，不要说提高写作能力，出几本书也是顺理成章的事。通过写日记，学生们的文笔会变得更加流畅，文字会变得更美更漂亮。更重要的是，在日记中，他们还学会了进行道德长跑，学会了磨炼自己的意志，学会自我检点、自我激励。所以，记日记肯定是一项对人终身有用的活动。当然，我们写日记的目的不是为了发表，或者不仅仅是为了发表。每天写一篇日记，记录下自己的喜怒哀乐和生活中的片段，这是人寻求自我成长的一种有效途径。在这个意义上说，日记教育不仅仅是语文教育。

一个人的精神发育史就是阅读史

2007 年 3 月 7 日
媒　体：《少年儿童研究》
采访者：李静玉

一个不善于阅读的民族绝对不会成为一个有精神力量的民族，也绝对不会成为一个有竞争力的民族。阅读应该成为我们生活中最重要的事情，中国教育的改造应从阅读开始。

记　者：朱老师作为一位“教育市长”，说到阅读的重要性的时候所举的例子对我触动特别大。您提到犹太民族只有两三千万的人口，但是整个历史中出现了这么多优秀的人，无论是在商界、科学界还是文学界，都为人类创造了巨大的财富。我觉得这是特别鲜活的例子，能不能在这里再分享一下？

朱永新：我自己特别看重阅读。从 2003 年开始，关于阅读的问题我写了五年的提案。我觉得阅读是整个中华民族目前最重要的事情。犹太民族的确是非常值得我们尊重和研究的一个民族。美国人有一句玩笑，说全世界的钱在美国人的口袋里，而美国人的口袋在犹太人的脑袋里。犹太人对宇航技术、计算机技术、农业技术都有很多非常独到的贡献，我们中华民族应该肃然起敬。为什么？我觉得很重要的一条，就是犹太人是最善于阅读的。曾有统计，犹太人平均每人每年的阅读量是 45 本书。犹太人生下来就要舔一下《圣经》的封面，让孩子知道书是甜的。犹太人对书的崇敬差不多近于对宗教的崇拜，所以说犹太民族是一个爱阅读的民族。我经常讲，一个民族的精神境界取决于这个民族的阅读水平，一个民族的竞争力取决于这个民族的精神境界，一个不善于阅读的民族绝对不会成为一个有精神力量的民族，也绝对不会成为一个有竞争力的民族。可以说这也是我倡导阅读的时候以犹太人为例的重要原因。

记　者：读书与阅读两个词很相似，但是我们的孩子只是在读书上学，并没有真正地去享受阅读带来的幸福。这里面有个背离初衷的东西。

朱永新：对于学校教育来说，阅读是那么重要，但我们很多人都没有意识到阅读对教育价值本身的意义，包括很多父母亲、很多老师，甚至很多研究教育的人。没有阅读的学校永远不可能有真正的教育。为什么这么说？前苏联的教育家苏霍姆林斯基曾经讲过，无限地相信书籍的力量是他教育信仰的真谛。他说过，一个学校可以什么都没有，只要有为教师和学生的精神成长准备的书那就是学校。也就是说阅读实际上是学校最重要的活动。还有一种观点是：一个人的精神发育史就是阅读史。一个人的精神是怎么发育起来的？当然是靠书。

我们离开母体来到这个世界上，最初是靠母亲的乳汁，但是母亲的乳汁一年以后就会减少，因此需要自主地进食，每天需要各种各样的营养来充实，才能成为躯体发育健康的人。

很多人没有想过人的精神需不需要吃东西。我认为精神同样需要吃东西，教材教辅也需要，那是母亲第一年的乳汁，是为孩子最初的精神成长所准备的。但是只看教科书、教辅书的孩子可能会成为精神发育不良的人。所以一个精神世界丰富的人一定要大量地阅读，而且我认为人阅读的兴趣、阅读的习惯，以及把阅读作为一种生活方式等一切教育必须在中小学阶段完成，就是要形成人的精神饥饿感。

人的精神实际上也有饥饿感。经过大量阅读的孩子，每天都会阅读，以满足精神的需要、精神的饥饿感。没有这样阅读训练的孩子就没有精神需要，你让他读书他也不会读。像我们现在每天不读书，就感到精神饿得慌。高尔基就有类似的感受，他说一个读书的人看到书就像一个饥饿的人扑在面包上，那就是精神的饥饿感。虽然他没有上过正规的大学，但是他在《我的大学》里面就是把阅读作为他的大学，就像一个饥饿的人看到面包一样。精神饥饿感，这是我创造的名词，我觉得对人的精神成长是很重要的。这也是我们作为一个知识分子，能够不断地去阅读、不断地去充实自己的一个很重要的精神来源。总之，在基础教育阶段，我觉得阅读是非常重要的。

记　者：就是说在这个阶段培养孩子对书的一种依赖或者说一种渴望。

朱永新：对。

记　者：现在的人有很多不幸福与很多不开心，大家都有很多忧愁的东西，因为大家都在寻找快乐，如果都能像朱老师这样，拥有这样一个习惯，能够带给你30多年、40多年的幸福，一直是你快乐的源泉，真是一件十分可贵的事。

朱永新： 我觉得读书是让你学会感恩、学会爱、学会信任、学会合作。很多东西是在这个过程中获得的，而不是老师在课堂里面教育你说你要爱、你要合作，永远都教不会。

任何时期都可以开始学习，作为成年人同样也可以重新培养对阅读的热爱、对阅读的兴趣。

记　者： 我是有这种兴趣，但是因为以前没有听过精神饥饿感这种说法，我突然觉得我缺少这个东西，我很着急。

朱永新： 这就是习惯养成的开始。所以我提倡设立“阅读节”，通过阅读来撬动中国教育的改造。

记　者： 这已经是您第四次提交关于设立“阅读节”的提案，朱老师很执著地要把这个梦想实现。您觉得这个过程中不能得到回馈的阻力是什么？

朱永新： 我觉得我没有什么大的挫折感。实际上从2003年我第一次提出以来，这个提案已经得到社会上越来越多的响应、越来越多的关注。每一次提，媒体都那么关注，说明呼唤阅读不是我一个人的声音。整个提交提案的过程实际上也是一个推广阅读理念的过程，能不能被批准我觉得并不是最重要的，当然我期待着它被批准，我相信总有一天它会被批准。

我觉得阅读应该成为我们生活中最重要的事情，甚至于我觉得中国教育的改造应从阅读开始。陶行知先生几十年以前写过一本书叫做《中国教育改造》，希望改造中国的教育。我希望通过阅读开始撬动整个中国的改造，希望人们拿起书本来，能够跟伟大的经典对话，从中获得最伟大的智慧。我觉得这是我们的教育，甚至于是整个民族的当务之急。

记　者： 您刚刚说通过阅读来撬动中国教育的改造，那么应如何理解中国教育改造这样一个概念呢？

朱永新： 这是一个全方位的东西，从体制到机制，再到我们的结构，到我们的内容，这是一个全面的改造过程。我说把阅读作为一个突破口或者作为一个着眼点来开始，是具有非常特别的价值和意义的。

苏州市有阅读节，是9月28日，去年的主题是“阅读让苏州更美丽”。一个没有阅读的城市，市民素质不会高，这个城市不会美丽。再漂亮的建筑，再繁华的街道，没有美丽的心灵永远不会让人感受到这个城市的温馨。现在东莞、深圳好多城市已经设立了阅读节，而且很多城市响应我们的号召把9月28 日定为阅读节。

记　者：很多国家都有自己的阅读节，应该说是有百益无一弊的节日，我们国家要实现这个，还有什么难度？

朱永新：在认识上，很多人有这样的怀疑：靠一个节日能够改变现状吗？我觉得实际上节日是一个仪式，一种文化的仪式。文化的仪式往往凝聚着文化的情感，凝聚着这个民族对这个时间一种特殊的记忆和特殊的认知。我们不指望能通过一天，甚至也不指望通过一个月解决阅读的问题，只不过希望每年到这个时候警示、提醒大家不要忘记了阅读。最近我在写一本书，书名叫做《改变，从阅读开始》，我觉得阅读是改变一个人、改变一个民族、改变一个国家、改变一个城市非常重要的活动。当然，关于阅读有很多的问题还是需要继续研究和探索的。

选择好阅读时机和阅读对象很重要。因为孩子读书当然不像做游戏那么轻松，毕竟是一个动脑筋的过程。

记　者：那么，应选择什么书给孩子去读呢？

朱永新：现在到底该读什么书，我觉得是一笔糊涂账，没有一个机构对阅读负责。我主张中国应该有独立书评人的制度，应该有一个群体本着对社会良心的高度负责，对各种书进行评说。然后通过各种网站，或者各类媒体发布出去，我觉得这是非常好的方式，应该坚持下去的。

前不久我写过一篇文章，叫做《电视应该赎罪》。从一百年前电视产生以来，实际上人们的阅读量就开始下降了。网络当然更要赎罪，但是电视、网络本身应该承担起呼唤阅读的功能，我设想应该在早晨新闻节目之前有10分钟的阅读时间，把唐诗宋词等最经典、最伟大的作品与观众分享。在晚上的黄金时间也应该有一个读书节目，像现在易中天、于丹这么火，为什么不能有一个给大家专门讲书的人呢？我觉得媒体要承担起推荐好书的作用，这是一种文化的自觉。

现在很多母亲也意识到读书很重要，但是不知道给孩子读什么书，我们现在就解决读什么的问题。当然我们还要解决怎么读的问题。我们正在做一个亲子共读和师生共读的试验。大家不要以为阅读就是孩子的事情，实际上很多书父母亲和孩子一起阅读效果会完全不一样，因为只有共同的阅读才能拥有共同生活的语言，才能拥有共同生活的密码。父子之间、母子之间，整个家庭交流的语言中就开始有了书中的人物、书中的概念、书中的理念，那时候的家庭生活才是真正意义上的共同生活，所以我们提倡共读、共写、共同生活。

同时我们也倡导新的儿童生活方式，叫晨诵、午读、暮省。甚至我们主张青少年应该适当远离电视，在儿童成长的最关键时期如果形成了对电视和网络的依赖，这样的孩子是很危险的。因此，只有当孩子对书的兴趣远远大于对电视和网络的兴趣的时候，只有当孩子对书产生依赖的时候，才能对网络、电视有一种自然地远离的体验。他觉得书中的世界比网络、电视等要精彩得多，从书中得到的快乐比从别的地方得到的快乐多得多。我们希望培养出这样的孩子。

真正的好书，特别是经过大浪淘沙淘下来的最伟大的丛书，肯定是好的，但是即使是最好的书也不一定适合每个阶段的儿童阅读。每一本好书都有它相对特定的、最适合的阅读时机和阅读对象，所以选择好阅读时机和阅读对象都很重要，同时开展丰富多彩的阅读活动也很重要。因为读书肯定不像看电视、玩电脑，不像做其他的游戏那么轻松，毕竟是一个需要动脑筋的过程，因此如何开展丰富多彩的活动就很重要。

记者：这些活动不是被动地接受，是主动的、有创造性的。

朱永新：我们做的“感动接力”的活动非常有意思。具体做法是：老师或孩子推荐一本自己最喜欢的曾经备受感动的书，写一个书签或者写一个感言，把它漂流，让更多的人读，让感动自己的书感动其他人。

改变，从阅读开始

2009 年 7 月
媒　体：中国家教高端访谈
采访者：鱼明霞

阅读优秀的作品，必然会给孩子以强烈的心灵撞击。如果一个孩子热爱读书，那么他会从书籍中得到心灵的慰藉，从书中寻找生活的榜样，在书籍中净化自己的心灵；书中的人物往往就成为他生活的旗帜；书中的道理往往就成为他人生的坐标。

排斥课外阅读的人必将成为精神发育不良的人

记　者：如今的家长都很重视孩子的学业成绩，竞相花高价为孩子报课外班，请家教，买教辅书。但是，让孩子在业余时间大量阅读课外书，家长们就有些顾虑了，害怕顾此失彼：读书越多，学习成绩越差。对于阅读，家长们有必要这样担心吗？

朱永新：现在，孩子们的课业负担很重，很多家长都担心，在课业负担外再让孩子大量阅读，是否会影响孩子的学业成绩？从大量的实践来看，家长的这些担心是没有必要的。不喜欢阅读的孩子，他的知识面窄，生活枯燥，学习兴味寡淡，学习成绩自然不会太好，越往后走，学习古板、思维僵化的孩子的学习必将会越发吃紧。而喜欢阅读的孩子，通过阅读，不但可以在阅读中学到很多知识，发现很多乐趣，而且可以开阔思维，培养浓厚的学习兴趣，开发智力资源，提高发展潜力，越往后走，学习成绩必将越来越好。这一点已经被国内外的许多实验所证明。

当然，我们所说的课外阅读，不是读那些消遣、娱乐、搞笑的漫画书，而是读那些经得起时间考验的开发智力、启迪人心的优质图书。孩子们学习

累了，偶尔翻翻、看看那些漫画书不会产生什么负面影响，但是，把课余时间都用来读那些不用太动脑子的、打打杀杀的消遣娱乐书，就会影响孩子的学习和成长了。

尽管孩子的课外书不都是好书，但家长切不可因噎废食，因为排斥一些消遣娱乐的劣质书，就禁止孩子阅读其他的好的课外书。孩子小的时候，对他们读什么、怎么读多加关心、过问是正常的，必要的，一旦他们步入正轨，有了高品质的阅读需求，阅读成为他们的生活方式时，就没有必要再干涉了。

记　者：为什么教科书、教辅书不能代替孩子的课外阅读呢？

朱永新：对于孩子们来说，教材教辅是必要的。教科书是由国家教育行政主管部门组织专家精心编写的，是根据学科特点和青少年身心发展特征科学安排的，是孩子们在特定发展时期的精神主食。不读教材教辅，孩子们不知自己的主业是什么，不知相应的年龄应该构建怎样的知识框架。不受正规教育的孩子往往难以成为国家的栋梁之才。

但是，只看教科书、教辅书又是远远不够的。长期排斥课外阅读的人，必然会成为精神发育不良的人。因为，教科书、教辅书只是人类精神文化产品的一部分，大量营养丰富的精神文化产品并没有收入教科书、教辅书。孩子们排斥课外书，就相当于排斥营养丰富的蔬菜、水果、蛋奶等副食品。

人的物质食粮需要丰富多彩、营养均衡，人的精神食粮同样需要丰富多彩、营养均衡。我曾经说过，教科书就像母亲乳水，在孩子最初的发展中起到了关键甚至是决定性的作用，给孩子最初的生命力量。但是，如果到了两三岁还继续吃乳水，甚至只吃乳水，那就肯定会发育不良了。

一个精神世界丰富的人一定是大量阅读的人。人的阅读兴趣、阅读习惯是从小培养的。当一个人把阅读作为一种生活方式时，那他就有了一种精神饥饿感。有精神饥饿感的孩子，每天都会主动地自觉自愿地阅读。

教科书读得好的孩子，需要大量的课外阅读来补充、完善、提升他们的知识、技能和境界；教科书读得不好的孩子同样需要大量的课外阅读来改善、扭转自己的不利局面。既不爱读教科书，又不爱读课外书的孩子，必然是个愚昧无知的孩子；既爱读教科书，又爱读课外书的孩子，必然是个发展潜力巨大的孩子；只读教科书，不读课外书的孩子，发展到一定阶段必然会暴露自身的缺陷和漏洞；不喜欢教科书，只喜欢课外书的孩子，虽然考试成绩不理想，但是，这样的孩子在升学、就业受阻之后，完全可能凭着浓厚的自学兴趣另谋出路。

所以，我要说，大量的课外阅读对每个孩子都是必不可少的。其实，在一定意义上说，学校只是给我们提供了一个读书的场所，一个真正的全天候的读书空间。在人生的这个时期，如果没有认真地读一些书，和那些最伟大的灵魂对话，与那些最伟大的思想交流，是非常可惜的。

阅读是消灭无知、贫穷与绝望的终极武器

记　者：在当今的读图时代、读屏时代，为什么您偏偏要强调读纸质图书的重要性呢？

朱永新：当前，我国民众的阅读水平堪忧。第四次“全国国民阅读与购买倾向抽样调查报告”的结果显示，我国国民阅读图书率连续6年呈下降态势，并首次跌破50%。全国每人每年平均阅读量只有4.5本。阅读能力的高低直接影响到一个国家和民族的未来，阅读率下降的背后是民族素质的下降。现在部分国民心态浮躁，与疏于阅读、远离经典、缺乏应有的文化底蕴不无关系。

现在“三屏”（手机、电视和电脑）大大扩展了我们的视界，增加了知识和娱乐的选择，也颠覆了人们传统的读书、读报的生活方式。但是，网络生活的过度化导致了人们“浅思辄止”、“精神矮化”的现象，这使人们鲜活的思想失去了积深、积厚、升华的机会。读屏，不是严格意义上的阅读，它只是一种点击、浏览的方式，不能像书籍那样给我们留下足够的沉思默想的空间。所以，在读图时代、读屏时代，我们更要强调读书的重要性。

我所倡导的新教育实验，首先要做的就是拯救阅读，特别是儿童的阅读。从书香校园到书香社会，从推进阅读到撬动中国教育的改造，这是我们的理想。

童年读过的书会给人们留下终身难忘的印象

记　者：玩是孩子的天性，怎么才能把孩子的玩心收回来，像爱玩一样爱书呢？

朱永新：经过大浪淘沙留下来的经典图书，都是最好的书。但是，最好的书不一定适合各个年龄段的孩子——每一本好书都有它相对特定的、最适合的阅读时机和阅读对象。所以，对于不同年龄、不同喜好的儿童，选择阅读时机和阅读对象是非常重要的，同时，开展丰富多彩的活动也是非常重要的。因为阅读毕竟不像看电视、玩电脑，不像做其他游戏那么轻松、随意，

阅读是一个眼到、脑到、心到的智力过程，所以，只重阅读不重兴趣培养是不行的。

在参加新教育实验的学校，我们开展了儿童阶梯阅读的实验，为不同年龄发展阶段的儿童选择不同的图书，如在一至三年级，我们进行了以绘本为主的读写绘一体化实验。同时，我们为孩子的阅读开展了非常多的有意义的活动，比如配画，儿童看名著后为名著配画、绘图；再比如书中人物表演。你演孙悟空，他演猪八戒，搞情景剧，让孩子们到台上现场表演。此外，还有续写童话等，孩子们根据自身的体验、爱好续写童话，大大满足了他们的创作欲望。

不鼓励孩子阅读，他们不会自行寻找、阅读那些经典好书；把一堆好书扔给孩子，不加引导，不调动情绪，也很难使他们爱上这些书。把书和孩子的年龄、性格、爱好结合起来，让他们在玩中品尝阅读的乐趣，在阅读中提升玩的品味，就能起到一箭双雕的效果！

儿童14岁前读过的好书，会给他们留下终身难忘的印象。我曾多次讲过，人的一生其实是围绕童年展开的，儿童早期的阅读、体验、经验等，是其成年后建设属于他的世界的基本工具。

记　者：在浩如烟海的书中，孩子是不具备分辨力的，如果见书就读，是否有可能迷失在消遣娱乐、搞笑怪异、低级黄色的书中不能自拔？如何才能规避这种阅读危险呢？

朱永新：我们鼓励儿童读书，但不主张儿童随意滥读。因为，儿童最初见到的是什么，那东西就将成为他的图腾，最终他也会成为那样的人。童年的秘密远没有被揭示出来，阅读的秘密也远没有被揭示出来。还是那句话——人的一生都是围绕童年展开的。童年见识真、善、美越多，他心中的真、善、美越多，他就会成为真、善、美的人。那真、善、美在哪里呢？就在童书里。

我早就想为小学生选一百本书，为中学生选一百本书，为大学生选一百本书，为教师选一百本书。我希望在我的有生之年能够完成这个工作。这一百本书应该是一套开放性的营养大餐。在这一百本书中，有二十种左右是最基本的读物。这最基本的读物，所有的小学生都应该读，像《格林童话》《安徒生童话》《致小读者》《爱的教育》《稻草人》等。在这二十本书中我希望有一本是最基本的、一定要背诵的。

从小就给孩子们推荐健康、有益的书，孩子们有了基本的价值取向，长大后，看见那些红红绿绿的低级、劣质的书，自然就会退避三舍。一个孩子品尝过真正的美食以后，对于那些垃圾食品，自然就不会感兴趣了。当然，对于未成年的孩子，我们家长、老师随时都得强化他们的精品意识、健康意识，不能放任自流。

2000 年 7 月，当时刚刚担任张家港高级中学校长的高万祥在给首届高一新生的录取通知书里就夹着一封《走进名著世界，你才能享受到精神富有的欢乐》的公开信。信中写道：阅读名家名著，可以怡情养性，陶冶情操，丰富人的精神世界，提高人的审美能力……让最好的书籍永远陪伴自己，是善待时间，珍惜生命，实现人生价值的最佳选择。随信寄出的还有一份《张家港高级中学学生必读书目》，并对学生的假期读书提出了具体要求。信末的署名是“你的书友、校长高万祥”。这是他们学校给学生的第一份礼物，也是学校给学生的第一堂课。从此，同学们与书结缘，与这个爱书的校长结缘。读名著成了这个学校的特色和风景。

读书正如饮食，不同的饮食往往造成人不同的营养结构，不同的书籍也同样造成人不同的精神结构。要培养孩子的高雅情趣，就要努力帮助他从小建立自己的“小藏书箱”，建立他独特的读书体系。孩子有了自己的阅读体系就不会随意滥读、受不良思想的影响了。

阅读应成为生活和生命中享受的一部分

记　者：阅读是提高学习能力的过程，也是提升精神境界的过程。在阅读的过程中，怎么才能净化孩子的心灵，使他们从书中获取更多的精神滋养呢？

朱永新：阅读不是说教，不是讲大道理，阅读是一种情感陶冶、精神享受，许多文学名著和社会科学作品本身就具有强大的感染力，渗透着一种无形的精神震撼力。例如，孩子们讨论什么是美，什么是善，大家去看看雨果的《巴黎圣母院》、《悲惨世界》，去读读《简·爱》、《钢铁是怎么炼成的》《平凡的世界》等作品，阅读这些优秀作品，必然会给孩子以强烈的心灵撞击。如果一个孩子热爱读书，那么他会从书籍中得到心灵的慰藉，从书中寻找生活的榜样，在书籍中净化自己的心灵，书中的人物往往就成为他生活的旗帜，书中的道理往往就成为他人生的坐标。相反，不读书，不重自身修养的人，往往是不幸福、不快乐的人。

有人问智者：“为什么这里除了我，每个人都这么快乐？”“因为他们已学会在每一个地方看到善和美。”智者说道。“为什么我在每一个地方都看不到善和美?”“因为你无法在内在看到的，也无法在外在看到。”怎么才能提升自身内在的“法眼”呢?阅读是最为简单、便捷的方式。捧起书本，在我们的灵魂深处存一笔精神财富，我们将享用一生，荫及子孙。

有句话说得好：“我一个人无法改变世界，但我能改变一个人的世界。”改变，从阅读开始！当越来越多的人觉醒，越来越多的人认识到走进内在世界的价值，这个世界一定会变得更加美好！

记　者：在人们的日常生活里，什么样的阅读状态，才是最为理想的状态呢?

朱永新：著名文学理论家叶舒宪先生曾经讲述过这样一个故事：他在英国牛津大学访问讲学时，经常到市内各家新旧书店淘书。有一天看到一个戴帽子的乞丐坐在地上，不顾初冬的寒冷，专心致志地捧读一本书。看到这种“不协调”的景象，一种莫名的感动在他心里油然而生。他问乞丐看的是什么书，原来是英国名家凡尔纳的小说。温饱都不能保证，却照样需要幻想中的“环游地球”。在伦敦，需要阅读几乎像需要呼吸和吃喝一样，成为近乎本能的文化习惯。

叶先生所说的情况我也是感同身受。多次出国，我都会看到，无论是在火车车厢还是飞机场的候机室里，总有许多“老外”在静静地看书。在他们的行囊里，书是必不可少的精神食粮。现在的应试教育，在很大程度上挤占了学生读书的时间，学校中无书可读的现象远未销声匿迹，学生无暇读书、不想读书的情形也不少见。除了几本干巴巴的教科书，学生几乎不再有也不再读其他书。这就使他们的精神世界逐渐枯萎，他们的人生色彩逐渐黯淡。这是令人痛心、发人深省的。

什么时候，我们的社会不把读书、学习看成是负担，不把读书看成是一种为得到某种荣誉、获得某种证书的途径和工具，而仅仅作为生活的一部分、生命的一部分、享受的一部分，这样的阅读才是真正的理想的阅读，这样的状态才是我们希冀的、全民受益的状态。

阅读让书香漫城

2009年9月25日
媒　体：《苏州日报》
采访者：吕继东

任何人，不读书学习，就会落伍，就会被时代淘汰。任何国家、任何社会，没有读书尚学之风，就会失去理想和信念，失去发展动力和竞争依托。最优秀的城市就应该拥有最善于阅读的市民。

书香漫城是苏州人的福分

记　者：您离开苏州之后，苏州的干部群众对您的工作和生活情况都比较关心，能否谈一谈您的近况如何？

朱永新：非常感谢苏州的父老乡亲对我的关心。转眼间，离开苏州快两年了。但是我从来没有觉得自己已经真正地离开苏州，苏州似乎也从来没有离开我的视线。现在，我仍然经常在北京与苏州的朋友见面，也经常在网上看苏州的报纸。《姑苏晚报》的专栏，仍然是我与苏州朋友们交流的平台。我还在积极推动北京苏州商会的成立，为在北京的苏州人搭建一个服务家乡的平台。

其实，许多像我一样的苏州人，虽然不是在苏州出生，但是他们对于苏州的感情是非常深厚的。出身泰县、长期生活在苏州的文学家陆文夫，他的《美食家》、《小巷深处》等，使许多人产生了对于苏州的眷念与遐想，以至于人们称他为“陆苏州”；新中国成立后苏州第一任文化局局长谢孝思先生，是贵州人，他也是我非常尊敬的前辈、苏州民进的重要领导人，如果没有他，大概苏州园林早已经成为废墟，《一个人与一座城市》铭记了谢老与苏州的故事；来自云南大山深处的李根源先生，曾经游遍横山、尧峰、皋峰、穹窿、邓尉、天池、渔洋、支硎、天平、灵岩、阳山诸山，撰成《吴郡西山访古记》一书，并且担任《吴县志》总纂、吴中保墓会会长，创办“善人桥农村改进会”、阙茔小学、成人学校等，在吴中大地凿井筑路，绿化山岭，深为乡民称颂。

卑微如我，当然不敢与这些前贤相提并论，但我一直把他们作为自己的人生榜样。我20岁来到苏州读书，50岁离开苏州，人生最美好的青春岁月是在苏州度过的，我早已经把苏州作为自己的故乡。

我现在在中国民主促进会中央委员会工作，这是一个与苏州渊源深厚的参政党。创始人之一王绍鏊先生就是苏州吴江同里人，他也是新中国第一任财政部常务副部长；第三任主席叶圣陶先生是从苏州走出来的伟大文学家、教育家、出版家；现任主席严隽琪是上海人，但是她的老家在苏州东山，木渎镇上的严家花园就是她家的老宅。我为这些苏州的前辈感到自豪，也一直不敢懈怠，努力为中国共产党领导的多党合作制度贡献自己的一份心力。

我同时还兼任全国人大常委和全国人大教科文卫委员会委员、中国教育学会副会长、叶圣陶研究会常务副会长等职务，经常参与执法监督和立法调研，参加《国家中长期教育改革与发展规划纲要》的起草与修订工作。在苏州期间积累的工作经验与行政能力，为我现在的工作打下了非常好的基础。我一直感激苏州的领导和人民对我的培养与关心。

记　者：第四届苏州阅读节将于2009年9月28日隆重开幕。从2006年起，苏州市已连续成功举办三届读书节。苏州市民正在良好的读书氛围中细细品味着浓浓书香，在阅读的海洋里漫游徜徉，读书节的形式也越发丰富多样。对于苏州阅读节的举办状况您是否仍在关注？有何意见和建议？

朱永新：我一直关注着苏州的阅读节。我曾经参加过两次阅读节的开幕式，至今印象深刻。记得第一次是在苏州图书馆举行的，苏州把自己最中心的区域、最繁华的地段贡献给她的市民，作为大家的“书香园林”，一直让我非常感动。第二次是在文庙的广场，这个苏州文化的中枢和象征之地，经常让我产生遐想的神圣的府学诞生地，我们用纪念孔子的方式，继承着他“学而时习之，不亦说乎”的传统，拉开了阅读节的帷幕。

记得在2006年的苏州阅读节上，我还讲了这样一段话：开展广泛的群众性阅读活动，是提高市民文明素质的重要途径，是建设文化强市的重要内容。书，是人类最宝贵的精神财富。一个人的精神发育史也就是一个人的阅读史。

随着时代的进步，人类的这种精神财富累积得越来越多，书的形式也由纸质向多媒体发展。所以，我们只有通过更多的阅读，才能使自己更加富有智慧，并让我们的精神生活更加丰富多彩。任何人，不读书学习，就会落伍，就会被时代淘汰。任何国家、任何社会，没有读书尚学之风，就会失去理想和信念，失去发展动力和竞争依托。最优秀的城市就应该拥有最善于阅读的市民。市委、市政府决定举办苏州阅读节，就是要继承中华民族的优良传统，以创建学习型城市、构建和谐社会为目标，通过广泛开展群众性阅读活动，倡导阅读理念，弘扬阅读文化，营造书香城市，让读书学习真正成为广大市民群众自发追求的一种生活方式、自我发展的一种内在需求，进而确立现代市民意识，培育现代生活方式，养成现代文明行为，进一步提高文明素质，为苏州率先基本实现现代化提供强大的动力支持和良好的人文环境。

回忆每一年的阅读节，我总是心潮澎湃。几百个阅读活动，浓浓的书香弥漫着苏州，我想，那是苏州人的福分，也是苏州人的荣耀。

我一直在关注着苏州的阅读节。我和我的学生们正在写一本《阅读，让城市更美丽——苏州创建书香城市纪实》。我也希望苏州的朋友们能够把阅读节长期坚持下去，成为苏州的文化品牌，成为苏州一道美丽的风景线。

作为教育工作者，我尤其希望苏州的学校，能够深入推进书香校园的建设，让阅读成为教师与学生的生活方式。

记　者：苏州阅读节的设立及运行对您的此项事业有何种意义？

朱永新：苏州阅读节是在苏州市委、市政府领导的直接推动下设立的，当时的王荣书记、阎立市长，尤其是市委常委、宣传部部长徐国强同志，对于阅读节都有具体的指导和帮助。苏州市委宣传部的许多同志，高志罡副部长、缪学为副部长、俪方副部长等，都亲力亲为，具体策划。当时的新闻出版局（后来合并为文化与新闻广播电视）的韩局长等都全力以赴，做了大量工作。

作为分管副市长，我只是在市委、市政府的总体部署和徐国强部长的具体指导下做了应该做的事情。

当然，作为分管副市长，我的重要任务是事前的谋划，帮助领导做好参谋；过程的推进，做好工作的细节；事后的总结，研究得失成败，为今后的工作提供经验与教训。所以，阅读节的提出，我是出了一些主意的，因为这是我一直在推动的事业，也是新教育的重要理想。但是，如果没有市委、市政府主要领导和市委宣传部的鼎力支持，可能就会止于“提出”而难以“推出”了。

我一直感谢苏州这篇土地，感谢与我共事的领导与朋友，能够让我的一些想法，付诸探索与实践。苏州是能够让梦想飞翔的地方。

阅读，关系国家前途和命运

记　者：2003 年“两会”期间，您首次提出了关于“设立国家阅读节”的提案，今年“两会”上，您再次建议“设立国家阅读节”，并建议把每年的 9 月 28 日孔子的诞辰日作为国家阅读节，这一想法的提出是基于何种考虑？

朱永新：从 2003 年我担任全国政协常委开始，每一年的“两会”，我都会提出关于阅读问题的提案，建议设立“国家阅读节”。我一直认为，这不是“沽名钓誉”，也不是“小题大做”，而是因为阅读问题实在太重要了。

首先，从个人的成长来看，一个人的精神发育史就是他的阅读史。没有阅读就永远没有人的心灵的成长，不可能有人的精神的发育。阅读当然不可能改变人的长度，但是它可以改变人生的宽度和厚度；它不可能改变人生的物象，但是它可以改变人生的气象和品位。阅读能够帮助我们，在超越世俗生活的层面上，建立起自己的精神世界。

其次，从国家与民族的角度来看，一个民族的精神境界取决于这个民族的阅读水平。美国人曾经写过一本书，叫《朗读手册》，其中讲道，“阅读是消灭无知、贫穷和绝望的终极武器，我们要在它们消灭我们之前歼灭它们。”我觉得这句话是很值得我们铭记的。怎样去消灭无知、贫穷，消灭绝望呢？最终极的武器就是阅读。所以我说阅读才是硬道理。

世界上很多国家都把阅读作为重要的国家战略，用尽各种办法推动全民阅读。亚洲四小龙中最具危机意识的新加坡，提出“Thinking Schools，Learning Nation（思考型学校，学习型国家）”的口号。从 2001 年 11 月开始，新加坡婴儿出生时，医院的护士叮嘱产妇的事项中，就有“如何读书给婴儿听”一项。这就是新加坡政府提出的“天生读书种，读书天伦乐（Born to Read，Read to Bond）”。在美国，不管是克林顿时代的“美国阅读挑战”行动，还是布什的“阅读优先”方案，都大力提倡读书。1997 年末，美国政府掀起了一场“阅读挑战”行动，当时克林顿总统亲自作了“美国阅读挑战”

行动报告，在《为美国的教育，行动起来!》的演说中，他提出了教育发展的三大目标和应遵循的十大原则，其中之一就是开展阅读运动。克林顿政府提出，应发起一场阅读运动，并建立一支由百万公民自愿组织的辅导队伍，确保美国学生在小学二年级结束前能够独立看书。布什政府在2001年初发布了《不让一个孩子落后》（No Child Left Behind Act）的教育改革议案，其中指出，美国存在两个民族：一个能阅读，另一个不能。该法案中关于阅读改革的力度之大令全球瞩目，仅仅在2001年就为“阅读领先”行动投资了9亿美元。今年2月，刚上任不久的奥巴马总统与妻子米歇尔来到首都华盛顿一所小学，一起为孩子们朗读介绍美国登月宇航员阿姆斯特朗的儿童读物片断，与全班师生合影、握手、拥抱，还送上满满两个牛皮纸袋的书。

早在1999年8月，日本参众两院就通过决议把2000年定为“学生读书年”。2001年11月，日本制定了《关于推进中小学生读书活动的法律》，规定了读书活动的理念，明确了国家、地区和公共团体在读书活动中的责任。为此，日本文部科学省制定了“日本中小学生读书活动计划”，全方位指导读书活动的开展。

为了改变与欧盟其他国家相比国民接受教育程度低下的状况，2006年6月，葡萄牙社会党政府推出一项“国家阅读计划”。

世界各国为什么如此重视阅读？因为阅读不是一个简单的个体行为，而是关系到国家的前途与命运，关系到民族的凝聚力与竞争力的大问题。一个民族的思想基础和核心价值体系的建设离不开阅读，中华民族共同的精神家园建设更离不开阅读。我们处在一个伟大的时代，但是和几乎所有快速成长的时代一样，有很多问题。首先就是面临着共同价值崩溃的危险。当今的社会缺乏共同语言，而缺乏共同的语言，又怎么可能有共同的理想、共同的道德标准和共同的价值观呢？如果没有共同的道德标准，和对于未来的共同的愿景，也就没有所谓的核心价值体系和思想基础。为此，我们需要了解我们自己的历史，以及世界文明经典，这些都只有通过阅读才能完成，除此之外，我们别无选择。

所以，从根本上来说，一个民族、一个国家的竞争力不是取决于它的物质力量，而是取决于它的精神力量；一个国家、一个民族的精神力量，不是取决于这个民族的人口数量，而是取决于它的阅读力量。国际阅读学会在总结阅读对于人类的最大的益处时，曾经在一份报告中指出，阅读能力的高低，直接影响到一个国家和民族的未来。因为阅读可以强化文化认同、凝聚国家民心、振奋民族精神，可以提高公民素质、淳化社会风气、建构核心价值。

在强调提高国民素质、提高国家综合竞争力、促进社会走向和谐文明的今天，阅读问题显得尤为重要。所以，我一直主张，应该把全民阅读作为国家战略来认真实施，其中重要的内容之一，就是建立国家阅读日或者国家阅读节。建议把每年的 9 月 28 日作为国家阅读日，因为这一天是中国儒家代表人物孔子的诞辰日，以此倡导孔子提出的“学而时习之”和“学而不厌”的精神，为推动全社会阅读打下深厚的文化基础。同时，9 月 28 日是新学期开学不久，倡导读书之风，有利于学校营造书香校园氛围。

记　者：国家阅读节的提案数次均未被批准，您却一直为此呼号奔走。您认为其中的困难在哪里？其意义何在？

朱永新：2003 年“两会”期间，我与全国政协委员赵丽宏等人提出了关于设立国家阅读节的提案。但是国务院法制办公室答复：国家原则上不设置新的节日。我曾经提出不同看法，我认为，所谓原则上不设立新的节日，并没有规定不允许设立新的节日。后来，国务院法制办还是批准了“航海日”和“文化遗产日”。

我认为，虽然航海与文化遗产都很重要，但是与读书相比，其意义、价值与紧迫性自然要差一些。

其实，真正的问题，还是我们对于阅读的价值与意义认识不到位。对世界各国的阅读进行比较研究，我们会得到许多发人深省的数据：全世界平均每年每人读书最多的民族是犹太人，为 64 本；全世界平均每年每人读书最多的国家是前苏联，为 55 本；美国现在正在开展平均每年每人读书达 50 本的计划。我国的阅读是怎样的状况呢？九年义务教育语文课程标准中规定，九年期间，学生课外读书量要达到 400 万字，如果每本书是 10 万字，就是九年读书量为 40 本，平均每人每年读书不足 5 本。更为重要的是，在我们的党政干部群体中，甚至在我们大中小学的教师队伍中，读书也并没有成为许多人的习惯。如果我们再不重视阅读，如果我们再不建设书香校园，进而建设书香社会，推动学习型社会的形成，我们的民族前途和命运就会令人担忧。在我们召开的一次讨论会上，许多专家说：“这样一个有着悠久文化历史的国家，如果沦落到大家不读书了，顶多看看日本连环画，那是非常可悲的。”“现在要解放学生，把学生从题海、游戏机房、网吧中解放出来，引导他们读书能够解决这些问题。”

记　者： 4月23日是世界读书日，为进一步推动全民阅读活动的开展，在全社会形成“多读书、读好书”的文明风尚，中宣部、新闻出版总署联合印发《关于进一步推动做好全民阅读活动的通知》，此举对推进全民阅读活动有何重要意义？

朱永新： 这个文件非常重要。它从另外一个方面反映了全民阅读的问题已经引起国家主管部门的高度重视。

今年2月28日，温家宝作客人民网时，有网友提出，“能不能设立全国读书节，提倡全民读书，发扬中国传统文化？”温家宝说：“我赞成他的意见。方才我讲，我们这个民族上下五千年，有着深厚的文化底蕴，不仅有物质文化遗产，也有非物质文化遗产，这些都需要我们继承和发扬。毫无疑问，我们要吸收和借鉴世界的先进文化，但是如果连自己祖国的文化都不了解，都没有能够学好，就很难增强对世界的了解。因此，我非常希望提倡全民读书。我愿意看到人们在乘坐地铁的时候能够手里拿上一本书，因为我一直认为，知识不仅给人力量，还给人安全，给人幸福。多读书吧，这就是我的希望。”

四条建议献策苏州阅读节

记　者： 虽然您已经离开了苏州，我们还是希望您能够就苏州如何推进全民阅读活动提一些建议和意见。

朱永新： 苏州有着崇文重教的优良传统，耕读传家是苏州民风的真实写照。但是，要真正地打造一个富有创新精神的现代化城市，阅读也是一个重要的基础。这一点，我们应该向深圳学习。深圳的文化积淀远远不如苏州，但是自觉地打造“阅读之城”，深圳已经做了十年。每年11月，深圳都邀请全国的专家参加阅读节，深圳图书城10万平方米的大手笔，为城市的阅读人提供了一个美好的精神家园。

具体来说，我认为还有几点建议：一是加强各级各类图书馆建设。图书馆建设是开展读书活动的基础工程，没有布局合理、藏书丰富的图书馆，很难想象会有学习型学校、社区和城镇。因此，建议苏州制定学习型学校、社区和城镇的图书馆建设标准，对图书馆的建筑面积、环境设施、图书数量、服务质量等作出相应的规定。同时，倡导和鼓励各级各类教育、文化部门以及社会公益组织，特别是经济发达地区，积极扶持和帮助经济不发达的农村和地区建设图书馆、图书室等公共读书场所。苏州前几年努力推进的中心城市图书馆与社区图书馆共建互动的模式，也是推广阅读值得坚持和发展的重要形式。

二是发挥公共媒体和专家的作用，做好优秀图书的推介工作。要支持和鼓励苏州的广播电视、报纸杂志、新华书店、各级图书馆做好优秀图书的推介工作，让市民读者尽快了解优秀图书的出版信息。注意推介工作的多样性（运用多种媒体）、层次性（不同读者群）、艺术性（吸引读者眼球），从而激发读者阅读的愿望与激情。要鼓励媒体开设阅读的频道与栏目，为大家推荐优秀书目。

三是开展丰富多彩的读书活动。希望不仅在每年的 9 月 28 日，在苏州阅读节期间，开展读书沙龙、读书知识竞赛、读书演讲比赛或读书征文、中华经典阅读大赛等活动，营造良好的读书氛围，推动全民读书活动的可持续发展，应该把阅读活动日常化。特别是要在学校教育中开展读书活动，进行有效的阅读指导，培养学生从小养成良好的阅读习惯和阅读能力；同时将阅读作为学校办学业绩评估的一项内容。在社区，可招募“阅读辅导志愿者”，为阅读的弱势群体提供无偿服务和方法指导。

四是开展多种形式的评比活动，通过评比促进学习型学校、社区和城市的建设。可在苏州全市范围内开展阅读与学习型城市创建活动，评选书香家庭、书香社区、书香学校、书香企业等，过去一直在进行的苏州十大藏书家评选和优秀书评等活动，也可以进一步创新发展，办出特色。

记　者：最后，问一个比较个人化的问题，您最近在读哪些书？

朱永新：最近两年，配合新教育实验的进展，我反复阅读了《复杂性理论与教育问题》、《儿童的人格教育》、《教育人类学》、《给教师的建议》、《教学勇气》、《第 56 号教室的奇迹》、《幸福的种子》、《图画书》、《有效教学方法》、《学校是一段旅程》、《相约星期二》、《一生的学习》、《有效课堂》、《教学框架》、《夏山学校》 等。

结合自己的本职工作，我先后阅读了《大国的悲剧》、《世界是平的——21 世纪简史》、《美国精神的封闭》、《娱乐至死》、《大趋势——2020 年的世界》、《货币战争》、《大国的崛起》、《六个为什么》、《灵魂不能下跪》、《人类的敦煌》 等一大批政治理论书籍。

我认为，每一个人都有自己的阅读史，但是每一个职业都有自己理想的阅读史。读什么，在很大程度上影响着我们会成为什么。所以，根据自己的职业和兴趣，选择一些能够帮助自己成长和发展的书籍，是我们每一个人必须努力学会做的事情。在人生的不同阶段，总有一些伴随着我们前行的书籍，这些书，就像一轮太阳或者夜晚的明月，让我们不再胆怯、不再孤单，坚定地行走着、跋涉着。

经典是文化的密码

2010 年 3 月
媒　体：《姑苏晚报》
采访者：刘　放

一个社会要有共同的价值，就应该有共同的阅读和共同的语言。如果能够将城市名人（比如海子、鲁迅）等与阅读主题结合起来，那么许多城市的成年人，会逐渐在这种阅读交流中形成属于自己城市的共同语言及密码。

记　者：您提出“让阅读成为中国人的一种日常生活方式”，这是一个很大的目标，正如您平时所强调的，一个人的阅读习惯的培养最好是在他的中小学阶段，但是，对于错过了这一阶段，已经成年的人还有没有形成阅读习惯的可能和必要？如果有，应该如何培养？

朱永新：古人讲“时过然后学，则勤苦而难成”。难成，不等于不成。虽然阅读的最佳时间是在中小学，但是人生的任何时间都可以开始阅读。阅读是人的内在需要，无论何时都有养成习惯的可能。若无健康读物的占领，则不健康的读物就会填充人的阅读需求。

成年人读书无法靠某个组织去“培养”，但是整个社会可以倡导，尤其是媒体应该肩负起责任。我曾经写文章，希望能够在电视台的黄金时间推荐好书甚至诵读好书。事实上，一些电视台的读书节目，特别是央视的“百家讲坛”，对于推动成年人读书起到了非常积极的作用。而政府，则应该在公务员考核中，适度加入阅读考查的内容，以鼓励公务员热爱阅读。此外，政府还应该在公园、政府大厅等诸多公共场所设立阅读角，以营造阅读氛围。

记　者：您一直强调阅读经典，而且是阅读纸质图书。但是，对于大多数人来说，经典总是晦涩难懂的，那些错过了在合适的年龄阅读经典的成年人来说，也要补上这一课吗？经典与那些闲适的、应用性强的阅读，究竟应占多大比例才合适？

朱永新：首先，经典并不总是晦涩难懂的，比如四大名著以及《围城》、《边城》等现代小说，以及许多世界名著，均具有极强的可读性。因工作需要而进行的应用性阅读一般是专业技能的一部分，不需要特别提倡，需要提倡的是经典阅读以及非经典但是比较闲适的“心灵鸡汤”类文字，总而言之是各取所需。但是如果不同的城市能够利用图书馆、美术馆、博物馆等场所经常性地举办关于图书的讲座讨论，而媒体也能够经常发布此类信息并进行生动活泼的讨论，包括不断地发布好书排行榜，那么整个社会的阅读倾向会受到影响，对经典的亲近会多一些。

经典其实是文化的密码。一个社会要有共同的价值，就应该有共同的阅读和共同的语言。如果能够将城市名人（比如海子、鲁迅）等与阅读主题结合起来，那么许多城市的成年人，会逐渐在这种阅读交流中形成属于自己城市的共同语言及密码。

记　者：您认为有没有一些书是适合每个人在所有年龄阅读的？如果有是什么？

朱永新：所谓经典，本身就意味着常读常新。比如那些最优秀的童话：《丑小鸭》、《灰姑娘》、《海的姑娘》、《夏洛的网》、《一百条裙子》……不同年龄的人读来会有不同的感受。一个人可能在做孩子的时候读过，做父母的时候又与自己的孩子共读，做爷爷奶奶的时候与孙辈共读，不同年龄的人，从中读出不同的东西。类似的作品还包括神话、传说以及一些优美的散文作品。甚至像鲁迅、沈从文等大家的作品，做学生的时候当教材来学习，长大成人以后，仍然可以从他们的作品中汲取无穷的力量。

记　者：您最近在读的书是什么？有何评价？

朱永新：我最近在读尼尔的《夏山学校》和克里希那穆提的《谋生之道》。前者是讲一群来夏山学校之前厌学、自卑、叛逆的孩子，来到夏山学校之后，发生了翻天覆地的变化：自觉自发地学习、独立自主地生活、充满爱心与自信。这些孩子曾经在其他学校被判定“问题儿童”，后来却成了杰出的艺术家、音乐家、设计师、科学家、数学家。我们一直在推进新教育实验，希望也能够办一些像夏山学校一样的学堂，让教师与学生过一种幸福完整的教育生活。

克里希那穆提的《谋生之道》是探讨如何获得真正的内在自由的问题。他认为，我们置身于疯狂的生产、制造、消费和浪费的世界中时，往往很少花时间去思考一下，我们的工作是否在扭曲自己？是否在危害我们的生存环境？我们能否停下来，欣赏一下生活本身的美？其实，“回到原点”是一种非常重要的生活哲学。这个问题是现代社会的许多人都应该问一下自己的。

让阅读成为生活方式

2010年3月4日
媒　体：《科学时报·读书周刊》
采访者：麻晓东

设立阅读节是非常必要的，因为阅读节是一个很重要的载体，能够帮助唤醒民众的阅读意识。而将9月28日孔子诞辰日设定为阅读日，还可以唤起国民对中华文化之根的关注，一举两得。

记　者： 您从2003年开始，已连续6次以提案、建议的方式提出“关于建立国家阅读节（日），推进全民阅读的建议”，今年“两会”在即，您是否仍会有这方面的提案提交？该提案的落实进展情况如何？

朱永新： 应该说，从2003年担任全国政协常委到2008年担任全国人大常委，我一直没有放弃推进全民阅读、设立国家阅读节的呼吁。去年“两会”期间，我继续提出了设立“国家阅读节”的建议。国家新闻出版总署征求了中宣部、文化部等有关部门的意见，均表示赞同，认为此举有利于保证全民阅读活动的持续深入开展。

但是，新闻出版总署在答复中明确指出，中共中央办公厅、国务院办公厅2001年发布的《关于节日、纪念日、活动日设立程序的通知》（厅字［2001］16号）要求：“设立节日、纪念日、活动日是关系改革发展、稳定全局和人民群众切身利益的一件大事，要从严控制；没有特殊需要，今后不再增加设立”；“设立具有重大社会意义的全国性节日、纪念日、活动日，由全国人大常委会或者国务院决定”。根据上述文件精神，国家新闻出版总署准备继续同中宣部、国务院法制办等相关部门协商，达成一致意见后正式向国务院提出设立“国家阅读节”的申请，争取早日进入相关部门工作程序。在国家正式批准设立“国家阅读节”之前，将继续扩大4月23日“世界读书日”的社会影响，推进全民阅读活动深入开展。

应该说，经过多年的呼吁，基本达成了共识。目前关键是国务院法制办。

今年，我还会继续为阅读鼓与呼，准备提出三到四个与阅读有关的建议，如“关于把孔子诞辰日作为国家阅读节的建议”、“关于把全民阅读作为国家战略的建议”、“关于建立国家阅读基金的建议”等。

记　者：近几年来，政府、学者、媒体等其实一直在不遗余力地倡导全民阅读，4 月 23 日“世界读书日”也越来越多地为公众所关注，但在应试升学、工作绩效等现实压力及新媒体冲击等外部因素影响下，公众似乎仍难以建立良好的阅读习惯，您认为如果真正设立国家阅读节能否对现状有所改观？

朱永新：我认为，有阅读节肯定比没有要好。按照惯例，凡是式微了、不受重视了，或者濒危了，就必须通过什么什么“日”或者什么什么“节”来提醒甚至警示。也有的是为了纪念某一个事件或者人物。近几年批准的“航海日”和“文化遗产日”，就有这样的意义。

从这两个方面来看，设立阅读节是非常必要的，因为阅读节是一个很重要的载体，能够帮助唤醒民众的阅读意识。而将 9 月 28 日孔子诞辰日设定为阅读日，还可以唤起国民对中华文化之根的关注，一举两得。也许，设定一个节日可能在具体操作过程中有形式主义的做法，但对于阅读来说，有形式比没有形式要好，读了比不读要好。阅读节是首先应该有，然后才是做深、做实的问题。我们强调的不在于是否走了形式，而是把阅读当回事，唤起危机意识，让阅读成为中国人的一种日常生活方式，这才是最关键的。

记　者：现在国内每年的出版物数量都在 20 万种以上，很多读者在书店内面对浩如烟海的各种图书都难免产生无所适从的感觉，您对此有何建议？能否介绍一下您是如何选择图书的？

朱永新：这是一个非常大的问题。现在的图书可以说是汗牛充栋、良莠不齐。怎么选择好的图书，不仅是普通读者的问题，甚至对于相对专业的人，也有许多麻烦。我们没有独立书评人制度，一部分评论是出版商组织的以吹捧、推销为主要目的的商业行为；一部分是学者、作者之间的互相吹捧和“支持”。一些报刊的排名榜也是被商业利益控制的，甚至是被人为地制造出来的。

所以，我们需要研究书目。在书目的确立中，不能有任何商业目的，不允许有经济利益的驱动。我想强调的是推荐书目需要独立书评人。这一点，在我们的阅读圈内基本上也是发育不良的，独立书评人的生存环境、空间并不大。

我们新教育实验的专家从20世纪90年代就开始关注书目研究，曾经推出了“新世纪教育文库”400种，其中小学生、中学生、大学生和教师各100种。在实践中，我们又逐步完善，提出了“毛虫与蝴蝶”的儿童阶梯阅读，其中为低年级、中年级和高年级各推荐了12本文学著作，我们将逐步推荐科学、人文图书各12种，形成一个完整的新教育儿童书包。但是由于人才与经费的缺乏以及与出版社打交道的困难，这项工作进展不快。

其实，中国自古就非常重视书目的推荐，如张之洞的《书目答问》就是很好的书目推荐。美国政府也组织专家为小学生、中学生推荐必读书目，把那些最重要的著作推荐给孩子。所以，我曾经自告奋勇地向新闻出版总署提出，组织专家尽快研究我国的学生推荐书目。我们的学生不经过指导，是不可能从那些汗牛充栋的著作中间，挑选出最适合他们阅读的图书的。

记　者：《科学时报·读书周刊》一直比较关注国内科普著作的出版情况，而我们的科普原创市场目前并不理想，并且目前国内图书创作愈加呈现出文学与科学的鸿沟，对此现象您有何看法？

朱永新：科学精神与人文精神都是人类文明的重要标志，是一个健康的社会不可或缺的两个重要方面，也是一个健全的个体成熟心智的有机部分。现在，人们习惯于快餐式阅读，所以相对来说“文学”的作品远远多于科学的作品。之所以给文学的作品加了引号，因为许多并不是真正的文学。

科普写作与教科书的编写有些相像。国际上有许多专门编写教科书的一流学者，他们不断学习新知、修订教材，为学生们提供最好的学习读本，许多人终身以此为业。但是我们的科研评价体系，不承认教科书的科研成果，所以没有科学家愿意认真沉下心来编写教材。大部分教科书是各个大学互相合作，共同采用，结果是坑了学生。我近年来在江苏教育出版社的支持下，组织引进了一套“海外教育科学精品教材”，基本包括了教育学、心理学两个学科的国际主流教材。我们发现，我们与国际上的教科书的差距，在十年以上。人家一本好的教材，可以修订几十次，几代人不断耕耘完善。

所以，对于科普作品，我们也需要一批有理想、负责任的作家，全身心地投入。

最好的图书给最美丽的童年

2011 年 4 月 21 日
媒　体：《中国教育报·读书周刊》
采访者：郭　铭　实习生：任　君　王明宇

一个民族要形成共同的精神家园，就需要有一个基础阅读书目，需要一个共同的阅读，以形成共同的“核心价值观”。这个书目既要有世界视野，更要有中国特色。

学生阅读状况不容乐观

记　者：一项调查表明：59.2% 的学生只用很少的时间阅读课外书籍，甚至有 6.2% 的学生阅读时间为零。您如何评价目前我国小学生的读书状况？

朱永新：对我们的阅读现状，曾经有人做过调查。20 年来，我们的经济指标增长很快，但是人均阅读量只有微量增加。我们的图书出版数量很大，但是人均阅读量只增加了 0.4 册，从人均 5.25 册变成 5.65 册。我们研制的“中国小学生基础阅读书目”，希望解决的是小学生应该读什么书的问题。从调查的情况来看，大部分小学生的课外阅读量非常之少，几乎没有课外阅读的小学生占总数的 40% 左右。没有课外阅读的学生，最缺的当然是阅读。而对于有课外阅读的学生，我觉得最缺的是比较好的阅读指导。如果完全让小学生自己找书看，找到什么看什么，他们很可能得不到最好的东西，对他们知识结构的构建及精神发展等方面也会造成一些不良影响。

记　者：小学生阅读的缺乏是否与学校图书馆的利用率太低有关？

朱永新：我认为，缺乏阅读的首要原因是没有书读，比如在农村或边远地区缺乏可供阅读的图书资源。其次是由于课业负担太重，学生没有阅读的时间。当然，学校图书馆的建设水平和利用率也是影响因素之一。

没有书和没有时间的原因背后还有一个共同的认识缺失问题，就是对阅读在儿童精神成长中的作用认识不够。对于精神发育而言，教科书的教育相当于母乳。一个孩子只吃母乳，他的身体会发育不良；一个学生只读教科书，他的精神会发育不良。他一定还要补充合理的“饮食”，这合理的“饮食”就是最好、最经典的童书。

记　者：您在 2006 年曾经组织推出过一个阅读书目，如今您又组织研制了“中国小学生基础阅读书目”，您致力于该项工作的出发点是什么？

朱永新：一个民族要形成共同的精神家园，就需要有一个基础阅读书目，需要一个共同的阅读，以形成共同的“核心价值观”。我们的孩子们应该阅读两类书：一类是打精神底子的，可称之为“打底书”，一类是在打完底子之后再看的提高性的图书，可称之为“提高书”。“打底书”是指奠基孩子精神世界、灵魂世界的经典书籍，而“提高书”则是指有“文脉”的书。书也有高低贵贱之分，孩子们需要看“血统高贵”的书。

中国几千年的传统文化博大精深，古籍经典灿若星河，我希望孩子们从小就能读一些承载传统文化的启蒙书。我们只有拥有一些共同的东西，才会形成共同的语言和共同的精神密码，而基础性的书目则为共同阅读提供了文本。我们不仅关注小学生基础书目，接下来还要做中学生、大学生、公务员、父母、学前儿童等多个层面的基础阅读书目。新阅读研究所要用 3 到 5 年的时间研制出一个完整的、全体中国人应该阅读的基础书目。

另一个考虑是，对于大部分父母、教师及孩子来说，让他们自己选图书是有困难的。曾经有人争论说，应该倡导孩子自主选书，让孩子和父母自己去选书，不必搞一套书目束缚他们的思想，这会把所有的人都培养成一个模式。但是，儿童图书每年出版近 4 万种，图书馆和书店里的书琳琅满目，没有一定的文学素养的积淀，父母和孩子很难选到真正适合各年龄段孩子的好书。

所以，我们觉得通过书目给孩子以阅读指导是很必要的。我们给出的是一张地图，但这并不意味着所有人都要根据这张地图走。只是如果有了地图，至少人们就不会迷路，就可以快速地到达目的地。

记　者：中国小学生基础阅读书目应当具有怎样的结构？

朱永新：在“中国小学生基础阅读书目”研制的过程中，我们团队经过反复讨论，形成了比较一致的基本理念。这些理念是我们在选择书目、审查内容、确定重点时首先要考虑的问题。首先考虑价值问题，这是我们研制书目的出发点之一。对“真”、“善”、“美”的认知和追求，是具有普遍性的人类基本价值，是每个民族在生活实践中的基本度量衡，是每个民族在生活实践中的基本度量衡，也是每个人成长过程中最具基础性意义的“立人”之本。

目前基础书目主要包括三大方面，即文学、科学和人文图书。文学类成果和作品更多地凸显人们求“美”的方面，科学类成果和作品更多地凸显人们求“真”的方面，人文类成果和作品更多地凸显人们求“善”的方面。同时，我们兼顾了 8 个价值领域，分别为：人与自我、人与家庭、人与社会、人与国家、人与自然、人与世界、人与历史、人与未来。

在基础书目中，中外图书的比例是中国图书占多数，接近 2/3。坦率地说，如果放在世界舞台上，本土的图书入选书目的 1/3 就算不错了。世界上很多国家的少儿图书创作出版历史比我们长，好作品确实更多一些，而且往往很深刻。但是，这次选书目，我们有了更自觉的本土意识。因为这是中国人的基础书目。肯德基、麦当劳再好，我们还是要吃稀饭、喝豆浆，因为这是中国的。我们的书目既要有世界视野，更要有中国特征。

记　者：书目编制过程中，比较难解决的问题是什么？

朱永新：在编制书目过程中最难解决的问题有两个：一是好书实在太多。我们聘请的专家筛选过的书大概在 8 万种左右，用穆旦诗中的一句话来说，就是“丰富和丰富的痛苦”，文学类书比较丰富，取舍要反复权衡。二是科学类图书好书太少，坦率地讲，可以用“贫瘠和贫瘠的痛苦”来形容，而且科学类图书大部分是套书，我们不想在书目中放入过多的套书。越是低年级的科学书目选择就越困难。另外，真正好的人文书也非常少，例如，我们要给孩子们找一本走进音乐、走进艺术的书，几乎就没有能使我们满意的，只能找很早以前丰子恺编的一本书。我们尽力做到综合平衡。综合，是综合各方面的意见，要去听；平衡是观念的平衡、范式结构的平衡、给孩子适合的书的平衡。

我们聘请的专家都是国内著名的科普作家和学者。科普作品的特点是时代性很强，以前优秀的科普作品很多已经不适合给现代的小学生阅读了。我们没有把这一部分书叫做“科普”，而是叫做“科学”，因为其中有一些科幻作品，科幻作品更接近文学。要培养小学生的想象能力、创新能力，还是需要有像凡尔纳等作家的作品的。这次我们还选进了一些非常受孩子们欢迎的国外的科学读本。

记　者：据了解，《三字经》、《千字文》、《弟子规》等传统蒙学读物能否进入书目，曾引起很大争议。

朱永新：是的，专家们在这一点上存在很大的分歧，争论很激烈。最后我拍板，应该入选。书中有糟粕，不等于孩子们就不能读；我们还没有找到好的方法来教这些书，也不等于就不能读。《三字经》、《千字文》、《弟子规》等传统读物是中国传统文化的基因载体，它已经流淌在我们文化的血液里了。

我们还恢复了一些传统的阅读、被遗忘的阅读，比如我们小时候爱读的连环画。现在连环画受卡通冲击太大。连环画也是传统，它是我们的阅读历史。这不光是一个怀念的问题。老版连环画，比如我们这次推荐的《武松打虎》，是著名画家刘继卣的名作。当年那些大画家都画小人书，因为那时的艺术品市场不成熟，大画家往往去画小人书，大画家画的小人书，都是非常棒的图画书。

记　者：中国的孩子不重视阅读，这也许和学校、家长及社会都有很大关系，我们的孩子似乎缺乏阅读环境。

朱永新：确实如此，为孩子创造良好的阅读环境和培养孩子的阅读兴趣是非常关键的环节。

前不久，北京朝阳区举办的儿童读书日活动的主题就是“建造图书馆里的学校”。图书馆是更大的学校、更大的知识殿堂。图书馆里的书架、墙壁的色彩并不是最重要的，重要的是，藏书够不够好、能不能吸引孩子。比如图画书就是一个美丽的世界，你打开一本就会让孩子亲近图书，有条件的地方为什么不可以让孩子们享受这种美丽的阅读？所以我们坚持放一两本图画书在“基础阅读书目”里面。希望“基础阅读书目”出来之后社会各方面能进行相应的引导。

小学生阅读是老师、家长甚至是整个社会的责任。孩子们缺乏阅读环境，责任主要在学校、家庭和社会。社区的文化建设应该包括少儿图书馆，发达国家把一些阅读责任交给了社区、少儿图书馆和学校图书馆。中国在这方面还不太成熟，因此家庭就要负起更多的责任。

浇花要浇根，教人要教心

我愿意做一个校园里的守望者
我守望孩子的心灵
我要让他们浸润春的甘霖、收获秋的黄金
在抑恶扬善中具有冬的冷酷、夏的热情

我愿意做一个校园里的守望者
我守望孩子的智慧
我要让他们善于阅读、长于发问、精于思考
在与人类崇高精神的对话中升华自己的意境

——《校园里的守望者》（片段）

转型期道德教育的新理念

2001年4月9日
媒　体:《新教育周刊》
采访者: 刘　南　戴联荣

我认为返璞归真的道德教育，不失为道德教育的一种有效的途径，即扩大自然的活动空间。教育要在活动、游戏、交往等方面进行一场革命。

记　者: 现在的中国正处在发展的转型期。作为一位在理论和实践上都卓有成绩的教育专家，您认为当前中国教育最大的失误是什么？您是如何看待转型期的道德教育的？

朱永新: 我只是一个教育科学的“行者”，谈不上“家”，哪儿风景好，我就在哪儿停一停，写点游记。今天，我只是以教育的边缘人的眼光看待道德教育。关于教育的失误，我认为可归结为两点：一个是对基础教育的关注、投入不够，这是个根本性失误。近几年，我国教育经费虽大有增加，但大部分给大学了，基础教育拿到的钱较少。费改税后，经费更成问题。据调查，有些学校费用，政府下拨的只占50%，只够发教师等的人头费。农民是中国最大的弱势群体，边远地区更弱，外来农民工子女的教育问题更严重。在一定意义上说我们是“居民教育”，而不是“公民教育”，这一点国外有“教育券”政策可供借鉴。目前，只能靠“希望小学”来解决上学问题。韩国的义务教育从最偏远、最困难的地方抓，由政府投入，汉城是最后实现普及义务教育的地区。目前，解决有没有教育机会的问题是最大的问题。第二个失误就是道德教育。人们对面向考试的、技能的教育较为重视，但一直没有找到转型期的、适合学生身心特点和中国道德教育国情的路子。这与教育没能把握转型期的特点、趋势有关。我认为，德行形成有特殊的规律，有着自己的路径。第一条路径，德行是在一个相对自然的、活动的外在环境中形成的。

在游戏中适应社会角色。这些东西，现在的家庭中难有，学校中亦难有了。学校的自然交往、活动机会少，学校生活的非自然性太重，没有一个更大的自然空间，让学生体验、实践道德规范，从而形成德行。德行形成的第二条路，就是读书。道德情操的形成需要理性的支撑。与数千年文化对话，这是一条重要的道路，但目前很缺乏。德行形成的第三条路是培养比较健康的情趣。古代强调诗、书、琴、画，这不仅仅是记忆的要求，还是陶冶情操、丰富生活、形成德行的重要手段。孩子有一两个感兴趣的活动，对德行的形成有好处，时间、空间被浓厚的兴趣填满了，违法乱纪的时间就少了。德行形成的第四条路是教育合力。转型期社会主导价值观正在衰退，现在是一个没有英雄的时代，这既是好事，也不是好事。英雄是社会主导价值的形象代表。现实中的榜样不多，可以通过看名人传记学到很多东西，比如《居里夫人传》、《诺贝尔奖获得者传》等。另外，现在的媒体信息量大，价值多元化，有一个价值观抉择能力的问题。再者，社会、家庭、学校的真正合力不够，学校道德教育要通到学生的心坎中。事实上，这四条路都没走通，因此，对学生的影响成效不大。例如现在家庭教育中许多内容是反道德教育的。许多家长告诉孩子：不能太真，不能太直。

记　者：关于教育、道德的问题，朱教授刚才谈得很深入，从您的讲话中，我感觉您对传统道德教育很崇尚。您是如何看待这一问题的？

朱永新：我认为返璞归真的道德教育，不失为道德教育的一种有效的途径，即扩大自然的活动空间。教育要在活动、游戏、交往等方面进行一场革命。日本很多俱乐部的活动比中国大学的还丰富。现在有些家庭组织哈萨克式活动，如一起出游、一起过生日、一起吃年夜饭等，都是有效的方法。另外，在读图、读电脑的时代，仍然要重视读书。教育部的“必读书目”是为了语文教育，我们拟定必读书目是为了对孩子的人格成长有帮助。不少受过传统教育的人，会钢琴，会小提琴，会二胡，会京剧，善绘画，能书法，真是多才多艺啊！现在小学阶段的兴趣培养被应试教育冲垮了。德行的形成与智力操作不一样，渠道不一样。德行有长期性、反复性，完全把德育课程化是不妥的。不能把德育当做智育来教。现阶段道德教育的很多做法都不符合德行形成的规律。

记　者：您认为道德教育的目标是什么？在现在的转型期，您如何评价年青一代及其道德教育？

朱永新：道德教育的目标不一，应按阶段不同，构成螺旋式的上升体系。要用年轻人的成长特点和主流价值观来评价年青一代，而不能用上一代人的价值尺度来评价年青一代。20 世纪五六十年代的人比较容易崇尚权威，但“乖孩子”不是我们时代的主流价值观或“英雄”。现在基层学校的老师对德育问题的研究不像对学科研究那样积极。

记　者：您是如何看待中国的师范教育的？

朱永新：中国培养师范生的体制是较为落后的，一个国家的精华人才不愿读师范，一流师范大学的毕业生不愿在中学教书。这样，就会造成三流的学校培养师资，又培养出三流的学生的恶性循环现象。教师素质问题、基础教育投入问题，是制约基础教育发展的最大的两个问题。外语在未来世界发展中的作用越来越大。印度的发展后劲很大，可以归因于它的语言教学和大力发展高等教育，而高等教育的发展对基础教育的发展也起了很大的作用。究竟如何培养我们的教师，这比如何评价学生还难。教师的道德培养问题十分重要。

记　者：现在中国出现了很多寄宿学校、贵族学校，进行全封闭式教学。您如何看待这一现象？关于回归教育，您又怎么理解？

朱永新：国外有很多成功的全封闭式培养贵族子弟的做法，像英国的伊顿公学等。全封闭教学并不是与世隔绝，而是一种集体生活，学生之间的交往多。苏州的外国语学校搞了许多生动活泼的活动，就很值得提倡。

应该把童年和童心还给孩子，游戏是孩子们的真实世界。现在是成人世界剥夺了孩子的游戏世界，例如班会变成了班主任的训话会。

记　者：有人提出质疑：不道德的社会能够培养出道德的人吗？您如何看待当今的道德社会？

朱永新：不能在现实条件下对道德教育丧失信心。教育不是万能的，也不是无能的。任何时代都有成功教育的个案。我要追问：不道德社会的根源是什么？社会丑恶现象有许多根源，其中也可在学校教育中找到根源，如民主、公平等社会问题，可能多少与教师教育方式的不民主、不公平有一定的关系。这也与缺乏真正追求教育理想、有奉献精神、有激情、有诗意、有活力的教育家有很大关系。因此，不能一味指责社会。“有什么样的教育，就会培养出什么样的学生。”

共筑“人格长城”

2001年12月7日
媒　体：《文汇报》
采访者：茅廉涛

学生阶段是人生读书的黄金时段，学校要采取一定的措施，鼓励学生多读书、读好书，要让学生把人类文明中最经典、最精华的内容大致浏览一遍。这已经不仅仅是一种单纯的读书行为，它对学生良好德行的养成、美好人格的塑造具有深远意义。

记　者：前些天，本报在一版头条位置发表了同济大学将学生人格培养纳入教育体系，坚持开展“人格教育”，促进学生道德素质提高的报道，在学校中引起强烈的反响。作为多年从事教育研究的专家，“人格教育”无疑也是您研究的领域，能谈谈您的看法吗？

朱永新：你们这篇报道的题目抓得很准，很有现实针对性。你们的标题做得也很醒目，叫《成才，先得写好“人”字》。人做不好，有再大的本事也没有用。现在有一些青少年就是没有写好这个“人”字。如果留意一下身边的传媒，你就会发现每天都有不少关于青少年犯罪案件的报道，其中还有一些性质相当严重的恶性案件。有资料表明，近年来，我国青少年犯罪总数已占到刑事犯罪总数的70%以上，而且呈低龄化趋势。这不能不引起我们的关注和警惕。

记　者：确实，目前一些青少年学生存在的人格扭曲、道德沦丧等现象，向社会敲响了警钟。从浙江金华中学生徐力杀母到中央音乐学院陈果痴迷法轮功自焚，以及形形色色的发生在青少年学生身上的抢劫、杀人、强奸以及其他恶性伤害案件来看，重视青少年的人格教育即道德教育，已成为一个不可等闲视之的问题。

朱永新：人格即人品，人品的重要内容便是人的品德。古今中外的教育家都非常重视道德教育，都把道德教育置于一个特别崇高的地位。德国著名的教育家赫尔马特曾说：“道德普遍地被认为是人类最高的目的，因此也是教育的最高目的。”我国现代著名教育家陶行知先生说过：“道德是做人的根本一环，纵然你有一些学问和本领，也无甚用处。否则，没有道德的人，学问和本领愈大，就能为非作恶愈大，所以我在不久以前，就提出‘人格长城’来，要我们大家建筑‘人格长城’。只有这样，才能使学生自觉地创造真善美之人格。”古今中外教育家对德育的论述当然远远不止这些，但从中可以看出，他们把德育放到一个至高无上的重要地位，德育的确是整个教育的灵魂。

记　者：中华民族是一个“重德”、“尊德”、“敬德”的民族，历来强调个人的品德修养。孟子就曾经提出，要有“恻隐之心”、“羞恶之心”、“是非之心”、“人不可以无耻”，要“富贵不能淫，贫贱不能移，威武不能屈”。现在一些青少年学生人格上出现问题，道德滑坡，原因固然错综复杂，但与受应试教育的影响，导致我们的道德教育往往在“德育首位”的呼喊中被忽视或遭扭曲不无关系。

朱永新：确实如此。所以我觉得《文汇报》提出“人格教育”的问题非常及时，如同陶行知先生当年倡导构筑“人格长城”一样，今天也应把这件事提到教育的议事日程上来。我认为，要讲德育，要构筑“人格长城”，先得研究人的德行的形成规律。

记　者：此话挺新鲜，人的德行的形成有什么规律呢？

朱永新：人的德行必须在自然的活动中形成，这是德行形成的第一个规律。抽象的道德戒律光靠说教是不能深入人的心灵的，是不能为人所掌握的。如在以往的家庭中，一般都有两三个子女，这些子女在良好的家庭教育氛围中，就会自觉地认识到自身的权利、义务和责任等。比如吃苹果，几个小孩就会自觉地遵从优先法则，年龄大的要自觉少吃点儿，给年龄小的多吃点儿。又如做家务，每个人都会自觉地分工合作，使每个人的权利、责任、义务得到统一。这本身是一种自然而然的道德实践。在这样自然的活动中，就可以让儿童学到许多道德规则，无须父母反复说教。

记　者：您所讲的其实是人的德行形成的环境。个人成长中所处的家庭环境或学校环境，可以说是一种“道德小气候”。一个人良好德行的形成，除了个人修养，在很大程度上取决于环境的影响。青少年可塑性大，更容易为环境所左右。他们所处的生活环境、学习环境，他们所接触的社会圈子，对他们人格的磨炼以及志趣、能力、气质的培养，都有不可忽视的作用。

朱永新：环境影响确实是很大的，而现在绝大多数家庭是独生子女，相对来说，这些独生子女的互相交流就少了。上学前被关在“铁笼子”里，孩子们大多时间与外面的世界隔绝。上学后，学生尽管生活在一个集体的环境中，但大部分时间仍不能随便交流和活动。由于这些学生没有一种与别人相互交往的场景，他不知道怎样处理矛盾，不知道怎样面对挫折，不知道怎样处理冲突，而这些基本的道德又不是靠简单的说教所能奏效的。道德教育应存在于活生生的现实中，在孩子与孩子的交往中，在孩子与老师的交往中，德育才能收到良好的效果。

记　者：现在的孩子们是太孤独、太寂寞了。宇航员遨游太空回到地球上，人们问他的第一感觉时，他回答是孤独。其实，宇航员登上太空的使命之一，便是为人类寻找天外知音。交流、沟通应当是人类的天性。一个人如果与任何人都不接触，老死不相往来，是很难形成良好德行的。

朱永新：因此，学校道德教育的开展必须要创造良好的教育条件和环境，即要创造自然的德育活动，在活动中培养学生的人格。苏联的教育家苏霍姆林斯基曾在《关于全面发展教育的问题》一书中描述了他把学生置于自然环境和自然活动中进行教育的故事。他说：“经历了学校生活的第一个秋季，我们就深信：赞叹长着火红色的硕果的野蔷薇，欣赏还挂着几片黄叶的枝干匀称的小苹果树，心疼被初冬的寒风吹僵的西红柿株——这一切都在唤起儿童对有生命的美好事物的亲切、爱护的态度。在儿童心里，一株植物变成了有生命的东西，这个生命在凛冽的寒风中会瑟瑟发抖，于是孩子就想保护它，帮它抵挡严寒……教育者最重要的任务，就是要使儿童、少年和青年形成关于美，关于人的思想、情感和体验中的高尚和神圣的观念。我们要使这些观念成为有血有肉的东西——用高尚的道德行为的生动实例来充实它。”遗憾的是，眼下这样拨动心弦的德育已经很少很少了。

记　者：前面您主要论述德育不能光靠说教，并强调要在自然的活动中培养青少年的德行，是否意味着课堂教学、书本知识的学习对德育教育和对人格的提升不那么重要了呢？

朱永新：不！恰恰相反，我认为读书对孩子们净化灵魂、升华人格是一个非常重要的方面。我前面强调在自然的活动中培养学生的人格，主要侧重从感性的角度让学生感受和领悟道德的准则。通过读书来净化学生的心灵，则是强调把道德的体验、道德的感情升华到道德的理性层次，上升到一种自觉的境界。

记　者：英国哲学家、作家培根说：“读书使人充实，读史使人明智，读诗使人灵秀，数学使人周密，科学使人深刻，伦理学使人庄重，逻辑修辞之学使人善辩，凡有所学，皆成性格。”确实，书是人类文明的积淀，是人类进步的阶梯。文化知识能转化为人生的推动力，塑造人的气质性格和品质。

朱永新：其实，许多文学作品和社会科学作品本身就具有强大的感染力，渗透着一种无形的德育力量。阅读这些优秀的作品，必然会给学生以强烈的心灵冲击，学生会把书中弘扬和推崇的道德境界作为自己的一种自觉追求目标，这种内化的道德教育力量是其他方式难以企及的。

记　者：可见让学生养成热爱读书的习惯，是实施道德教育的有效手段。在《公民道德建设实施纲要》中，也对各类文艺作品的创作提出了要求，特别指出这类作品要以其独特的形式和艺术魅力，给人以鼓舞、启迪和美的享受。

朱永新：令人遗憾的是，目前我们绝大多数学生都很少有时间去读课外书，尤其是中学生，整日被“正统”的教科书所包围，这不能不说是教育的失策。学生阶段是人生读书的黄金时段，学校要采取一定的措施，鼓励学生多读书、读好书，要让学生把人类文明中最经典、最精华的内容大致浏览一遍。这已经不仅仅是一种单纯的读书行为，它对学生良好德行的养成、美好人格的塑造具有深远意义。

记　者：在论述了创造自然的德育活动及重视学生与书本为友、与大师对话对推进教育的作用后，您认为构筑“人格长城”还需在哪些方面下工夫呢？

朱永新：培养学生健康的生活情趣和才艺，丰富学生的精神世界，也是构筑“人格长城”的一条重要途径。健康的生活情趣和才艺的发展对人格的培养是不可或缺的。过去我们往往把一些生活情趣和才艺看做一种技能，看做与道德无关的东西，因而忽视它们在德行养成中的作用，如绘画、书法、音乐、舞蹈等。其实，真善美是一个有机的整体，德智体美劳也是一个不可分割的整体。古人要求才子佳人不仅要熟读四书五经，还要精通琴棋书画。古人之所以提出这样的要求，是因为他们已经意识到，这些健康的生活才艺绝不仅仅是一种技艺，它们对人的德行养成具有陶冶功能。

记　者：您的这番话对我颇有启发。技艺可陶冶性情、修身养性，而修身立德则又促进技艺的提高，两者相辅相成、相互促进。罗曼·罗兰说：“没有伟大的品格，就没有伟大的人，甚至也没有伟大的艺术家。”贝多芬也曾说过：“那些立身扬名出类拔萃的，他们所凭借的力量是德行，而这也正是我的力量。”我们之所以青睐品学兼优的学生，推崇德艺双馨的艺术家，其源盖出于“德”的主导作用，这也印证了您的观点。

朱永新：确实如此。当我们给学生规定诸多“不准如何如何”的时候，不如把那些高雅健康的东西充实到学生的生活中去。苏霍姆林斯基在这方面的德育实践值得我们借鉴。苏氏曾提出了丰富学生精神生活的三点措施：一是在启发和吸引学生在完成各门学科学习任务的同时，一定要让学生还有一门自己特别喜欢的学科，让他们去钻研更多更深的问题；二是设法让学生都有一样自己最喜爱的劳动项目和科技项目，使他们在业余时间搞自己的发明创造和科学实验；三是使每一个学生都要有自己喜爱的书籍，热爱课外阅读。倘若我们的学生都具有丰富的精神生活，我们还有什么可担心的呢？显而易见，培养学生某方面的才艺，绝不只是让他们掌握一种技能，它对塑造一个人的人格具有重要作用。

记　者：德行，或者说人格，不可能在真空中培养，它是在与人的交往中、在不断克服自身弱点的过程中形成的。

朱永新：当然，人格的培养手段或方法是多方面的，除了前面所说的以外，还要经常为学生寻找生活的榜样，用真实、可感的道德形象激励学生，引导学生在心目中树立像雷锋、孔繁森那样充满人格魅力的英雄形象，培养学生的英雄主义精神；培养学生自警、自诫、自励等自我教育方法，使学生在陶冶情操、磨砺意志的过程中形成“不教之教”的自律习惯；在社会上形成“做人为本”的共识，建立起家庭、学校和社会三位一体的德育合力网络，使各种力量形成时空交叉影响的德育优势力量等，都是塑造人格、升华道德的重要环节。限于篇幅，不再一一展开了。

记　者：“不积跬步，无以至千里；不积小流，无以成江海。”构筑“人格长城”不是一朝一夕的事，需要我们“积跬步”、“积小流”，从小事做起，从现在做起，从我做起。我相信，只要学校、家庭、社会共同努力，坚持不懈地开展“人格教育”，就一定能筑成“人格长城”。在贯彻落实党中央颁布的《公民道德建设实施纲要》的过程中，这无疑是一项重要任务。

教育科研是学校发展的第一生产力

2002年2月
媒　体：《教师之友》
采访者：李镇西

科研与教学并不矛盾。当然，我这里所说的“科研”是真科研而不是“伪科研”。就像我们说真正的素质教育必然会有好的应试结果一样，真正的教育科研必然会促进我们的教学。

记　者：朱教授，您虽然是一位政府官员，但您同时又是一位教育科研成果颇为丰硕的著名教育专家。我想请您简要谈谈您对《教师之友》杂志这场关于教育科研话题讨论的看法。

朱永新：这是一场很有意义的讨论。教育科研的重要性怎么估计也不过分，在拙著《我的教育理想》中，我曾说：“教育科研是学校发展的第一生产力。”由过去的长期不重视教育科研，到现在大家开始重视教育科研，而也取得了不小的成绩，这是一个了不起的进步。但是，我们在肯定进步的同时，也应清醒地看到存在的问题和不足。关于这些问题和不足，《教育科研：警惕伪科学！》一文中已经列举了许多。不过，我还想补充一点的是，在我们某些教育科研中，不但有着“伪科学”，而且还有着“反教育”。什么意思呢？就是说，“伪科学”的教育科研最多是个“假”的问题，一般来说，它还不会造成对学生直接的危害，而“反教育”的教育科研造成的后果，则不但与我们的教育初衷背道而驰，而且还直接损害着我们的教育。举个例子，近年来，有些地方进行所谓学生“智商”的“教育科学研究”，通过“测评”、“计算”、“统计”、“分析”等方式“研究”出学生的“智商”，然后将这个“科研”结果“反馈”给相关教师甚至家长。这样的“科研”不仅仅是典型的“伪科学”，而且是极为有害的“反教育”，因为它向教育者“科学”地宣布，某某学生智商低。如此“教育科研”的危害，不但误导了教师，更伤害了学生的自尊心、自信心，最终将损害学生的一生。因此，还教育科研真正的科学性和实事求是的作风，让教育科研真正姓“科”，是非常重要的。

记　者：应该说，现在绝大多数教育者不但意识到了教育科研的重要性，而且也逐步认识到真正科学的教育科研的必要性。那么，作为并不是专门的教育科研机构的中小学，应该怎样进行教育科研呢？

朱永新：我认为，作为一所中学或小学，其教育科研的兴旺关键取决于校长。我非常欣赏苏霍姆林斯基的一句名言：“校长对学校的领导首先是教育思想的领导，其次才是行政的领导。”所谓“教育思想的领导”，按我的理解，主要就是引导、支持、鼓励、组织全校教师搞教育科研。如果再说具体些，校长组织教育科研，至少可以扎扎实实地从这几个方面努力：第一，组织教师读教育名著。现在许多学校搞的课题不少，却很少组织教师读经典教育名著。这样的“教育科研”怎能不“伪”？第二，邀请真正的教育名家到学校谈经验、作指导。目光短浅、闭门造车是不可能出真正的成果的，所以我一贯主张，校长应创造条件让第一线的教师与大师直接对话，当然，这个对话也包括思想交流乃至思想碰撞。第三，联系高校来办基地、做实验。《教育科研：警惕伪科学!》一文揭露了某些高校以牟利为目的到中学搞“教育科研”，这种现象当然是应该批评的。但是，我们不能因此而否定中小学与高校在教育科研方面的富有实事求是科学精神的合作。因为有些课题要我们中小学自己设计、自己操作的确有些困难，在这种情况下，我们就可以请高校一起来做课题，这不但能够出成果，而且也是让第一线的中小学教师受到教育科研基本技能训练进而提高教育科研水平的一条捷径。第四，积极举办学术研讨会、科研咨询会，包括主动争取承办一些全国性的学术会议。举办这些活动，不但可以在学校营造出浓厚的教育科研氛围，而且也能扩大学校教师的教育科研视野，提升学校教育科研的层次。第五，要适时提出一些教育科研的思考和聚焦点。第一线的教师自主地搞课题研究，往往带有盲目性和粗放性，难以避免课题的低层次重复、研究力量分散、成果质量欠佳的现象。因而校长就应该适时提出一些教育科研的热点与焦点，引导教师关注可能会引起重大突破而很少有人注意过的教育研究课题。当然，也可以引导教师去研究虽然历史上有人研究过但在新的时代背景下具有新的现实意义的“老课题”。总之，作为教育科研的领导者和组织者，校长必须真抓实干，绝不能为了装潢门面而“走过场”。

记　者： 我非常同意您强调校长应该切切实实组织教育科研，但我在想，对于学校的教育科研，校长要做的仅仅是领导和组织吗？校长需不需要亲自搞教育课题的研究呢？

朱永新： 当然需要！孔子说：“其身正，不令而行；其身不正，虽令不从。”校长只有身体力行地投入教育科研，才能唤起广大教师志同道合、真心实意地走到一起来搞教育科研；只有自己在教育科研上做出成绩，才能对教师具有真正的说服力和学术魅力，引来更多的人为之奋斗。所以，我认为，一个好的校长一定会有自己的教育科研课题。当然，与一般教师相比，这个课题应该更具有宏观性、全局性、前瞻性和创新性，同时又不是虚无缥缈的“天马行空”，而是紧紧贴近学校教育现实的科研。这里我要着重指出的是，对于校长搞教育科研，目前有两种倾向应该引起注意并尽量克服：一是有些校长往往埋怨“行政工作太忙”而不能持之以恒地搞课题研究，这样，好多本来不错的课题研究却因半途而废而前功尽弃。校长们应该认识到，无论工作再忙，教育科研都是最值得“忙”的工作，是“忙”的分内事。二是有些校长本来并没有搞教育课题研究，却因为是“校长”而挂名当课题“负责人”。这是一种极为不良的风气，既挫伤了实际从事课题研究的教师们的积极性，又使校长自己的威信受到损害，同时，对课题研究本身也不利。所以，我认为，校长最好有自己的课题并真正潜心研究，千万别当空头的课题负责人！

记　者： 您刚才主要谈的是校长如何组织和从事教育科研，我还想请您谈谈普通教师搞教育科研的问题。据我所了解的情况而言，目前不少普通教师觉得搞教育科研是十分困难的一件事，甚至认为“搞科研”与“抓教学”在实际教育中是矛盾的，因为“远水”救不了“近火”。这样，便造成了一些教师“搞科研”和“抓教学”的“两张皮”：说归说，做归做。您如何看待这种现象？

朱永新： 我认为，科研与教学并不矛盾。当然，我这里所说的“科研”是真科研而不是“伪科研”。就像我们说真正的素质教育必然会有好的应试结果一样，真正的教育科研必然会促进我们的教学。这里面有一个关键的问题：我们搞教育科研是为了应付“上面”，还是为了解决教育实际问题？也就是说，我们所研究的课题是凭空杜撰，还是源于教育实践的困惑？如果我们的教育科研紧扣我们最迫切需要解决的教育教学难点、热点和焦点问题，那么，研究的每一个环节和步骤都同时又是在寻找解决教育困惑的办法，而研究的终端也就是教育科研和教学实践的双重收获。我这样说，决不是抽象的理论推导，最近几年许多地方有不少教育科研成功的学校，同时也获得了教育教学的累累硕果。当然，尽管并不是每一个教育科研项目都只是直接针对升学率，但是，如果教育科研与教育实践是“两张皮”，这样的教育科研多半便是“伪科研”。

记　者：我记得您说过，教师要通过阅读教育理论来提高自己的科研素质，但长期以来，基层教师之所以不太愿意读教育理论，一个重要的原因便是许多教育理论文章和著作他们读不懂。但我也有这种体会，而且每当我读不懂这些理论时，我便感到自卑。请问您对这个问题怎么看？

朱永新：老师们完全用不着因为读不懂一些教育理论文章和教育著作而自卑，你也用不着自卑。坦率地说，对于有些“理论”我也读不懂，但我就从来不会因此而自卑。有些教育“理论”书之所以让人读不懂，我看多半是因为作者本人也没有把他的“理论”搞懂。我自己也有这方面的体会。当年我的博士论文是一本十多万字的书《高校教育管理系统》，比较难读，至今还有一千多本无人问津。这能说读者“水平低”吗？我看不能，只能怪我自己不能深入浅出地表述自己的思想。而去年年底出版的我的新书《我的教育理想》，同样是谈教育的，同样有理论，但首版4 000册，一个月便脱销，现在已经再版。这也不是读者的水平“提高”了，而是我能够用比较通俗的言语表述我的教育思想了。我以我自己的这个例子，是想说明教师们读不懂的文章或书，责任往往不在教师，而在作者。因此，我们第一线的教师完全没有必要被这些“理论”吓唬住，更不要迷信它们。当然，所谓“读不懂”也有这样一种情况，由于阅历、知识背景等原因，一些真正的好书并不是读一遍就能完全理解的，但是，如果结合教育实践反复读，慢慢就容易理解消化了。这里，我愿真诚地给老师们推荐“新世纪教育文库”，在这套“文库”中，有许多让老师们感到亲切平易的中外教育名著。

记　者：普通教师搞教育科研的确有许多困难，比如他们不可能像教科所的研究员一样有优越的条件和充足的时间来专门进行教育科研。我想请您谈谈，第一线的教师究竟应该怎样从事教育科研?

朱永新：你的这个话题很大，要说清楚足足可以写一本书。但我可以简单谈谈我的看法。我认为，你把一线教师的教育科研与教科所的教育科研相提并论，这本身就是不妥的。应该首先明确，第一线的教师不是专职教育科研人员。同样是教育科研，他们与教科所的教研员的做法应该是不完全一样的。教育科研的专职人员主要从事纯理论的研究，因而相对比较宏观也比较抽象，但对于广大任课教师而言，没有必要也不可能进行这样的研究。如果硬要勉为其难，其教育科研便极容易走向歧途甚至导致“伪科学”。第一线的教师如何进行教育科研？我的回答是：向苏霍姆林斯基学习！苏霍姆林斯基是一位世界公认的大教育家，但他不是从“实验室”里走出来的书斋式的教育家，而是根植于教育实践土壤之上的一位教育实践家和教育理论家。他从事教育科研的基本方法，就是坚持不懈地记载自己的教育实践，同时时刻反思自己的教育实践。第一线的老师从事教育科研最大的优势，是拥有丰富的鲜活的教育案例。对他们来说，记载、整理和思考自己的教育案例，就是最好的教育科研。实证研究不但每一个教师都可以搞，而且持之以恒必定会有收获!

一所学校能给家长多少承诺

2003 年 6 月 27 日
媒　体：《姑苏晚报》
采访者：李　婷

> 要知道，一个孩子进了学校并不一定就在受教育，只有当他自觉地拿起了书本去阅读，才是真正接受教育的开始。

记　者：存在的就有它的合理性。择校这个现象已存在多年，您对其合理性作何评价？校校合并、组建教育集团这些政策有的已实施，有的在筹划，为什么择校风依然一年甚似一年？

朱永新：事实上，我对择校的观点是：不提倡。无论从哪个方面来说，都不提倡。但择校同时又是一件很难完全禁止的事情。我曾经下决心要严格按分数来招生，但校长们却对我说做不到，只要学校之间的差别存在，择校就不可避免。因此，缩小学校的差距就是最切实可行的解决方法。我们准备用两年的时间来组建四个教育集团，力争顾全大局，扩大教育资源的辐射面，并且继续加大薄弱学校的投入，力争让苏州所有的孩子都能拥有一个公平的受教育机会。

记　者：您说“理想的学校，应该是一所有特色的学校”，这个“特色”的具体含义是什么？

朱永新：很多国内外的个案表明，一所有特色的学校，并不是因为这些学校在各方面都非常强大或者综合实力与众不同，而在于它们独树一帜，在某一方面取得了重要的成功。我现在努力尝试的就是：一个学校能给家长多少承诺。在这个理念的指导下，我要求学校能对家长明白地承诺，在校期间，一个孩子将看完 100 本书、听 100 场校外报告会、坚持写日记，鼓励孩子建立个人的网页，而且还要考查其访问率……吴江、昆山等多所小学已经开始采用这套新教育方法。

记　者：现在有一种说法，认为有些孩子越读越傻，他们不会主动学习各种生存技能，甚至都不会玩。您如何看待这个现象？

朱永新：这一切应归咎于“考名校重过学生存”的想法。从学校方面来讲，并不是所有的教师都清楚自己每天在进行的教育工作到底会培养出怎样的人这么个大问题，相当一部分教师不明白自己在做什么。读过《教育心理》学等教科书的师范生、大学生又有几个弄明白这个问题了呢？教师们很少有反思的机会，社会也很少有清醒的反省。家长、学校的兴奋点永远只停留在一张薄薄的考卷上，媒体、舆论的眼睛总盯在状元与“哈佛女孩”的故事上，大家围绕着分数、升学一边抱怨一边推波助澜，这真是桩很奇怪的事情啊！考名校、中状元不是目标，是起点，只可惜大家总是错把起点当终点。

记　者：您花了较多的笔墨强调作为一校之魂的校长在学校教育中的重要性，同时也指出了“职业校长”与“职务校长”这一字之差所产生的区别。那么，您认为体制在多大程度上影响着教育？

朱永新：在韩国，一个地区教育长与市长的职位是平级的；在日本，地方教育委员会负责人是由全体居民投票选举出来的。一位校长也好，一位教育官员也罢，他们的产生方式最终决定了他们的行为方式。教育的硬件质量可以在不太长的时间内快速提高，例如校舍与图书馆的建设、电脑的配备等，但是，人是最关键的，改变教师与校长的观念是谋求教育成功的根本方向所在。

记　者：您在谈到理想中的教师与校长时，反复强调了要扎扎实实地读书。在您的教育观中，阅读应该是很重要的一个词吧？

朱永新：我曾经说过，人的躯体成长靠食物与遗传，人的精神世界的成长则不靠遗传，靠一种特殊的食物——书籍。一个人从幼年开始，选择什么样的书，吸取什么样的营养，这种观念的树立与能力的培养，正是教育工作者最大最重要的工作内容。要知道，一个孩子进了学校并不一定就在受教育，只有当他自觉地拿起了书本去阅读，才是真正接受教育的开始。

记　者：在您自己的阅读经历中，最喜爱哪一类书籍？

朱永新：上大学时，我最爱读的是传记类的作品，像《林肯传》、《居里夫人传》，还有一本记录个人成长史的《产生奇迹的行动哲学》，这是一个日本人的作品。人们常常说，要继承和发扬传统的文化与文明，在这个过程中，需要我们用时代的语言和一些早就站立在巅峰的大师们进行沟通与交流，阅读在这个时候就显得十分重要。把阅读当做终身的习惯，视教育为充满乐趣的享受，这样的人生一定很充实。

记　者：您的新作叫《新教育之梦》，我可不可以这样理解：在您参与教育的经历中，有一些理想无法或是仅仅很少部分得到实现，因此，它们只能以一种期望与梦想的方式出现在书本中？

朱永新：不能这样理解。因为我这本书序言的标题叫做“梦想成真”。虽然梦想与现实之间总是有一些差距，但是经过我们共同的努力，很多想法应该可以实现。比如，很多在农村基层学校任教的中青年教师多年来一直平淡地工作着，当他们接受了我的新教育实验理念后，他们每天认真地写下教学日记，把他们的心得和孩子们的交流贴到网上与大家一起分享，这对他们是一种极好的品质提升。已经有几十所学校加盟到新教育实验学校的队伍中来了，人们关于教育的许多梦想已经开始露出希望的曙光。

浇花要浇根，教人要教心

2008年11月22日
媒　体：《厦门晚报》
采访者：吴慧泉

实际上，世界上最伟大的经典童话书，都富含教育哲理和经验，但一些老师连书名都不知道。让阅读成为师生最日常的生活方式，进而推进书香社会的形成。

记　者：首届中华传统文化与现代化研讨会是2002年在苏州召开的，那时您是分管苏州文化、教育的副市长，为何对此情有独钟？

朱永新：文化与教育唇齿相依、血脉相连。传统文化强调的“以德为先，以人为本”，实际上就是教育的精髓。我们现在的教育往往会忘记“教育的目的是什么”，这是很可怕的事。

今天，人们依然把分数作为教育的最高目的，把考试作为教育最重要的手段，这本身就违反了教育的本意，也脱离了文化的轨道。减轻中小学生课业负担、高校教育质量下降等诸多问题，讲了很多年，似乎一直没有找到解决的路径。一个非常重要的原因，就是教育的方向性迷失。这个时候，我们应该追问“教育的原点”，追问我们办教育的目的是什么，大学是干什么的，中小学是干什么的？如果这些根本问题不解决，其他的枝节问题就无从谈起。

我们还应牢记一个事实：没有共同意志的民族只是一群乌合之众，他们随时会被其他人征服，或者被一些新鲜的词语和肤浅的偶像所迷惑。

记　者：您认为台湾在传统文化教育方面，有哪些值得内地借鉴？

朱永新：中华文化是海峡两岸人民共同的根。中国古代的“仁、义、礼、智、信”，就是基本的道德规范，对于现代教育仍有很大的促进作用。台湾的学校教育和家庭教育，特别注重传统文化的经典教育，包括礼仪的教育等，这一点，到过台湾考察的教育界人士应该特别有体会。台湾的家长普遍知道，浇花要浇根，教人要教心，从小培养儿童注意周遭的人、事、物，要有所感觉、感触、感动或感恩，这是教育的真正本质。

特别值得一提的是台湾的慈善事业，很红火，很有传统文化教育的示范意义。比如台湾的“慈济基金会”就是一个很了不起的组织。慈济曾募集善款200万元，为祖国内地需要帮助的孩子购买图书。台湾的营伟华女士，甚至把自己在公司的一半股份全部捐献给祖国内地民间的教育实验。这些都是令人感动的“教育善举”、“文化善举”。

记　者：您虽然一直在倡导设立“国家阅读节”，但现实情况是，很多最应该读书“充电”的教师却远离阅读，缺少教育的人文情怀，对此您怎么看？

朱永新：我们现在的很多教师是在应试教育背景下成长起来的，所以他们只看分数，不重人文素养的培养和提升，这是很令人着急和头疼的一件事。实际上，世界上最伟大的经典童话书，都富含教育哲理和经验，但一些老师连书名都不知道，你说他们怎么能走进孩子们的心灵？

所以，被媒体称为“中国新希望工程”的新教育实验，就将“营造书香校园”列为首要行动，以期让阅读成为师生最日常的生活方式，进而推动书香社会的形成。

记　者：您认可一些幼儿园、中小学开设的“国学课”吗？

朱永新：我不主张在幼儿园、小学阶段开展单纯的“国学教育”，让学生背诵“四书五经”，因为那样表演色彩很浓，难以真正起到教育作用。儿童在幼小阶段，我更希望学校教会他们更多的童谣，适合不同年龄特点的。童谣要比“三字经”来得精彩和容易理解。

记　者：前不久，中国书法家协会、中国教育学会两位负责人给您写信，希望您帮助呼吁重视写字教育。

朱永新：是的。写字教育不是小事，它关涉中华文化的持续发展。由于应试教育的影响，目前写字课普遍被取消，大多数学生的写字水平越来越差，如果长此以往，后果十分严重，我们是要负历史责任的。

两位老师指出，中国人写好中国字，是中国教育基本的也是最基础性的要求。他们建议，应该由教育部出台文件，规定把写字课列入正式的课程表。同时，在考试时，对卷面书写状况和水平至少安排一定的分数予以评定。

我愿意和他们一起为写字教育摇旗呐喊，希望每一位中小学生都能写好中国字。

记　者：2005年，我们很荣幸地邀请您首次到厦门讲学，您也算是《厦门晚报》的老朋友了。明年1月1日，《厦门晚报》将迎来创刊15周年纪念日，您可以给它送上一个祝福吗？

朱永新：非常愿意。报纸是传播文化和教育启蒙的重要阵地，作为“厦门人必备的新闻晚餐”，我每次到厦门一住进酒店，首先“吃”的就是你们的报纸，多亲切啊！

衷心希望《厦门晚报》“把智者的声音远播，把弱者的声音放大”，阳光少年，阳光成长！

中国教育，从娃娃抓起不如从父母抓起

2009年3月11日
媒　体：《南方周末》
采访者：笑　蜀

什么是教育素养？教育素养就是尊重人的天性，尊重人的自我选择，尊重人追求幸福和快乐的权利……我们正尝试建立新父母学校，努力探索让父母与孩子一起成长的道路。

过早文理分科对知识和智力的危害显而易见

朱永新：《国家中长期教育改革和发展规划纲要》正在制定中。这个纲要很重要的一个任务，我认为应该是重建全民教育素养，让全社会知道到底什么是好的教育。

记　者：这话题很新鲜。您是怎么想到的？

朱永新：我是从这次文理分科的讨论中想到的，这次讨论实际上是我挑起的话题，几年前我就讲过高中文理分科应取消，但没有像这次这么热，甚至教育部规划纲要都把这个主张写了进去。

记　者：但是争论很大。

朱永新：它本来不应该成为问题，任何一个有基本教育素养的人，都不会把它看做一个问题。过早文理分科对知识和智力的危害显而易见。

记　者：但是大家担心加重孩子的负担，他们现在已经够累了。

朱永新：我们的家长为什么不动脑筋想想，文理不分科不一定都是做加法，还可以做减法嘛，取消文理分科之后，考试方法要配套改革，我不需要九门都考，可能只有两门必考，其他课程可以用选修的方式解决。

再一个解决学习负担过重的办法就是降低学习难度，根本不需要学那么多刁钻的东西。现在整个高中的课程太刁钻了，都是为极少数考进顶尖大学的学生设计的，大部分学生仍是陪读生。

记　者：高考本来就以淘汰绝大多数人为目的。

朱永新：所以整个大目标要纠正。从教育的本义来说，我认为高中教育的总目标就是一个，就是让孩子拥有美好的人性。首先是要教会他们基本的生存技能。美国有一门课我很欣赏，我把它翻译成“生命课程”，它教孩子怎么吃药，怎么看药品说明书，怎么打开药品的盖子；吃菜怎样注意营养的搭配；煤气中毒了怎么办；户外受伤了或者被蛇咬了怎么办……最重要的生存技能它都会教给孩子。

记　者：但这些东西在我们的学校里恰恰没有。

朱永新：所以我们的学校教育不是教孩子做人，而是把孩子变成一个分数的机器，我觉得这是整个教育中存在的最大的问题。这样说来，不只是体制的问题，也有家长的教育素养问题。几乎所有的父母都希望自己的孩子考上北大清华，他们不知道人的智能本来就有差异，本来就是多元的，所以不能简单地用一个标准去丈量孩子。但现在几乎所有的家长就只有一个标准——分数，而分数面前永远只有一个赢家。

教育素养就是尊重人的天性，尊重人的自我选择

记　者：从多元智能的角度看，应该给孩子多元的选择、多元的人生发展方向。

朱永新：承认多元智能之后，你发现实际上你的孩子更适合搞艺术，或者更适合经商，那就让他去搞艺术，或者就让他去做生意好了，为什么一定要让他上北大，让他读博士不可呢？只有让孩子从事他真正热爱的事业，他才有真正的快乐。我觉得人的幸福和快乐是教育最应该关注的，也是父母最应该关注的。但现在很多父母人为地把孩子推向不快乐，结果自己也不快乐。

记　者：家长和学校合谋，跟孩子的天分作战，教育简直成了一场战争。

朱永新：对。再一个原因是现在很多人认为只有早点定向，早点分工，才有助于培养专一性的专家。这也没有道理，因为人的天分的发现往往要经过一个漫长的历程，有些人是少年早成，有些人是大器晚成，人到底适合做什么？没有人预先知道。上帝在每个人心中都设定了一个成功的密码，只有当你找到了这个密码，点中了这个密码，你才能成功。那么怎样去点中这个

密码呢？那就需要不断尝试。

记　者：因而需要一个开放的空间，给他多种选择。

朱永新：为什么要让孩子去玩？为什么要让孩子去动？就是要让他在不断的尝试中，不断的试错中，找到自己最喜欢的。他只有做他最喜欢的事情，他才最能够向前发展。他今天拉手风琴，拉了没感觉，没关系，明天再去弹钢琴，后天再去跑步，在这个尝试的过程中就会慢慢发现究竟哪个最适合他。人最难认识的就是人自己。如果教育不能给他提供一个认识自我、发现自我、实现自我的最大空间，我觉得这是教育最大的失败。

比如钱伟长，他是以文史第一名考进清华的，历史考了满分，但没想到他大学二年级学物理，发现自己对物理的兴趣更大，结果成为一名顶尖的物理学家。如果那时他没有调整自己专业的自由，继续读文史，那就没有他后来在物理学方面的成就，中国就可能错失一名顶尖的物理学家。如果像现在这样过早分科，恐怕永远也发现不了钱伟长，因为从文科再转到理科恐怕困难要大得多。

什么是教育素养？这就是教育素养，就是尊重人的天性，尊重人的自我选择，尊重人追求幸福和快乐的权利。正是在这点上，我觉得全社会的教育素养是一个问题，很值得我们关注和研究。

做父母没有经过正式培训，就像没有上过驾校就开车上路

记　者：过去我们经常强调文化素养、科学素养，教育素养还是第一次听说。

朱永新：我过去写过一篇文章，说我们的父母都没有经过正式培训就开始做父母，就像没有上过正式驾校就已经开车上路了。

记　者：这我完全有共识，我一向认为中国多数父母是不具备做父母资格的。

朱永新：我一直想写一本关于全民教育素养的读本。20 世纪 90 年代，有过《领导干部金融知识读本》和《领导干部证券知识读本》，总书记亲自题写书名，还有各种各样的黄皮书，影响很大。但我认为，要提高全民教育素养，也需要教育素养方面的读本。

记　者：甚至不妨办一所学校，对家长进行上岗前的培训，也要拿到上岗证以后才能当父母。

朱永新：其实我们已经在进行这方面的尝试了。我们在苏州、昆山等地建立了新父母学校，努力探索让父母与孩子一起成长的道路。当然，家长重要，教师和学生这两个群体也重要。针对教师，我们正在推进专业阅读、专业写作、专业发展共同体的教师专业发展的模式；针对学生，我们正在推进“晨诵、午读、暮省”的新教育儿童生活方式和儿童阶梯阅读。

记　者：做个样子出来给大家看，用实际行动提示一个改变的方向。

朱永新：对。改变教育现状不只要说，更要做。改变现实最有力的就是行动。抱怨实际上是改变不了什么的。目前，我们最需要的是行动家。

父母应该成为孩子的朋友

2010年7月
媒 体:《八小时以外》

每个人都有自己不想被别人知道的世界，都有自己需要保护的秘密。这个空间不应该轻易被别人占领。许多孩子其实没有什么秘密，他只是需要保护自己的这方神秘世界而已。最好的办法是成为孩子的朋友，作为朋友，他会向你敞开他的世界。

记　者：中西方父母对18岁后步入“我是我自己的主人”阶段的孩子，在教育角色、内容、理念等方面有什么差异？

朱永新：总的来说，中国的父母比较喜欢为孩子做主，而西方的父母更倾向于让孩子自己做主。中国的父母喜欢说“不听老人言，吃亏在眼前”，认为自己的经验、自己的人生阅历对孩子的发展非常重要；西方的父母认为，应该尊重孩子自己的选择，因为孩子自己的探索和经验也是非常重要的。18岁以后，孩子从法律上来说已经是一个具有公民权利的人，他有选择自己的职业、生活方式和朋友的权利。轻易剥夺这个权利，本身是不合法的，也是不人道的。退一步说，这个时期的孩子，逆反心理非常强，往往是抱着“你反对的东西我偏要去做，你要求的事情我偏不去做”的心理来对付成人。所以，不要把自己的意见强加给孩子，可以向孩子表达自己的观点和意见，适当地提醒孩子什么该做、什么不该做是可以的，但是千万不要强迫、威胁孩子做他不喜欢做的事情。

记　者：冷嘲热讽、打骂孩子在中国仍被许多家长视为教育方法之一，甚至在公共场所打孩子也被视为管教孩子而无人干预。您认为棍棒教育对孩子的身心、行为模式、人格等方面会产生哪些重大的影响？

朱永新：棍棒教育的背后，隐藏着对于孩子基本人格与权利的尊重问题。是否把孩子看成是一个具有独立人格和自由精神的个体，直接影响父母对孩子的教育方式。中国的许多父母认为孩子是自己生命的延续，是自己生命的一个部分，可以随意支配，甚至可以把这个权利转移给老师以及其他人，如有些父母就对老师说："把他当做你自己的孩子，是骂是打，都可以的！"

另外，传统的家庭教育观认为，"棍棒底下出孝子"、"鞭子本姓竹，不打书不读"、"不打不成材，一打分数来"，似乎只有棍棒才能产生权威。其实，棍棒教育是所有教育手段中最不应该使用的办法。棍棒让孩子失去尊严，让孩子产生恐惧，让孩子模仿暴力，让孩子产生对立，所以，一定要慎之又慎。

记　者：父母一方的出轨行为对孩子的伤害被父母及社会轻视，导致遭遇家庭重大变故的孩子惊、惶、惧、耻、恨等负面情绪无处释放，且引导缺失。请问，父母一方的出轨行为对处于成长阶段的孩子在诚信、承诺、责任、理解、原谅、宽恕、人格、人生观、价值观、爱等方面有哪些影响？

朱永新：父母一方的出轨行为对处于成长阶段的孩子的影响是巨大的。离异的单亲家庭里更容易出现问题儿童，这已经被许多研究所证实。父母在教育孩子的过程中是一个整体，扮演着分工合作的不同角色。父母一方的出轨，往往会导致家庭中的谎言、争斗，不仅会给孩子制造紧张恐惧的气氛，也让父母对孩子疏于管理，疏于与孩子进行交流。

孩子是世界上最伟大的观察家，也是世界上最逼真的模仿家。作为父母，你希望孩子成为什么，你最好先成为什么；你让孩子去做的事情，最好你自己先去做。

记　者：家长可以长时间反复地因同一个或几个不同的问题对孩子进行说教吗？科学的教育方法、恰当的时机对教育效果有何影响？

朱永新：父母与孩子的沟通、交流应该把握时机。孩子讨厌没完没了的唠叨，讨厌反反复复的说教。父母应该懂得孩子的心理。有时候，孩子做错了事情，他本人已经非常难过，如果父母再去批评，再去啰嗦，就等于在孩子的伤口上又撒了一把盐。所以，选择沉默，选择理解，有时候比选择批评，反而更让孩子感动。

对孩子的教育应该讲究时机。常与孩子进行讨论式的交流、平等的谈心，更容易被孩子接受；在孩子情绪好的时候、在孩子主动请教的时候，家长与孩子谈一些敏感的问题，这时效果会更好。

记　者：亲子之间的亲密有没有底线？中国教育在这一领域存在哪些问题？在这方面，中国与西方国家有什么差异？

朱永新：尊重孩子的隐私权，也是中西教育差异的一个重要方面。在中国，父母认为孩子是自己身上掉下的一块肉，是自己生命的一部分，所以有权利了解孩子的秘密，甚至干预孩子的生活。而在西方，父母往往会把孩子看成是一个独立的个体，所以，父母即使是进孩子的房间，往往也会先敲门得到允许以后再进入，而且很少偷窥孩子的隐私。

其实，每个人都有自己不想被别人知道的世界，都有自己需要保护的秘密。这个空间不应该轻易被别人占领。许多孩子其实没有什么秘密，他只是需要保护自己的这方神秘世界而已。最好的办法是成为孩子的朋友，作为朋友，他会向你敞开他的世界。

把智者的声音远播，将弱者的声音放大

2011年2月26日
媒　体：腾讯网新闻中心
采访者：王　杨

微博出现的意义在于改变了我们的舆论传播方式和社会监督模式。微博的力量，在于它能够在第一时间把智者的声音远播，将弱者的声音放大；在于它能够及时动员最广大的人群。其传播与监控的力量，超过了所有传统媒体。

记　者：“两会”即将召开，今天想就当前的热点问题听听您的意见。第一个问题是：最近，“微博随手拍照，救助乞讨儿童”的活动开展得轰轰烈烈，也引来了很多议论，有人认为乞讨也是儿童的权利，还有人认为不管是什么情况，都应该禁止儿童乞讨。您怎么看这个问题？

朱永新：这是两个问题。一是是否应该禁止儿童乞讨的问题，二是是否允许将儿童乞讨的照片上传到网上的问题。前者我认为不应该禁止，后者我认为应该禁止。

乞讨的确是一个人，包括儿童在内的生存权的体现。在失去监护人或者监护人没有供养能力，而社会救助机构又无法对其提供帮助的情况下，儿童和成人都应该有乞讨的权利。当然，我们各级政府和慈善机构应该努力减少和消除这种现象。

而将儿童乞讨的照片上传到网上，是侵犯了儿童的肖像权，不利于儿童今后的成长，应该予以禁止。

记　者：我国已经率先在上海和重庆开始实行征收房产税改革试点工作。您认为征收房产税是否应该在全国推行，为什么？

朱永新：应该在全国逐步推行。

总的来说，征收房产税是调节收入分配差距过大，降低房产硬性需求，从而遏制房价的重要手段，应该逐步推行。但是这是一个非常复杂的问题，需要认真调查研究，进行试点，进而探索经验。目前，可以先对第二套房产、别墅和高档公寓等征收房产税。

记　者：“新拆迁条例”前不久开始正式实施，“行政强拆”退出了历史舞台。您觉得“强拆”真的会就此终结吗？

朱永新：我认为“强拆”会逐步终结。

为什么不会就此终结？因为地方政府的 GDP 冲动不会一下子刹车，各种知法违法、执法犯法的情况不会一下子停止。这需要进一步强化全社会的法制意识，尤其需要各级政府真正贯彻落实科学发展观，树立正确的政绩观。

记　者：“治堵”在中国的许多城市都成了一个难题，包括收取治堵费在内，目前已经有了各种各样的讨论和建议。您怎么评价北京的治堵方案？您觉得怎么才能解决城市拥堵这个难题？

朱永新：北京的“治堵”任重道远。

首先要真正解决公共交通的便捷通畅问题。从国际经验来看，如果一个人出行 5 分钟左右就可以搭乘公共交通工具，而且基本可以做到零换乘（不需要再步行很长时间），这种情况下人们就会选择公共交通出行。我在日本工作的时候，许多日本人称自己开车上班的人是“傻瓜”。其次是控制汽车的购买。现在单双号出行不是最好的选择，应该前置控制。第三是减少高峰出行人数，实行错位工作时间、弹性工作制等。

记　者：春运难，买票难，许多年来都未见根本改善。本年度春运期间，就是否应该用火车票涨价的方法来解决买票难的问题又一次引发了广泛的讨论。您认为春运难的问题是否能解决？如果能，怎样才能解决？

朱永新：春运难的问题短期难以根本解决。

春运，是中国人的一次大迁徙，是中国文化的一次大展示，是亲情、友情、乡情的一次大汇合。回家的情结，对于劳作一年的人来说，也是一次心理与生理的大释放。春运的解决，不应该用提高票价的办法，那样受到伤害的只能是弱势人群，那些可以乘飞机、开小车的人，是不在乎火车票涨价的。

记　者：“李刚门”是 2010 年引起轰动的社会事件，最近对肇事者的判罚也引起了争议，许多老百姓觉得 6 年的刑罚判轻了，您怎么看？您觉得“李刚门”为何会引起如此轰动？

朱永新：“李刚门”事件引起如此大的轰动，显示了网络的力量，也显示了人们对于以权谋私和腐败行为的憎恨。权力一旦失去监督，必定会走向腐败。这是一条基本的定律。但是，我们一直没有真正解决好权力监督的问题。权力的公开、透明，权力的制衡，显得特别重要。无论是“李刚门”事件，还是刘志军事件，都一再说明了这一点。

记　者：有专家指出，到2035年我国将会面临两名纳税人供养一名养老金领取者的情况。对此，关于是不是应该推迟退休年龄有过很多争论，您觉得退休年龄应该被推迟吗？养老难题该如何解决？

朱永新：这个问题与人口政策和社会保障政策密切相关，不是一个孤立的问题，需要充分研究与论证。我个人认为，首先可以在非政府机构放开，实行由用人单位在劳动法的框架下自主决定退休年龄等政策，也可以在高等学校和科研单位先期试点。中国的事情，最好不要“一刀切”、“一窝蜂”，而是应先谨慎试验，小规模模拟，看准了再做。

记　者：2010年又被称为“微博元年”，微博在诸如宜黄强拆事件、钱云会事件中起到了很重要的作用，就连央视春晚也屡次提到微博。您认为微博为社会进步注入了怎样的新的活力？

朱永新：正如电话、电视、互联网的出现一样，技术的革命终究会导致社会方式的变革甚至整个社会的变革。微博的出现，意义在于改变了我们的舆论传播方式和社会监督模式。话语权不再是少数报纸、杂志和广播电视的专利，每一个人，都可以实施自己的话语权。微博的力量，在于它能够在第一时间把智者的声音远播，将弱者的声音放大；在于它能够及时动员最广大的人群。其传播与监控的力量，超过了所有传统媒体。

记　者：“蒜你狠”和“豆你玩”让广大百姓感受到物价上涨的压力。您认为2011年物价还会继续上涨吗？怎么样才能有力地控制住物价？

朱永新：物价的上涨，取决于货币流通的总规模，取决于市场供求关系的总平衡，取决于政府控制物价手段的力量。在这个问题上，我持谨慎乐观的态度。之所以谨慎，是因为我们的流动性过大是客观事实，为各种投机炒作提供了可能。之所以乐观，是因为我们有一个强大的政府，政府利用其“有形的手”，在一定程度上，可以限制市场“无形的手”。关键是政府要有敏锐的眼光，洞察细微的变化，及时出手。

记　者：整个2010年，社会上弥漫着“上个幼儿园比上大学还难”的声音，家长们在入园名单前体会着“范进中举”的感觉，该如何看待这个问题？

朱永新：幼儿园入园难、入园贵的问题，在一定程度上反映了政府在公共服务体系建设上的缺位和教育竞争的下移。最近一些年来，政府的主要精力在发展义务教育，加强高中教育，而对于幼儿教育的投入严重不足，关注严重不够，加之在企业和事业单位的改革过程中，人为撤销了许多幼儿园，导致资源严重不足。而应试教育的下移，“不让孩子输在起跑线上”的心理，加剧了入园的恐慌感。解决这个问题的根本措施，还是要求政府加大投入，积极发展幼儿教育事业。

记　者：何时才能享有自由迁徙和居住的权利，是我国人民长久的疑问。作为一次尝试，成都在2010年实行了“中国最彻底的户籍改革方案”，这是否是大变革的希望曙光？

朱永新：自由迁徙和居住问题的解决，还要走很长的路。户籍制度只是自由迁徙和居住的一道坎，关键还是存在城乡二元经济结构，还是由于城乡差距过大、城市间的差距过大。自由迁徙和居住不是单向度的，也应该包括城市的居民到农村，而农村的土地政策和宅基地政策等，如果没有相应的改革，也是另外一道坎。但是，成都的户籍改革，毕竟突破了一道坎，提供了一种可能。在一个省域范围内进行这样的实验，是有积极意义的。中国如此之大，许多事情应该试点先行，给其他城市提供经验和教训。

后 记

山西教育出版社的编辑专程把《教育的使命——朱永新教育讲演录》和《教育的承诺——朱永新教育访谈录》两本书的摹拟本送来征求我的意见，不同的开本与装帧设计，很美。走的时候留下一句话，就等你的序言和后记了。

我知道，不能再拖了。五月有一个书市，印刷在即。书总是需要一个序言或者后记的，交代一些事情，谈一些感想，答谢一些朋友。所以，只有赶紧写。

这些年来接受了许多媒体的采访。尽管坊间流传着“防火防盗防记者”的训诫，也有好心的人经常劝我少说话，少出头，少接受采访，但是我总是喜欢与媒体的朋友们交流。因为从优秀的媒体人身上，我们真的可以学到很多。他们观察问题的方法，他们思考问题的角度，经常让我耳目一新。

一般情况下，有两种记者，一种记者是不动脑筋的，他们往往喜欢拿着现成的新闻“通稿”，到会场转一下，从通稿上抄一些文字，应付差事，或者根本没有系统地看过你的材料，没有做任何预习的“功课”，就来采访你，让你从头开始说起。对于这样的记者，我基本没有讲话的愿望，往往敬而远之。

另外一种记者是非常用心的，在采访之前，他们往往比较全面地阅读了你的文字和关于你的文字，熟悉了你的基本情况；他们提出来的问题也别具匠心，是你很少认真思考的，或者直逼你的薄弱环节，入木三分。他们能够发现你自己也没有发现的东西，能够丰富你的思想、开阔你的胸襟。幸运的是，我遇到过不少这样的记者，如原《南方周末》的首席记者章敬平先生，在走进新教育以后，他提出这是“中国的新希望工程”，是“心灵的教育”，为新教育的发展定了位，把了脉。

因此，我不愿意放弃与那些有思想的媒体人的对话，许多媒体人也成为我生命中不可或缺的朋友。

这本书收录了39篇访谈，是从100多篇采访中选编的。限于篇幅，有许多精彩的访谈，尤其是内容相似的对话采访，就无法收录了。

山西教育出版社的刘立平先生和责任编辑为这本书做了大量的工作，一些访谈稿件我自己手边已经无法找到，是他们通过各种途径找来的，而且对于部分文字作了调整。感谢他们卓有成效的工作。

我的朋友，国家博物馆的画师陆天宁先生，为这本书提供了精美的国画。他是我最喜欢的画家之一，他的画作精致中有豪气，让人有想象的空间。感谢他的慷慨与美意。

朱永新

2011年4月22日

于北京至上海途中